W0192464

SV

Roger Silverstone
Mediapolis

Die Moral der Massenmedien

Aus dem Englischen
von Frank Jakubzik

Suhrkamp

Edition Zweite Moderne
Herausgegeben von Ulrich Beck

Titel der Originalausgabe:
Media and Morality. On the rise of the Mediapolis

Erste Auflage 2008
© Roger Silverstone 2007
© der deutschen Übersetzung Suhrkamp Verlag
Frankfurt am Main 2008
Deutsche Erstausgabe
Alle Rechte vorbehalten,
insbesondere das des öffentlichen Vortrags
sowie der Übertragung durch Rundfunk und Fernsehen,
auch einzelner Teile.
Kein Teil des Werkes darf in irgendeiner Form
(durch Fotografie, Mikrofilm oder andere Verfahren)
ohne schriftliche Genehmigung des Verlages reproduziert
oder unter Verwendung elektronischer Systeme
verarbeitet, vervielfältigt oder verbreitet werden.
Druck: Druckhaus Nomos, Sinzheim
Printed in Germany
ISBN 978-3-518-41973-1

1 2 3 4 5 6 – 13 12 11 10 09 08

Inhalt

Meinen Enkeln,
den gegenwärtigen und den zukünftigen

Vorwort und Danksagung

Dieses Buch setzt fort, was ich in *Anatomie der Massenmedien. Ein Manifest* begonnen habe. Es beschäftigt sich mit einem Phänomen, das mir neben der Umweltproblematik die zweite große Krise zu sein scheint, der sich die Gesellschaften der Welt heute stellen müssen: die Krise der Kommunikation. Es ist eine Krise der Moral und Ethik ebenso wie der Politik, und darum soll dieses Buch zeigen, daß der gedankenlose Umgang mit unserer medialen Umwelt unsere Fähigkeit zu humanem Handeln bedroht und daß wir uns mit den Realitäten, aber auch den Möglichkeiten globaler Kommunikation beschäftigen müssen, wenn wir die Abwärtsspirale zunehmender globaler Verständnislosigkeit und Inhumanität umkehren wollen.

Für direkte oder indirekte Hilfe beim Verfassen des Buches habe ich vielen Menschen zu danken. Einige hatten das zweifelhafte Privileg, Teile des Manuskripts lesen zu dürfen, bevor sie für die Augen anderer geeignet waren, und deshalb danke ich Lilie Chouliaraki, Richard Sennett, Steven Lukes, Nick Couldry, Maggie Scammell, Tom Hollihan und Helena Bejar, daß sie getan haben, worum man vernünftigerweise niemanden hätte bitten dürfen. Terhi Rantanen hat als erste das gesamte Manuskript in einer der Endfassung nahekommenden Form gelesen und zahlreiche hilfreiche Verbesserungsvorschläge gemacht. Daneben – und das soll nicht heißen, daß es eine Nebensache wäre – bin ich meinen Studenten, Kollegen und Freunden am Department of Media and Communications der London School of Economics zu Dank verpflichtet, deren intellektuelle Präsenz immer anregend war und ist.

Danken will ich auch meinen Kollegen an der Annenberg School of Communication der University of Southern California, vor allem Dekan Geoffey Cowan, die mir während eines Forschungssemesters im Frühjahr 2004 die Ruhe und Anregung verschafften, um die für das 3. Kapitel notwendigen Untersuchungen zu unternehmen.

Das letzte Jahr der Arbeit am Manuskript war alles andere als einfach. Ich schulde den Ärzten in London und Mexico City großen Dank dafür, daß sie mich am Leben erhalten haben. Vor allem aber möchte ich auf die außergewöhnliche Fürsorge und Hingabe meiner Frau Jennifer, meiner Kinder Daniel, Elizabeth und William und ihrer Lebensgefährten sowie meines Bruders Anthony hinweisen, die mich (und einander) in Momenten und auch Phasen großer Anspannung unterstützt haben. Dieses Buch soll auch ein Zeichen meiner Liebe und Dankbarkeit ihnen gegenüber sein.

Einige Abschnitte beruhen auf älteren Veröffentlichungen, die gründlich überarbeitet wurden:

- das 5. Kapitel entwickelt die in dem Aufsatz »Complicity and Collusion in the Mediation of Everday Life«, in: *New Literary History* Nr. 33 (4), 2002, S. 761-780 geäußerten Überlegungen weiter,

- das 7. Kapitel die aus »Regulation, Media Literacy and Media Civics«, in: *Media, Culture and Society*, Nr. 26 (3) 2004, S. 440-449.

I
Medien und Moral

> O wad some Pow'r the giftie gie us
> To see oursels as others see us!
> It wad frae mony a blunder free us,
> And foolish notion.
>
> Robert Burns, *To a Louse*[1]

Während des Afghanistankrieges, der nach dem Anschlag auf das World Trade Center begann, strahlte BBC Radio 4 in der Nachrichtensendung The World at One ein Interview aus, das mir im Gedächtnis geblieben ist. Darin kam ein afghanischer Hufschmied zu Wort, der die von der amerikanischen Luftwaffe in seinem Land verteilten und vermutlich grob vereinfachenden Propagandamaterialien offenbar nicht gelesen oder nicht verstanden hatte – und sich eine eigene Erklärung dafür zurechtlegte, daß so viele Bomben auf sein Dorf fielen. Dies geschehe, erklärte seine Übersetzerstimme, weil Al Qaida viele Amerikaner und ihre Esel getötet und einige ihrer Schlösser zerstört habe. Und damit lag er nicht einmal ganz falsch.

Dieses an sich unbedeutende Fragment einer Reportage ist in vielerlei Hinsicht bemerkenswert. Einige seiner Aspekte betreffen den Kern dessen, was ich in diesem Buch untersuchen und darlegen möchte.

Neben dem Inhalt des Gesagten ist bereits die bloße Prä-

---

[1] Etwa: »Ach, gäb' uns eine höh're Macht das Lehen, / uns selbst zu sehen wie uns andre sehen! / Wir würden vielen Torheiten entgehen / und vielen Vorurteilen auch.«
Robert Burns, *An eine Laus, beim Anblick einer solchen auf der Haube einer Dame im Gottesdienst.*
(A. d. Ü.)

senz eines afghanischen Hufschmieds in den britischen Medien
bemerkenswert. In gewisser Hinsicht ist Präsenz hier der zentrale Punkt: Die Sendung überwindet geographische, soziale
und sprachliche Distanzen und sorgt dafür, daß die Stimme
des Hufschmieds bis in die Wohnzimmer britischer Vororte
dringt. Und es ist nicht nur eine Stimme aus einem Krisenge-
biet, aus einem Krieg, der sich bald auf andere Gebiete ausdehnen sollte, aus einem *unserer* Kriege, die inzwischen beinahe
per definitionem stets in weit entfernten Ländern stattfinden,
sondern auch eine Stimme, die aus einer räumlich und zeitlich
weit entfernten Epoche zu stammen schien. Eine Stimme, die
ebenso authentisch wie fremd ist. Und ihre Fremdheit rührt
vor allem daher, daß der Schmied *zu uns* sprach und uns eine
Mitteilung *über uns* machte: Wir im Westen mit unseren Eseln
und Schlössern, wir als Opfer, wir als seinesgleichen. Seine
Vorstellung, seine Illusion, war rührend naiv. Doch sie traf
zu: als eine metaphorische und kulturell bedingte Wahrheit,
die für ihn einen Sinn hatte. Genau wie wir unsere Ansichten
darüber haben und hatten, was das Leben eines Schmieds in
Afghanistan ausmacht, hat er seine Ansichten über das Leben
– und den Tod – in Manhattan am Morgen des 11. September
2001. Hier wie da werden diese Ansichten im günstigsten Fall
aus uralten Vorurteilen und aktuellen Bildern gewonnen. Im
schlechtesten Fall verwandeln sie sich in feststehende Urteile,
denen auch die Inhaber der Macht aufsitzen, deren Handeln
dann wiederum fatale Folgen hat.

Das Erscheinen des Schmieds beziehungsweise seiner Stimme in einem medialen Raum ist ein Beispiel für das Erscheinen
des Anderen, des oder der Fremden, in unseren Küchen und
Wohnzimmern. Der Schmied ist der nur selten anzutreffende
Repräsentant einer doppelten Fremdheit: er ist der sprichwört-
liche Mann auf der Straße – oder in der Schmiede –, und er
ist zeitlich und räumlich so weit von uns entfernt, wie es sich
nur denken läßt. Ein gewöhnlicher Mann, den normalerweise
niemand beachtet. Jetzt aber spricht er über unser Unglück und
Leid, das auch seines ist. Und sein Erscheinen gibt uns einen

Einblick in das Leben an einem fernen Ort, den wir sonst kaum zu sehen bekommen. Höchstens in Form menschlicher Körper: regloser oder sich in Schmerzen windender Körper. Leichen. Opfer.

Auf einmal ist da ein Schmied, der spricht, und er spricht, wenn auch nur kurz, über uns. Er erzählt von uns mit seinen eigenen Worten und aus seiner Perspektive. Werden wir ihm zuhören? Und was wird er sagen?

Sein Erscheinen ist kaum mehr als eine Erscheinung. Seine einzige. Vierzig Sekunden Ruhm zur Mittagszeit. Und sein Erscheinen ist durch Medien vermittelt. Seine Stimme ist körperlos, da sie aus dem Radio kommt. Seine Aussagen sind übersetzt. Sie werden hörbar gemacht an einem fernen Ort, an dem er ein Fremder ist. Wir können uns vorzustellen versuchen, wie er aussieht oder worauf er sitzt. Wir können es versuchen, und es wird uns auch gelingen, weil wir über einen entsprechenden Vorrat an Bildern und Klängen verfügen, aus dem wir uns bedienen können. Das Dorf, die Bomben, der Staub, die Kinder, die Frauen im Hintergrund. Aber können wir uns vorstellen, wie er sich uns vorstellt? Was weiß er über die Anschläge, was hat er gehört, welche Bilder gesehen? Können wir uns vorstellen, daß in seiner Welt wir die Fremden sind?

Der namenlose Hufschmied ist ein Doppelgänger, und sein Erscheinen, seine Repräsentation in den Medien setzt nicht nur eine, sondern gleich mehrere Verdoppelungen voraus. Der kurze O-Ton ist gleichsam eine Scherbe, in der sich die Darstellungskonventionen westlicher Medien spiegeln, ihre Art, Dinge mehr oder minder zutreffend zu repräsentieren und uns mit ihnen vertraut zu machen. Der Schmied repräsentiert dabei vielerlei Dinge auf einmal. Er wird uns vorgestellt als Schmied, als Afghane, als jemand, der sich eine Meinung gebildet hat und sie mit Hilfe der BBC einem Publikum mitteilen kann. Zugleich ist er ein Auserwählter, der für andere spricht: eine mindere, aber repräsentative Stimme in der Kriegsberichterstattung westlicher Medien. Und zuletzt wird auch er selbst repräsentiert: nämlich aus einem Kontext herausgenommen und in einen anderen ge-

stellt. Beziehungsweise in viele: in den Kontext der Reportage
und in den des Alltags und Denkens britischer Zuhörer zur
Mittagszeit eines Werktags, 13 Uhr 20. Und schließlich in den
Kontext der Erinnerung und des Vergessens angesichts eines
Molochs unablässiger aktueller Berichterstattung.

Um die komplexen Kontexte eines solchen Diskurses und
einer solchen Rezeption wird es in diesem Buch gehen. Dazu
gehört auch der Hinweis, daß sich die Pronomina »wir« und
»uns« in diesem Text nicht auf eine bestimmte Gruppe beziehen, sondern sowohl singulär als auch pluralistisch zu verstehen
sind, also eine gemeinsame oder gemeinschaftsfähige ebenso
wie eine distinkte und individuelle Entität oder Perspektive des
medial vermittelten oder unmittelbaren Verstehens und Mit-
wirkens an der Welt bezeichnen können. Keineswegs soll ein
unreflektiertes, universelles, generalisiertes, eindimensionales
Wir unterstellt werden. Der Begriff bezieht sich auch nicht auf
eine reale Perspektive, obwohl er unvermeidlich eine bestimmte
Perspektive reflektiert: nämlich die des anglophonen Westens.
Er ist eine Einladung an den Leser, sich meine Perspektive zu
eigen zu machen, ohne sich bevormundet oder ausgeschlossen
zu fühlen. Mit »wir« meine ich also einerseits »uns alle« – wobei es zugleich ein zentrales Problem ist, daß viele von uns von
diesem Wir ausgeschlossen sind.

Das Erscheinen des Hufschmieds ist allerdings auch deshalb
ungewöhnlich, weil es selten ist beziehungsweise wir es selten
zulassen, daß andere auf unseren Bildschirmen ihre Meinung
über uns äußern. Daß die Sendungen von Al Jazeera im Westen, vor allem in den USA, regelmäßig Bestürzung auslösen,
liegt nicht allein am graphischen Horror einiger der gezeigten
Bilder (unsere Medien bringen täglich Ähnliches) oder an der
ungezügelten politischen Rhetorik (für die dasselbe gilt). Es hat
weit grundsätzlichere Ursachen. Denn diese Bestürzung beruht
auf dem Bruch eines medialen Tabus und der Umkehrung der
üblichen, für selbstverständlich gehaltenen Form medialer Repräsentation, bei der wir die Regeln bestimmen und *sie* – nicht
wir – die Anderen sind.

Durch das massive Ungleichgewicht globaler Medienmacht und -reichweite ist das Erscheinen eines afghanischen Hufschmieds ein seltenes Phänomen. Aber es spiegelt, wenn auch nur für einen winzigen Moment, die allgemeine Darstellungskultur westlicher Medien wider, deren mal klarer, mal vernebelter, aber stets kulturell spezifischer Blick die Bildschirme und Lautsprecher der Welt beherrscht. Und für uns im Westen existiert der Schmied ausschließlich auf diesen Bildschirmen beziehungsweise in diesen Lautsprechern. Ohne sie gibt es ihn nicht. Einerseits ist er uns fremd und fern. Andererseits ist er uns in seiner medialen Präsenz vertraut und sicht- beziehungsweise hörbar nah. Diese Präsenz jedoch können wir als Rezipienten weder überprüfen noch hinterfragen. Wir haben keine andere Verbindung zu ihm, keinen anderen Zugang zu seinen Erfahrungen und seiner Welt, wenigstens nicht innerhalb unserer Rundfunkmedien. Und am Ende der Sendung ist er verschwunden. Für immer.

In jenen vierzig Sekunden tritt der Hufschmied in unser Leben, weil unsere Armeen sein Dorf bombardiert haben und weil die globale unzivile Gesellschaft, in der wir leben, davon ausgeht, daß er in irgendeiner Form in Verbindung mit jenen steht, die vorübergehend uns zu Opfern gemacht haben. Für einen Augenblick kehrt die BBC die übliche Darstellungsweise um und verschafft einem westlichen Publikum, dessen Realität und Vorstellungswelt der Krieg ansonsten fernsteht, die Gelegenheit, die Differenz zu erfahren, die ein Anderer erlebt und erleidet, der, wenn auch nur in einem Satz, die üblichen Polaritäten der Darstellung spiegelt und dadurch umkehrt.

Es ist durchaus möglich, mit diesem Mann und seinen Vorstellungen in eine ernsthafte Diskussion einzutreten, auch wenn diese durch die Unmöglichkeit einer unmittelbaren Begegnung teilweise imaginär bleiben muß. Wahrscheinlicher ist jedoch, daß diese Auseinandersetzung ausgeschlagen wird und unterbleibt. Und diese Verweigerung wird angesichts der kulturellen, ideologischen und technologischen Verhältnisse auch nicht auf großen Widerspruch stoßen. Trotzdem repräsentiert der Hufschmied den Anderen, und in seiner Rede und im Entschluß der Journalisten, ihm Sendezeit zu geben, liegt eine Einladung, mit jemandem in Kontakt zu treten, der in seinem Menschsein trotz aller sonstigen Unterschiede etwas mit uns gemein haben könnte.

Ohne dem Auftritt des Hufschmieds das Besondere absprechen zu wollen, kann man sagen, daß es in der Welt der Medien von solchen Fremden, solchen Stimmen wimmelt. Ich bin sogar davon überzeugt, daß die medial vermittelten Bilder von Fremden immer mehr bestimmen, was die Welt für uns ausmacht. Der Rahmen, in dem wir mit anderen in Beziehung treten (oder dies verweigern), dehnt sich auf eine Weise über soziale, geographische und sogar historische Räume aus, die im Alltag gewöhnlicher Menschen (wenn auch nicht in dem von Eliten) noch vor fünfzig Jahren unvorstellbar gewesen wären. Und da es die Beziehungen mit anderen sind, die unser Selbst definieren, werden die Kontakte zu anderen, die über die Vermittlung von Medien hergestellt werden, zunehmend auch für uns von entscheidender Bedeutung sein.

Das Bild des Anderen in den Medien ist oft nicht besonders vorteilhaft. Und es stellt auch nicht immer oder ausschließlich den weit von uns entfernt lebenden Anderen dar. Dann und wann bricht die Konsistenz auf, mit der das Anderssein, besonders seine dunklen Aspekte, medial auf Abstand gehalten wird, und der Horror unseres eigenen Andersseins tritt zutage. Und dann erscheinen uns die Bilder aus dem Gefangenenlager Abu Ghraib weniger als getreue Widergabe echter Untaten denn als Verstöße gegen die Normen medialer Darstellung. Da waren Menschen wie wir (in diesem Falle US-Amerikaner), unsere Söhne und Töchter, unsere Verteidiger und Helden, die offensichtlich keinerlei Problem mit ihrem Verhalten und dessen digitaler Abbildung hatten. Sie führten lediglich Befehle aus oder schwammen mit dem Strom oder folgten dem wachsenden Trend zu persönlicher Publizität, zur Veröffentlichung des Privaten.

Moral und Ethik in den Medien

Die Argumentation dieses Buchs geht von diesen einfachen und alltäglichen Beobachtungen aus. Es behandelt die Rolle der Medien bei der Konstituierung der sozialen, politischen und moralischen Öffentlichkeit. Unter »den Medien« verstehe ich hier tatsächlich sämtliche Medien: die globalisierten, die regionalen, die nationalen, die lokalen und die persönlichen Medien; große Rundfunkanstalten ebenso wie interaktive Webseiten; akustische und audiovisuelle Medien ebenso wie Druckerzeugnisse; elektronische und mechanische, digitale und analoge Medien, »große« und »kleine«, marktbeherrschende und alternative, stationäre und mobile, standardisierte und proprietäre Medien. Diese Pauschalisierung und Zusammenfassung ist beabsichtigt. Natürlich eröffnen uns unterschiedliche Medien unterschiedliche Möglichkeiten und stellen uns unterschiedliche soziale und politische Mittel zur Verfügung. Doch alle zusammen schaffen mit der großen Bandbreite verfügbarer Technologien, Distributionssysteme, Plattformen, Diskurse, Texte und Kommunikationsweisen einerseits und unseren Gebrauchsformen andererseits einen Raum, in dem sie zunehmend aufeinander Bezug nehmen, sich gegenseitig verstärken und ein immer wichtigerer Teil unseres Alltags werden. Marshall McLuhan würde es vielleicht so formulieren: Wir ziehen die Medien wie Kleidungsstücke an, um unsere Nacktheit zu verbergen, uns vor Wind und Wetter zu schützen und die Welt da draußen erkunden zu können.

Die Medien sind ein Teil unserer Umwelt geworden. Allerdings nicht im Sinne Baudrillards, also nicht als distinkte Sphäre, in der das Symbolische neben den Realitäten des Alltags existiert und mehr oder weniger eskapistische Exkursionen ins Reich der Phantasie und Simulation ermöglicht. Sondern im Sinne einer engen und dialektischen Verzahnung mit dem Alltäglichen. Unser Alltag ist ohne Medien nicht mehr denkbar. Sie sind seine unabdingbare Voraussetzung. Doch gilt das auch umgekehrt: ohne ihre Bedeutung für den Alltag, ohne ihre

Funktion als Ressourcen des Denkens, der Meinungsbildung und des Handelns im Privaten wie im Politischen wären unsere Medien unverständlich und bedeutungslos.

Mir ist klar, daß ich mich mit dieser Prämisse und Haltung dem Vorwurf aussetze, medienzentristisch zu denken, also das vorauszusetzen, was ich erst beweisen müßte, und jede Kritik der Medien unmöglich zu machen, indem ich *a priori* auf ihrer Bedeutung insistiere. Es ist ja auch eine simple, der allgemeinen Lebenserfahrung entsprechende Tatsache, daß die Medien nicht alles sind und niemals alles sein werden. Unser Leben spielt sich nicht in den Medien ab, und vielen, wenn nicht gar den meisten Menschen auf der Welt stehen Medien nur eingeschränkt oder gar nicht zur Verfügung; sie kommen in ihrem Leben nicht vor und sind somit irrelevant. Auch in den entwickelten Industriegesellschaften werden persönliche und politische Entscheidungen in der Regel nicht vor laufenden Mikrophonen und Kameras getroffen. Das Leben spielt sich in der Familie ab, in Organisationen und Staaten, ohne Bezug auf die Medien. Dort leben und sterben wir.

Ich stimme alldem zu. Aber ich beharre zugleich darauf, daß die Medien von großer Bedeutung sind für unsere Orientierung in einer Welt, die uns auf eine Weise zumindest symbolisch zugänglich und erreichbar geworden ist, die man sich vor dem elektronischen Zeitalter nicht vorzustellen vermochte. Tatsächlich beansprucht meine Argumentation keinerlei Exklusivität. Ich kann, wie oben bereits geschehen, ohne weiteres darauf beharren, daß der Präsenz des afghanischen Hufschmieds oder anderen, ihm ähnlichen oder ganz unähnlichen Akteuren in unserer Welt eine große Bedeutung zukommt, weil diese Welt, deren Teil sie sind, ohne ihr Erscheinen überhaupt nicht existieren würde, jedenfalls nicht für uns. Und ich werde in diesem Buch immer wieder danach fragen, welche Bedeutung ihr Erscheinen haben mag – ohne behaupten zu wollen, es gäbe sonst nichts von Bedeutung. Die Medien schaffen Zusammenhänge und bewegen sich ihrerseits in Zusammenhängen. Sie konstruieren eine Welt und werden ihrerseits in einer und von dieser Welt bestimmt. In Wirklichkeit sogar von mehreren Welten. Denn »die Welt« von Al Arabya ist nicht die Welt von CNN. Meine Welt ist eine andere als deine. Alle Erfahrungen, ob sie medial vermittelt sind oder nicht, sind kulturell geprägt.

Die Fragen, die ich stellen werde, kreisen um die Natur der durch die Medien vermittelten Beziehung zwischen uns und dem Anderen. Es handelt sich also um ethische Fragen. Isaiah Berlin definiert dieses Vorgehen wie folgt:

> Ethisches Denken besteht in der systematischen Untersuchung der Beziehungen zwischen den Menschen, in der Untersuchung der Auffassungen, Interessen und Ideale, aus denen sich die Arten und Weisen des Umgangs der Menschen miteinander ergeben, und der Wertsysteme, auf denen solche Lebensziele beruhen. Die Anschauungen, wie die Menschen ihr Leben leben sollen, wie sie sein und was sie tun sollen, sind der Gegenstand eines ethischen Fragens; und wenn man solche Fragen im Hinblick auf Gruppen und Nationen oder gar im Hinblick auf die ganze Menschheit stellt, spricht man von politischer Philosophie, die nichts anderes ist als die Anwendung der Ethik auf die Gesellschaft. (Berlin 1992, S. 14)

Berlin faßt hier bewußt ethisches Denken, moralische Nachforschung und politische Philosophie zusammen. Dadurch wirft er Fragen nach den Unterschieden und Prioritäten auf. Ich halte diese Fragen, gerade die nach dem immer schwierigen Verhältnis von Ethik und Politik, für wichtig, werde mich hier aber dennoch nicht näher mit ihnen befassen. Statt dessen verwende ich die Begriffe *Moral* und *Ethik* im großen und ganzen synonym und mache – hoffentlich einigermaßen konsistent – lediglich einen zweifellos unzulässig vergröberten Unterschied zwischen ihnen. Dabei wende ich den Begriff Moral auf die Grundprinzipien an, auf die Beurteilung und Einordnung des Denkens und Handelns dem Anderen gegenüber, das unsere Beziehung zu ihm als einem Gleichen und zugleich Anderen bestimmt und dadurch wiederum entscheidend ist für unseren

Anspruch, moralische und humane Wesen zu sein. Implizit und explizit setzt dieser Moralbegriff eine Vorstellung vom Guten voraus, eine Reihe von Werten, an denen man sich orientiert und anhand deren man all jene, denen die allerdings unwahrscheinliche Verwirklichung dieser Werte gelingt, als gut definieren würde. Der Begriff Moral verweist auf allgemeingültige Prinzipien, die sich allgemeingültig rechtfertigen lassen. Unter Ethik verstehe ich dann die Anwendung dieser Prinzipien in einem spezifischen sozialen oder historischen, privaten oder beruflichen Kontext.[2]

Im Zusammenhang unserer Diskussion betrifft die Moral in den Medien also die allgemeinen Orientierungen und Verfahren, mit deren Hilfe die Medien die Welt konstruieren und den Anderen vor uns erscheinen lassen. Oder, andersherum formuliert: Da die Medien den mehr oder weniger konsistenten Rahmen für das Erscheinen des Anderen bilden, definieren sie *de facto* den moralischen Raum, in dem wir dem Anderen begegnen, und verlangen (oder unterbinden) zugleich eine äquivalente moralische Reaktion von uns, ihrem Publikum, als potentiellen oder tatsächlichen Bürgern.

Der Begriff der Ethik in den Medien wiederum bezieht sich auf mediale Praktiken: auf die übliche, wünschenswerte oder abzulehnende Arbeitsweise von Journalisten und darauf, welche Beziehungen Reporter, Filmemacher, Geschichtenerzähler und Bilderproduzenten zu ihren Gegenständen einerseits und zu ihren Zuschauern oder Zuhörern andererseits entwickeln oder unterstellen. Während die Ethik in Form eines Kodexes gefaßt werden kann und vielleicht auch sollte, läßt sich die Moral immer nur behaupten. Die philosophische Frage, wer

2 Diese Formulierung impliziert nicht, daß es sich um eine ahistorische, überzeitliche Moral handelt, auch wenn sie sich offensichtlich nur sehr langsam verändert. Gerade diese Widerständigkeit gegen das Partikulare aber unterstreicht die Bedeutung der Moral als einer Konstante innerhalb der größeren kulturellen Traditionen. Dies gilt sicherlich auch für die religiösen Traditionen, die Derrida zu den »abrahamitischen« zählt (worunter er den jüdischen, den christlichen und explizit auch den islamischen Glauben versteht). (Derrida 2002)

den Vorrang hat – ob die Moral als ein Produkt der Ethik gelten muß, als ein Destillat ethischer Praxis, oder ob moralische Urteile jedem ethischen Handeln, jeder ethischen Lebensführung vorausgehen müssen –, möchte ich nicht näher untersuchen. Ich würde, wie bereits angedeutet, zugunsten des letzteren tendieren, möchte die Frage aber in diesem Buch offenlassen.

Ungeachtet dieser subtilen und wichtigen Nuancierungen liegt meinen Überlegungen die Überzeugung zugrunde, daß die Medien von zunehmender Bedeutung für die Konstruktion eines Moralsystems sind, das der globalen Interdependenz in Reichweite und Ausmaß entsprechen soll und vernünftigerweise auch muß. Insofern sie uns symbolisch mit dem Anderen verbinden (oder uns von ihm trennen) – und zwar mit dem Anderen, der uns in geographischer, historischer und soziologischer Hinsicht fern ist –, bilden die Medien inzwischen jenen entscheidenden Raum, in dem eine äquivalente Moral für eine zunehmend interdependente, aber nach wie vor zerrissene und konflikterfüllte Welt herausgebildet werden müßte. Kurz: jegliches Streben nach einer echten, substantiellen und ethisch verantwortlichen Zivilgesellschaft, die über Staatsgrenzen (und nicht nur diese) hinaus die Idee eines Weltbürgertums umfaßt, muß sich ernsthaft der Frage stellen, wie diese Welt in den Medien dieser Welt dargestellt und repräsentiert wird.

Eine weitere philosophische Frage ist hier anzusprechen. Jedem Vorschlag, der Werturteile voraussetzt, die über das Ich hinausgehen und den Anderen einbeziehen, ist der Dualismus von Universalismus und Relativismus inhärent. Beide lassen sich offenbar nicht konklusiv begründen. Relativistische Argumentationen scheitern an der Logik ihres eigenen Relativismus. (»Ich kann dich nicht von meiner These überzeugen, daß alles Denken relativ ist, nämlich auf eine bestimmte Gesellschaft bezogen, weil du in einer anderen Gesellschaft lebst als ich und meine Überlegungen daher *per definitionem* nur für meine eigene Gesellschaft relevant sein können.«) Der Universalismus scheitert an der politischen Realität, weil er übersieht, daß sozial distinkte, inkommensurable Werte und Haltungen für gleichermaßen genuin und unverzichtbar gehalten werden. Jeder Versuch, die Allgemeingültigkeit oder Universalität einer Position zu begründen, setzt daher eine Form des Zwangs voraus, die selbst noch (und vor allem) der Toleranz und dem gegenseitigen Verständnis den Boden entzieht.

Daraus folgt, daß der Vorschlag, nach den Bedingungen einer Moral der Medien zu suchen, jederzeit den Vorwurf auf sich ziehen kann, er sei bestenfalls ethnozentrisch und schlimmstenfalls Ausdruck jener Form von Kulturimperialismus, die er verhindern will. Ich glaube nicht, daß es einen einfachen Ausweg aus diesem Dilemma gibt. Doch wie ich gleich darlegen werde, verändern sich die sozialen, politischen und kulturellen Bedingungen so, daß die Überwindung der erwähnten Inkommensurabilität möglich erscheint. Diese Veränderung läßt sich auf einen simplen Begriff bringen: Globalisierung.

Globalisierung

Darüber, was Globalisierung ist, wird heftig gestritten. So nützlich der Begriff ist, um viele der wohl eher aufgrund ihrer Konvergenz als ihrer Einzigartigkeit charakteristischen Merkmale der Spätmoderne zu bestimmen, steht er andererseits für eine bestimmte und manchenorts dominierende Weltsicht, die sich auf Verknüpfung und Integration, Netzwerke und Kapitalströme, Großkonzerne und ökonomische Ausbeutung konzentriert. Dabei erscheint die Globalisierung als Produkt eines zügellosen Kapitalismus, von dem offenbar jeder profitiert, der auf irgendeine Weise an der globalen Marktwirtschaft teilnehmen kann, wobei sich zugleich die wenigen auf Kosten der vielen bereichern. In ökonomischer Hinsicht hat sich die Welt in einen einzigen Markt verwandelt. Die Globalisierung gilt daher sowohl als Voraussetzung für die Produktion und Verteilung des wachsenden globalen Wohlstands (und daher als etwas Gutes)

wie auch als Ursache der wachsenden Ungleichheit, der ökonomischen Unterdrückung großer Teile der Weltbevölkerung und
der Umweltzerstörung.

Darüber hinaus hat die Globalisierung auch soziale Aspekte. Und auch diese werden als Netzwerke und Ströme beschrieben. Die Welt konstituiert sich demnach durch gewaltige und
endlose Ströme von Kapital, Menschen, Technologien, Ideen
und Medien als ein Netz multipler Verbindungen, in dem sich
individuelle Quantitäten abwechselnd verflüssigen und verfestigen, während sie politische, natürliche und kulturelle Grenzen passieren. Diese Bewegungen nehmen ein derart gewaltiges
Ausmaß an, daß sie sich zu einem neuen Ganzen zu verfestigen
scheinen: einem eher postmodernen als modernen, spürbaren,
aber nicht faßbaren Ganzen, das konkrete Dinge wie Territorium, Nationalität, Identität und Machtverhältnisse in Abstraktionen verwandelt und nur in einer als postmodern empfunde-
nen substantiellen Substanzlosigkeit existiert.

Nicht zuletzt ist die Globalisierung auch ein politisches Phänomen. Das betrifft unter anderem die nahezu unbeschränkte
Reichweite neo-imperialer Macht einerseits und des Terrors
andererseits; das Entstehen vertragsbasierter Institutionen mit
globalen Instanzen und globaler Reichweite (Held 2004); die
wechselseitige Abhängigkeit der Staaten untereinander und von
transnationalen Organisationen; den Traum einer globalen Zivilgesellschaft und den Alptraum eines globalen Bürgerkriegs;
das Aufkommen von Umwelt-, Menschenrechts- und Anti-Glo-
balisierungsbewegungen; die schwindenden Möglichkeiten des
Staates, die Bevölkerung, die nationalen Märkte und die nationale Kultur zu steuern. Viele Beobachter der Globalisierung
der Politik betrachten diese Aspekte als Teil der tektonischen
Verschiebungen, denen der Kampf um die Macht und deren
Ausübung nach dem Ende des Kalten Krieges ausgesetzt ist.

Und schließlich ist die Globalisierung ein kulturelles Phänomen. Und auch auf diesem Gebiet finden Auseinandersetzungen statt. In gewisser Hinsicht ist die Kultur als Träger von
Bedeutungen, Werten und Erfahrungen von den Ketten der lo-

kalen Gebundenheit befreit worden. Zeitliche und räumliche
Abstände werden geringer. Neue Medien und neue Technologien erweitern die Reichweite und Bandbreite unserer Kommunikation, der Zugang zu Informationen ist schier unbegrenzt.
Das bedeutet einen Quantensprung in der Homogenisierung
unterschiedlicher Kulturen, der Aushöhlung von Traditionen
und der Entwurzelung der Kultur, die ihre Ortsgebundenheit
und Partikularität verliert. Doch diese Globalisierung der Kultur ruft auch ganz andere Reaktionen hervor: den Fundamentalismus, den Lokalismus, die neuen partikularen Diaspora-,
Lebensstil- und Gender-Kulturen – ein enormes Spannungsverhältnis zwischen Ver- und Entwurzelung, Nähe und Distanzierung.

Ich möchte die Medien und den Prozeß medialer Vermittlung aus diesen disparaten Zusammenhängen herausnehmen.
Meiner Ansicht nach lassen sich weder die Idee noch die Realität der Globalisierung ohne die Medien erklären. Diese Idee
ist nicht so kühn, wie es scheint, auch wenn die Medien in
den meisten Darstellungen ignoriert, abgetan oder als selbstverständlich hingestellt werden. Denn es ist grundsätzlich nur
mit Hilfe einer von Medien bestimmten Kultur wie der unseren
möglich, mit Vorgängen und Umständen, Menschen und Orten
weit jenseits unserer unmittelbaren alltäglichen Erfahrungen in
Berührung zu kommen. Was immer wir glauben und tun, die
Welt *erscheint* nun einmal auf unseren Bildschirmen, und zwar
täglich und ganz und gar heterogen: von der Zusammenfassung eines Formel-1-Rennens über die Satellitenübertragung
eines Fußballweltmeisterschaftsspiels über die Korresponden-
tenberichte aus Krisen- und Katastrophengebieten und die Reportagen über Umweltrisiken oder fremde Kulturen bis zum
unablässigen Redeschwall der Soap-operas, Telenovelas und
Hollywoodfilme. Andersartiges und Identisches (mehr darüber
gleich) erscheinen nebeneinander und miteinander verflochten,
als ständig verfügbare Ressourcen zur Konstruktion individueller und kollektiver Weltbilder: wir erfahren, daß es andere
Orte und Lebensformen gibt, spüren, daß sie für uns eine ge-

wisse Bedeutung haben, und glauben schließlich, alles über sie zu wissen. Dabei erzeugen die globalen Medien nicht nur ein symbolisches Abbild der Welt, sie sind zudem materieller Bestandteil der Infrastruktur, die den Globus erst als einen Schauplatz des Lebens, der Politik oder der touristischen Erkundung ins Bewußtsein rückt, und vor allem als einen Ort, der in einer Beziehung zu den Kontingenzen und Ungewißheiten unseres Alltags steht.

In der globalen Kultur spielen die Medien also eine einzigartige Rolle. Sie bilden den technologischen und kulturellen Rahmen für positive wie negative Kontaktaufnahmen, ohne die es keine Globalisierung gäbe. Sie halten die produktiven und kontraproduktiven Ressourcen bereit, um die neuen Kommunikationsmöglichkeiten im Alltag zu verankern. Erst durch die von den Medien bereitgestellten Bilder und Texte, Homepages und Chatrooms wird die Welt zum globalen Lebensraum. Und hier, an der Schnittstelle von medialem Raum und Lebenswelt, kommt den Medien ihre große moralische Bedeutung zu, weil sie die Welt in ihrer Andersartigkeit sichtbar machen. In dieser Funktion und angesichts dieser Verantwortung werden sie konstitutiv für die Ethik und können das auch gar nicht vermeiden.

Auf einige Themen und Motive werde ich im Verlauf meiner Argumentation immer wieder zurückkommen. Ich möchte sie bereits hier kurz einführen, auch wenn sie erst in den folgenden Kapiteln ausführlicher diskutiert werden.

Da ist zunächst ein phänomenologisches Problem, nämlich die Frage der Distanz. Nähe und Abstand haben eine große Bedeutung für unser Handeln vor dem Hintergrund von Moral und Verantwortung. Zunächst einmal ist hier festzustellen, daß die Medien – wie andere Technologien auch – dafür sorgen, daß die Folgen unseres Handelns über die unmittelbare Umgebung hinausreichen. Dadurch verringern sie das Maß an Verantwortung und Gegenseitigkeit, die im Handeln und Kommunizieren mit einem unmittelbaren Gegenüber normalerweise erwartet werden. Gewisse Technologien verbinden uns miteinander, können uns aber ebensogut trennen. Die Distanz, die sie zwischen Gesprächspartnern schaffen, hat zur vielbeschworenen Erosion der Verantwortung für den Anderen beigetragen. Die Medien verhalten sich in diesem Sinne wie Technologien, wenn auch auf paradoxe Weise. Denn während sie die tatsächliche Trennung aufrechterhalten, stellen sie zugleich eine symbolische Verbindung her. Sie machen das Ferne gegenwärtig und stellen damit unsere Beziehungen zum Nächsten in Frage, die Grundvoraussetzung einer ethischen Lebensführung sind. Die Entscheidungen und Gewohnheiten der Medien bezüglich der Darstellung des Anderen, zu dem wir ansonsten keinen Zugang haben, werden damit zum Grundproblem des Projekts einer ethisch reflektierteren Öffentlichkeit.

Hinzu kommt ein soziologisches Problem. Es betrifft den Begriff des Weltbürgers. Der Kosmopolit figuriert in der Soziologie seit einiger Zeit als typischer Repräsentant einer zuweilen als postmodern bezeichneten Phase der Spätmoderne, die von der Dynamik eines intensiven Globalisierungsprozesses bestimmt ist. Zwar hat es immer Kosmopoliten gegeben, Menschen, die sich in der Fremde ebenso wohl fühlten wie zu Hause, deren Identität durch die Bereitschaft bestimmt war, an jedem beliebigen Ort zu leben, und die ihr Handeln und ihre Loyalität wechselnden Verhältnissen und Umgebungen anpaßten. Dieser Begriff des Weltbürgertums war historisch in der Regel auf Angehörige von Eliten beschränkt und hatte andernfalls (und manchmal selbst dann) etwas Abwertendes: der Kosmopolit war dann nicht einer, der mehr als eine Heimat hat, sondern ein Heimatloser; nicht einer, der seine Loyalität auf mehrere Orte oder Nationen verteilt, sondern überhaupt illoyal ist und daher als eine Bedrohung erscheint.

Heute, so wird behauptet, mache die Globalisierung immer mehr Menschen zu Weltbürgern und legitimiere damit auch deren Status. Der neue Kosmopolit sei nicht mehr an eine einzelne Gemeinschaft mit ihren drückenden Forderungen nach Loyalität gebunden. Idealerweise sei er ein mobiler, flexibler, Unterschieden offen begegnender und zu Differenzierungen

fähiger Mensch. Und diese Idealfigur gilt nicht mehr als Rand-
erscheinung, sondern erhält eine zentrale Rolle im Projekt einer Zivilgesellschaft (Beck 2003) und der damit verbundenen
Herstellung einer Weltöffentlichkeit. Dies wirft die Frage auf,
inwiefern es möglich ist, die Medien als Förderer eines globalen
Kosmopolitismus zu begreifen, bei dem es nicht mehr auf (die
dann sogar verzichtbare) physische Mobilität ankäme, sondern
auf die Beweglichkeit im Umgang mit dem Symbolischen.[3]
   Allerdings bleibt diese Vorstellung eines Weltbürgertums in
verschiedener Hinsicht problematisch. Denn sie ist romantisch
(im Sinne eines Wunschdenkens; während sie von den Roman-
tikern als Forderung der Aufklärung schärfstens abgelehnt
wurde); sie ist unsoziologisch (da sie nur einen sehr kleinen
Teil der Weltbevölkerung erfaßt),[4] sie ist nicht pluralistisch (da
sie andere, womöglich weiterführende Konzepte ignoriert, wie
etwa die Vorstellung, daß das Weltbürgertum nicht ein Status,
sondern ein – transitorischer – Lebensstil sein könnte); und
schließlich ist sie auch eine spezifisch westliche und daher in
gewisser Weise exklusive Vorstellung. Trotz dieser Einwände
bleibt der Kosmopolitismus, wie andere Konzepte in diesem
Buch auch, als analytische und normative Kategorie nützlich.
Dabei ist jedoch Vorsicht geboten: denn der Kosmopolitismus
ist zugleich (für manche Menschen) eine Tatsache, (für viele
Menschen) eine Möglichkeit und (für alle Menschen) die mögliche Grundlage einer nachvollziehbaren moralischen Fundie-
rung der globalen Zivilgesellschaft.
   Das dritte Problem betrifft die Politik. Die mediale Öf-

3 Allerdings würden auch hierbei wahrscheinlich zumindest manche
   (wenn auch nicht alle) Formen des Tourismus in den Industriestaaten
   sowie ökonomisch und anders motivierte Formen von Migration im
   weitesten Sinne nach wie vor eine Rolle spielen.
4 Ich habe in diesem Zusammenhang von einem »verminderten Kosmopolitismus« (vermindert im musikalischen, nicht im räumlichen Sinne)
   gesprochen, um andere Dimensionen der Globalisierung der Identität
   zu beschreiben, etwa jene, die nicht selten unfreiwillig in der Diaspora
   oder durch andere, weniger komfortable Formen transnationaler Mobilität entstehen. (Silverstone 2001)

fentlichkeit, in der die auf den Monitoren der Rundfunk- und Online-Medien erscheinende Welt reflektiert, kommentiert und (miß-)interpretiert wird, ist ein höchst umkämpfter Ort. Niemand wird behaupten, daß wir uns einer homogenen oder uniformen globalen Medienlandschaft gegenübersehen. Sie ist vielmehr außerordentlich vielförmig und macht keinen besonders kultivierten Eindruck. Sie wird von wenigen multinationalen Unternehmen beherrscht, die ihre Dominanz auf dem Gebiet des Rundfunks auf das ursprünglich freie Territorium des Internets übertragen konnten, was nicht zuletzt im Zusammenhang mit der Idee einer globalen Volksvertretung[5] von Bedeutung ist. Trotzdem ist die globale mediale Öffentlichkeit zugleich von alternativen Stimmen, Minderheitenprogrammen und individuellen Äußerungen erfüllt. Sie ist ein Forum öffentlicher, staatlicher und kommerzieller Interessen und Themen. Sie steckt voller Widerspruch und Widersprüche, da die nationalen Medien von den über die Landesgrenzen hinausreichenden Netzwerken diasporischer Kulturen oder transnationaler Bewegungen überlagert und relativiert werden. Obwohl sie derart fragmentiert, widersprüchlich, imperial, repressiv und beinahe immer ungerecht ist, stellt die globale mediale Öffentlichkeit dennoch den Raum dar, in dem der Rahmen für eine globalisierte Kultur und die ethisch-moralische Infrastruktur für die Zukunft der Zivilgesellschaft geschaffen werden müssen.[6]

5 Die Idee der medialen Öffentlichkeit als Weltparlament ist auf breites Interesse gestoßen. Sie stützt sich vor allem auf das Internet als für jedermann offenen Raum (der es ursprünglich auch war, wenigstens sofern man über die für den Zugang notwendigen Technologien und Fähigkeiten verfügte). In diesem Raum sind prinzipiell sowohl gesetzgeberische (Lessig 1999) als auch politische (Bettig 1997; Silverstone 2001) Diskussionen möglich.

6 Ähnlich äußert sich Nick Stevenson. Allerdings beruht seine Argumentation auf einer nicht an Pflichten, sondern an Rechten orientierten Perspektive (vgl. auch meine Ausführungen im 6. Kapitel):
»Die höchst unterschiedlichen politischen Gruppierungen und Identitäten, die die Zivilgesellschaft in ihrer Diversität ausmachen, werden in den Massenmedien zunehmend den Ort sehen, an dem sich ihr kollektives Schicksal entscheidet. Der Kampf um die faire Repräsentation

Bleibt noch der Hinweis auf ein technologisches Problem. Die auf den vorangegangenen Seiten angestellten Überlegungen basieren zum großen Teil auf einem bestimmten Medienbegriff. Auch dahinter steckt eine deskriptive und normative Absicht. Ich betrachte die Medien nicht unter dem Aspekt ihres Einflusses und ihrer Wirkung, sondern untersuche sie als Bestandteil unserer Umwelt. Natürlich muß man dabei aufpassen, nicht einem technologischen Determinismus zu verfallen, der für die Gesellschaft und ihre Mechanismen blind ist. Doch die globalen Medien sind, auch wenn sie von den globalen Kapitalströmen abhängen, eine zunehmend unverzichtbare Komponente der kulturellen Infrastruktur heutiger Gesellschaften und spielen in der privaten Lebensführung eine ebenso große Rolle wie in der Öffentlichkeit und der Politik. In diesem Sinne – und ohne eine unvermeidliche Korrelation zwischen bestimmten Medien oder medialen Äußerungen und bestimmten Wirkungen zu postulieren – möchte ich der Idee nachgehen, daß die Medien ein Teil unserer Umwelt sind und damit ein Teil der lebensnotwendigen Ressourcen, die jeder von uns täglich braucht. Es versteht sich von selbst, daß auch diese mediale Umwelt wie jede andere verschmutzt und verseucht werden kann – wenn wir sie nicht davor schützen.

Kosmopolitismus und Pluralismus

Kommen wir zu unserer philosophischen Frage zurück: Kann das soeben über die Globalisierung Gesagte uns helfen, das Dilemma aufzulösen, das sich für jede Ethik der Medien zwischen Relativismus und Universalismus auftut?

der eigenen Lebensform oder der gemeinsamen Kultur in den dominierenden Medien wird sich wahrscheinlich um so mehr intensivieren, je mehr sich diese Medien statt an staatlichen Direktiven an den Interessen der globalen Wirtschaft orientieren. Diese Entwicklung wird vermutlich noch dadurch verstärkt, daß sich die Medien heute generell stärker mit der Definition der Gesellschaft beschäftigen als je zuvor.« (Stevenson 1999, S. 57)

Die globale Interdependenz ist eine Tatsache. Sie ist Teil des
Dilemmas und zugleich der Kontext, in dem es gemildert werden kann. Denn die globale Interdependenz schafft in ihrem
Konflikt- und Vermittlungspotential ein wachsendes Bewußtsein für den Fremden und sorgt dafür, daß wir ihm häufiger
begegnen. In der spätmodernen Welt, in der wir leben, haben
wir seine Andersartigkeit in der Realität städtischer Räume wie
auf den imaginativen Schauplätzen medialer Kommunikation
ständig vor Augen. Dadurch entsteht eine Debatte darüber, wie
man in dieser Welt leben kann und soll. An welchen verallgemeinerbaren Prinzipien kann man sich orientieren? Soll man
das überhaupt? Sind wir aufgrund der Unterschiede zwischen
den Menschen, mit denen wir ständig konfrontiert werden, zur
Indifferenz oder einer grundsätzlichen Ablehnung der Werte
der Humanität verurteilt? Können diese Unterschiede und Differenzen durch die Etablierung globaler oder weltbürgerlicher
Tugenden aufgewertet werden (Sacks 2002)?

All diese Fragen gehen weit über das hinaus, was ich hier einigermaßen zufriedenstellend behandeln kann. Deshalb möchte ich mich auf eine Reihe von Argumenten beschränken, die
auf eine im weitesten Sinne liberale Tradition zurückgehen und
eine notwendige, wenn auch sicherlich unzureichende Grundlage für die Position bilden, die ich in dieser Untersuchung zur
Moral der Medien entwickeln möchte. Zusammen bilden sie
einen Rahmen, der meiner Ansicht nach eine Brücke zwischen
Soziologie und Philosophie schlägt und die Moral und Ethik
der Medien in den spezifischen Bedingungen der gegenwärtigen
Gesellschaft und ihrer medialen Vermittlung verankert.
Beginnen wir mit Ulrich Becks Konzept des Weltbürgertums:

Heute liegt ein neuer Kosmopolitismus in der Luft. Dabei wird
der Begriff »kosmopolitisch« oft mißverstanden. Er meint weder Rückhaltlosigkeit – die Sichtweise eines global players oder
globalen Kapitalisten; noch einen neuen Kolonialismus oder
Universalismus; denn es gibt *viele* Kosmopolitismen – nicht ei-

ne, sondern viele Sprachen, Grammatiken, Sprechweisen des Kosmopolitismus. Es handelt sich auch *nicht* um Multikulturalismus, denn dieser setzt ein gewisses essentialistisches Verständnis kultureller Unterschiede voraus (...) Wir alle leben von Geburt an in zwei Welten, zwei Gemeinschaften – im Kosmos (also in der *Natur*) und in der *polis* (das ist die Stadt beziehungsweise der Staat). Genauer gesagt: der Einzelne hat seine Wurzeln in einem *einzigen* Kosmos, aber in *verschiedenen* Städten, Regionen, Ethnizitäten, Hierarchien, Nationen und Religionen zur selben Zeit. Dadurch entsteht weniger Exklusivität als eine inklusive Mehrfach-Zugehörigkeit. Das bedeutet, daß alle Menschen von Natur aus gleich sind, aber verschiedenen staatlichen Gemeinwesen (polis) angehören, die voneinander räumlich getrennt sind. (Beck 2003, S. 6)

Entscheidend daran ist für uns im Augenblick die Behauptung, daß die empirische Tatsache des Pluralismus die Grundbedingung des menschlichen Lebens in der Spätmoderne sei. Natürlich ist eine solche empirische Behauptung immer nur eingeschränkt gültig, da unser Wissen über die Welt und ihre Bewohner stets beschränkt ist, aber sie hat doch Gewicht für die Analyse der gegenwärtigen Gesellschaften zumindest in Europa und beeinflußt deren allgemeine moralische und politische Implikationen. Dies wird im Laufe meiner Argumentation von wachsender Bedeutung sein, vor allem im zweiten Kapitel, wenn es um die Doppelrolle der Polis und der Medien als Umwelt und Kosmos geht.

In bezug auf den Einzelnen verlangt der Kosmopolitismus eine Pluralisierung der Identitäten und Identifizierungen, in ethischer Hinsicht geht er mit der Verpflichtung einher, nicht nur im Fremden den anderen Menschen, sondern auch im anderen Menschen sich selbst zu erkennen. Er setzt hier mithin Reflexivität und Toleranz voraus wie in politischer Hinsicht Gerechtigkeit und Freiheit und in gesellschaftlicher Hinsicht Gastfreundlichkeit. In bezug auf die Medien zieht der Kosmopolitismus, wie ich im sechsten Kapitel zeigen werde, die Pflicht

nach sich, dem Anderen zuzuhören, was meiner Ansicht nach
eine Form der Gastfreundlichkeit ist.

Und auch von der Philosophie verlangt der Kosmopolitismus eine bestimmte Reaktion. Nämlich das Bekenntnis zum
Pluralismus. Isaiah Berlin führt den Pluralismus auf Giambatti-
sta Vico, Johann Gottfried Herder und Johann Georg Hamann
zurück, erklärte Gegner der Aufklärung aus dem 18. Jahrhundert. Darin liegt eine gewisse Ironie, denn ausgerechnet diese
Theoretiker des Pluralismus wandten sich später der Roman-
tik, Hamann sogar dem Nationalismus zu, was Berlin natürlich
nicht entging. Zunächst jedoch stellten sie sich gegen die uni-
versalistischen Tendenzen der Aufklärung, die angebliche Allmacht der Vernunft und gegen die Unfähigkeit der Aufklärung,
die Unterschiedlichkeit, die irreduzible Differenz menschlicher
Kulturen anzuerkennen. Hamann setzte den angeblichen Ge-
wißheiten der Rationalität die individuelle Erfahrung und ihre
empirische Beobachtung entgegen. Vico und vor allem Herder
wiederum entwickelten einen ebenso distinkten wie revolutionären Pluralismus, nämlich »die Überzeugung, daß es nicht
nur eine Vielfalt unterschiedlicher Kulturen und Gesellschaften
gibt, sondern daß deren Werte auch inkommensurabel, und (...)
ihre Ideale gleichwertig und dennoch inkompatibel sind« (Berlin 2000, S. 176).

Berlin versuchte, seine Interpretation des Denkens dieser
Männer (und sich selbst) vor dem Vorwurf des Relativismus zu
schützen, und formulierte dabei präzise, was er unter Pluralismus verstand. Ich zitiere die Stelle daher ausführlich:

> Es gibt viele objektive Ziele, viele letzte Werte, darunter auch
> solche, die nicht miteinander übereinstimmen – Ziele und Wer-
> te, die von verschiedenen Gesellschaften zu unterschiedlichen
> Zeiten angestrebt werden, von verschiedenen Gruppen inner-
> halb derselben Gesellschaft (...), wobei jede dieser Gruppen
> mit den widerstreitenden Ansprüchen von Zielen konfrontiert
> werden kann, die sich nicht miteinander verbinden lassen, die
> jedoch gleichermaßen endgültig und objektiv sind. Unver-

einbar mögen diese Ziele zwar sein; aber ihre Vielfalt kann nicht unbegrenzt sein, denn so vielfältig und wandlungsfähig die menschliche Natur auch ist, sie muß einen gewissen Gattungscharakter aufweisen, wenn sie als menschlich bezeichnet werden soll. (...) Es gibt eine Grenze, jenseits derer wir nicht verstehen können, was ein bestimmtes Geschöpf im Sinne hat; welchen Regeln es in seinem Verhalten folgt; was seine Gesten bedeuten. In solchen Situationen, wenn die Möglichkeit der Kommunikation zusammenbricht, sprechen wir (...) von unvollständigem Menschsein. Aber innerhalb der Grenzen des Menschseins ist die Verschiedenheit der Ziele zwar begrenzt, zugleich aber sehr groß. (Berlin 1992, S. 109)

Einige Elemente dieser Klarstellung bedürfen einer kurzen Erläuterung, um sie – was Berlin ja ebenfalls will – aus dem prä- beziehungsweise anti-liberalen Kontext ihrer Entstehung zu lösen. Ihr Fundament ist das Beharren auf der Objektivität bestimmter Aspekte des Menschseins, zu denen Berlin den universellen Wert der Freiheit, die allen gemeinsame menschliche Natur, die rationale Kritik und die grundsätzliche Lösbarkeit vieler, aber nicht aller Wertekonflikte im öffentlichen und privaten Leben zählte (Lukes 2003). Der Pluralismus beharrt auf der Differenz, ohne sie für unüberwindbar zu erklären. Er betont, daß das gemeinsame Fundament der Bedingungen des Menschseins die mögliche Zahl sinnvoller Differenzen einschränkt und auf diese Weise eine gewisse Form der Kommunikation auch über sehr breite und tiefe Abgründe hinweg ermöglicht. Dieser Pluralismus ist mit Berlins Unterscheidung zwischen positiver und negativer Freiheit vereinbar; er stellt eine moralische Minimallösung dar, die die Gemeinsamkeit der menschlichen Erfahrung des Leidens und der Sehnsucht nach persönlicher und kollektiver Freiheit grundsätzlich anerkennt, ohne jedoch die Existenz kultureller Unterschiede und grundsätzlich unterschiedlicher Werte zu leugnen. Der Pluralismus Berlinscher Prägung beharrt auf der Unabgeschlossenheit allen menschlichen Denkens. Es existiert kein archimedischer Punkt, von dem aus endgültige Urteile zu fällen oder das durchzusetzen wäre, was er (scheinbar ohne jeden Anflug von Ironie) als Endlösung bezeichnet (Berlin 1997).

Dieser moralische Minimalismus ist von konstitutiver Bedeutung. Bei Michael Walzer (Walzer 1994) begegnet uns ein ähnlich minimalistisches Konzept, wenn auch nur am Rande seiner Überlegungen. Für Walzer beruht unsere Fähigkeit oder Unfähigkeit, uns auf den Anderen einzulassen, nicht auf den irreduziblen Gemeinsamkeiten menschlichen Daseins, sondern auf der Tatsache, daß jede Kultur bei aller Einzigartigkeit eine Reihe von Werten umfaßt, die sich mit denen anderer Kulturen vergleichen lassen. Wenn also Konzepte wie Wahrheit oder Gerechtigkeit in jeder bekannten Gesellschaft eine Rolle spielen, könnten sie sich als abstrakte Bausteine einer allgemeinen – wenn auch schmalen, wie Walzer sagt – moralischen Basis erweisen.

Ein kulturübergreifender moralischer Minimalismus wäre demnach das Produkt gegenseitiger Anerkennung. Er reicht nicht aus, um eine spezifische Identität zu begründen, ist aber eine unverzichtbare Komponente jeder Form von Gemeinschaft. Moralische Maximalforderungen hingegen sind stets in partikulären Besonderheiten der Historie und der Erfahrungen verankert, die das spezifisch Eigene jeder Kultur ausmachen, und es ist diese Partikularität, an der jeder von uns auf seine Weise teilhat, in der Walzer – vielleicht gegen seine Intuition – die Grundlage einer breiteren Gemeinschaftlichkeit und eines gemeinsamen Diskurses sieht. Der moralische Minimalismus ist eine Form des Relativismus, die einerseits einräumt, daß es Grenzen des moralisch Zulässigen gibt, und zugleich dafürhält, daß Gleichheit nur auf Grundlage einer ansonsten inkommensurablen Differenz entsteht.[7] Und vielleicht ist das

7 »Dieser Punkt scheint mir sonnenklar zu sein, was aber nicht heißt, daß ich einem uneingeschränkten Relativismus das Wort rede, denn keinem Arrangement, keinem Kennzeichen eines solchen Arrangements ist moralisch zuzustimmen, wenn es nicht die eine oder andere Version einer friedlichen Koexistenz erlaubt und damit auch die grundlegenden Menschenrechte respektiert. Wir treffen unsere Entscheidungen innerhalb

der entscheidende Punkt, so simpel es auch klingen mag: durch die lebendig erfahrene Dialektik von Gleichheit und Differenz wird die Herausbildung einer privaten oder gemeinschaftlichen Ethik möglich, und entsprechend ermöglicht die mediale *Repräsentation* jener empirischen Dialektik die Entwicklung einer Ethik der Medien.

Diese Empirie – den Fremden zu kennen, weil man den Freund kennt und umgekehrt – ist die Voraussetzung der Toleranz. Heutige Gesellschaften haben nach wie vor Grenzen, seien diese auch porös oder umkämpft; und nach wie vor werden materielle wie symbolische Zäune und Wälle errichtet und eingerissen. In dieser Welt, die sich zunehmend an das Leben mit inneren und äußeren Ambivalenzen gewöhnt, sich aber zugleich durch die Schaffung immer neuer und intransigenter Polaritäten gegen sie sträubt, sind solche Differenzierungen das unverzichtbare Rohmaterial einer globalen Medienethik. Andernfalls wäre sie unmöglich. Auch Walzer beharrt darauf, daß die postmoderne Kondition die Moderne nicht auflöse, sondern lediglich überlagere, und schreibt: »Wir wissen immer noch von uns, daß wir dieses oder jenes sind, doch das Wissen ist verschwommen, da wir auch dies *und* das sind« (Walzer 1998, S. 110, Hervorhebung im Original). Und wir begreifen uns zunehmend als gefährdet, und zwar abermals aufgrund materieller (den Körper und die Umwelt betreffender) *und* symbolischer (Kultur und Identität betreffender) Risiken.

Es ist hoffentlich deutlich geworden, daß es eine Konvergenz meiner Argumentation und meiner Haltung gibt. Sie besteht im Versuch, die allgemeine wie die die Medien betreffende Ethik in den Varietäten und Konsistenzen der Erfahrungen des Menschseins zu begründen. Und sie liegt in der Überzeugung, daß trotz der manifesten und oft leidvollen Unterschiedlichkeit dieser Erfahrungen zwischen verschiedenen Kulturen die

bestimmter Grenzen, und ich vermute, daß sich die Philosophen nicht darüber streiten, ob es derartige Grenzen gibt, daran zweifelt niemand ernsthaft. Die Frage ist vielmehr, wie weitgesteckt sie sind.« (Walzer 1998, S. 14)

Möglichkeit von Gleichheit besteht: die Möglichkeit der Anerkennung, der Identifikation, der Kommunikation. Und daß sie
nicht nur möglich ist, sondern notwendig.

Ulrich Beck spricht in diesem Zusammenhang vom »kosmopolitischen Realismus« (Beck 2004).[8] Dieses Konzept setzt
wie Berlins Pluralismus ein universalistisches Minimum selbst-
verständlicher Prinzipien und Verbote voraus und berücksichtigt zugleich, daß selbst eine simple Moral wie diese Einschränkungen und Widersprüchen unterliegt – nicht zuletzt dem, daß
sie ihren Prinzipien möglicherweise untreu werden muß, um sie
zu verteidigen. Der kosmopolitische Realismus berücksichtigt
ebenfalls, daß globale Verantwortung und humanitäre Inter-
vention in gefährliche Nähe zum Kolonialismus geraten können
(und früher auch geraten sind). Das Konzept geht davon aus,
daß wir alle in *einer* Welt leben, und repräsentiert damit eine
Art kontextorientierten Universalismus, dem die Überzeugung
zugrunde liegt, daß sich Interventionen in die Krisen anderer
nicht mehr vermeiden lassen, weil wir im globalen Zeitalter
enger denn je miteinander verbunden sind. In der Welt von heute gibt es kein Draußen mehr. Der kosmopolitische Realismus
bejaht den Anderen als einen, der sich von uns unterscheidet
und uns (auch insofern) gleicht. Und er ruft, wie Walzers moralischer Minimalismus auch, zur Bescheidenheit auf, indem er
das Bewußtsein unserer eigenen Gefährdetheit voraussetzt.

Zwischen dem Bemühen um eine Ethik für die entstehende
globale Gesellschaft und meiner Untersuchung der Möglichkeiten einer globalen Medienethik besteht ein enger Zusammenhang. Das ist ebenso unvermeidlich wie notwendig. Die Kate-
gorien der Andersartigkeit, Differenz und Gleichheit bestimmen
das, was jeden Tag auf unseren Bildschirmen erscheint. Die Medien sind Technologien, die Menschen voneinander trennen und
miteinander verbinden, vor allem aber als Brücken und Türen
zur Welt fungieren können. Da es notwendig ist, daß wir uns in

8   Bryan S. Turner wiederum spricht von kosmopolitischer Tugend. (Tur-
    ner 2002)

dieser Welt fair und gerecht verhalten, bildet das, was wir auf elektronischem Wege über sie erfahren, ebenso eine Vorbedingung unseres Handelns wie unsere unmittelbaren Erfahrungen.

Die Arbeit der Medien

Der allgemeinen Überzeugung zufolge leben wir in der Spät- oder Postmoderne in einer fragmentierten und unübersichtlichen, sich ständig verändernden Welt fließender Identitäten, einer Welt voller Brüche und Verwerfungen, Risse und Freiheiten. Unsere Gesellschaften, heißt es, sind gar keine Gesellschaften mehr. Allenthalben werden Grenzen überschritten; tatsächlich verliert sogar der Begriff der Überschreitung jegliche Trennschärfe. Grenzen werden überhaupt nur noch überschritten. Wieviel davon falsch ist und auf den Vorurteilen westlicher, mobiler Intellektueller beruht, bleibt vorerst offen. Als relatives Urteil ist die Diagnose kaum zu widerlegen: traditionale Gesellschaften, die sich durch unflexible Grenzen definieren, befinden sich inzwischen schon seit Generationen auf dem Rückzug. Als absolutes Urteil über einen unwiderruflichen sozialen und kulturellen Wandel steht die These auf weniger sicheren Beinen. Kulturen und Gesellschaften befinden sich immer in einem Spannungsfeld und müssen den Konflikt zwischen Neuerern und Bewahrern aushalten. Und das Schauspiel von Gleichheit und Differenz im individuellen wie im kollektiven Rahmen gehört zum menschlichen Dasein. In dieser Hinsicht haben wir uns, dem sozialen Wandel zum Trotz, nicht verändert.

Ungewißheit, Angst vor dem Chaos, das Bedürfnis, Freunde und Gegner zu haben, sind Konstanten des menschlichen Lebens, ob es uns gefällt oder nicht. Wir haben heute in puncto Differenzierung und Urteilsfindung mit ähnlichen Problemen zu kämpfen wie unsere Vorfahren. Nur ist an die Stelle des Kalten Kriegs ein gewissermaßen allgegenwärtig-flüchtiger Krieg getreten. In diesem zielt der Terrorismus auf die ultimative Zerstörung oder Zementierung von Grenzen.

Und das tun in gewisser Hinsicht auch die Medien. Das soll weder ein Vorwurf noch ein Hinweis auf die Allgegenwart realer und symbolischer Gewalt auf den Bildschirmen sein. Ich will damit lediglich beschreiben, welche Art von Arbeit die Medien leisten, wenn sie die Welt abbilden und repräsentieren. Und das beschränkt sich keineswegs auf Nachrichtensendungen und Hintergrundberichte, in denen die Wahrheit, Tatsächlichkeit und Vertrauenswürdigkeit der Inhalte explizit und im direkten Verweis auf das Weltgeschehen behauptet werden. Es gilt genauso für die anderen Formen des Erzählens, Darstellens und Repräsentierens über alle medialen Genres und Plattformen hinweg: denn auch in Dramen, Soap-operas, Sportberichten und Klatschspalten werden Helden und Schurken, Freunde und Fremde konstruiert. Und es gilt natürlich auch für die Arbeit des Publikums, das sich mit dem Gehörten und Gesehenen auseinandersetzt oder nicht. Denn die Medien sind ein wesentlicher Bestandteil des Alltags, ebenso wie dieser umgekehrt ein wesentlicher Bestandteil der Medien ist.

Meines Erachtens arbeiten die Medien an Grenzen und Grenzziehungen. Und zwar in mehrfacher Hinsicht. So gab es eine zentripetale Phase, in der sie die nationalen oder sprachlichen Grenzen einer Kultur zu artikulieren suchten. Seit der Erfindung des Buchdrucks sorgen Medien für die Vereinheitlichung und Verbreitung von Landessprachen und festigen dadurch Grenzen und Identität des modernen Nationalstaats (Eisenstein 1979). Die Tageszeitung und vielleicht mehr noch das Radio und das Fernsehen haben dieses Projekt im 20. Jahrhundert fortgeführt (Anderson 2005; Scannell und Cardiff 1991). Bedeutung und Wirkung der Presse und des öffentlichen Rundfunks lagen und liegen in gewissem Maß bis heute darin, daß sie auf nationaler, regionaler und lokaler Ebene Grenzen definieren und damit Gemeinschaften konstruieren.

Da die Medien heute eher zentrifugal agieren und das Internet kulturelle und politische Aktivitäten auch an den Rändern der Gesellschaft ermöglicht und dadurch die integrative Funktion der Sender und der nationalen Presse untergräbt, ist diese Arbeit an den Grenzen noch wichtiger, aber auch komplexer und schwieriger geworden. Jeder von uns beteiligt sich an ihr: indem wir auf die etablierten (zentripetalen) Medien zurückgreifen, wenn uns globale Krisen kollektiv in Angst und Schrecken versetzen; und indem wir uns auf (zentrifugalen) Webseiten, in alternativen Medien und/oder bei Spartensendern unserer Identität und unserer Verbundenheit mit anderen versichern, die unsere persönlichen Interessen, unseren Lebensstil oder unsere politischen Überzeugungen teilen.

In all diesen Zusammenhängen arbeiten die Medien im großen Stil an Grenzen. Sie wirken jedoch ebenso kontinuierlich im Kleinen. Dazu gehört, daß in jedem medial vermittelten Text oder Diskurs ständig Grenzen gezogen werden: von den kruden Klischees über Fremde bis zu den mehr oder weniger subtilen Diskriminierungen der Figurenzeichnung und Erzählkonstruktion in politischen Diskussionen, Chatrooms oder Talkshows. Man kann ohne weiteres sagen, daß die Aufgabe der Medien – ihre primäre Funktion für die Kultur – genau darin besteht: im unaufhörlichen, unablässigen, endlosen Spiel mit Differenz und Gleichheit. Das ist die Quelle des Vergnügens wie der Irritationen, die sie uns bereiten. Und das ist auch der Grund für die überragende Bedeutung, die sie für die Öffentlichkeit haben – in ihren schlimmsten wie in ihren besten Momenten. Wenn das eine unzuverlässige Vereinfachung sein sollte, kann ich es nicht ändern. Es geht mir nicht darum, andere Definitionen auszuschließen, sondern darum, die Grundlagen für eine Beurteilung der Medien als einer im positiven wie im negativen Sinne moralbildenden Kraft zu schaffen. Insofern geht es hier vor allem um die Dominanz und Konsistenz, Ohnmacht und Inkonsistenz diverser medialer Praktiken der Grenzziehung, die unsere Urteilsbildung und unser Verhalten im Alltag beeinflussen. Und das ist nicht nur in propagandagestützten Diktaturen von Belang, sondern auch im Hinblick auf die Muster der Repräsentation und Rhetorik in demokratischen Gesellschaften.

Deshalb ist die dritte Dimension medialer Grenzziehungen an den Schnittstellen des Symbolischen und des Materiellen so-

wie der Öffentlichkeit und des Privaten zu suchen. Hier wird
auch deutlich, daß die Arbeit der Medien selbst keinen Grenzen
unterworfen ist. Sie wuchert unablässig. Sie erfaßt Zuschauer
und Leser, Produzenten und sonstige Mitwirkende. Sie wirkt
sich bis in unsere alltäglichen Gespräche aus, weil alles, was
wir sehen und hören, verstehen oder mißverstehen, befürwor-
ten oder ablehnen, lieben oder hassen, zu einem bewußten oder
unbewußten Bestandteil der Alltagskultur wird. In den komplexen Mustern medialer Praxis werden die Medien zu einem
in vielfacher Hinsicht reflexiven Projekt, so daß das, was auf
Monitoren und Zeitungsseiten erscheint, nicht mehr nur ein
zu rezipierender Text, sondern eine von mehreren sekundären
oder gar primären Ressourcen unseres Lebens ist. Zwar findet
Reflexivität in der Spätmoderne nicht nur in den Medien statt,
sie wird aber in erheblichem Maße von den Medien angeregt,
die im besten Fall nicht nur die Materialien für Reflexion und
Kritik zur Verfügung stellen, sondern auch deren Gegenstand
sind oder sein sollten. Die Medien bilden den Rahmen unseres
Alltags, in den sie sich zugleich einfügen müssen.

Nehmen wir den Bildschirm: das klassische Beispiel einer
Grenze. Er fungiert als Schnittstelle, Rahmen, Fenster, Maske
und Barriere. Als Schnittstelle schafft er einen Raum für Pro-
jektionen: im Wortsinne also für Bilder und Texte, im übertragenen Sinne für die Vorstellungen der Leser oder Zuschauer.
Als Rahmen beschränkt er die Sichtbarkeit der medialen Texte und markiert die Grenze zwischen der Erfahrungswelt und
ihrer medialen Repräsentation. Dabei trennt er außerdem das
Heilige vom Säkularen, sprich die Besonderheit des Gesendeten
von unserer gewöhnlichen Alltagserfahrung. In seiner Funktion
als Fenster dient der Bildschirm der Enthüllung. Er zeigt uns
Dinge, zu denen wir ohne ihn keinen Zugang hätten, präsentiert uns eine Welt voller angeblich transparent und erklärbar
gemachter Fremdheit und lädt uns – besonders durch die echte
oder gefakte Unmittelbarkeit und Lebendigkeit des Reality-TV
oder der Onlinekommunikation in Echtzeit – dazu ein, an das
zu glauben, was wir sehen. Als Fenster ahmt der Bildschirm

die Wirklichkeit nach. Als Maske verhüllt er sie wieder und
verzerrt oder verbiegt jene Wahrheit und Authentizität, sobald
er sie für sich reklamiert. In dieser Funktion offeriert er uns
fiktionale Weltdarstellungen, also wiederum Masken, in denen
in der Regel aber die Welt durchscheint, die der Zuschauer für
relevant und real hält. Auch Masken dienen der Nachahmung.
Als Barriere wiederum trennt der Bildschirm die Welten, die
er ansonsten verbindet: er steht zwischen dem Star und seinen
Fans, dem Terroristen und seinem Opfer, dem Bomberpiloten
und den Bombardierten, dem Ich und den Anderen. Als Barriere täuscht und isoliert er uns.

Und sind die Medien nicht ohnehin eine einzige Enttäu-
schung? Sie selbst üben sich ständig in Selbstkritik, sind allerdings zumeist ebenso hilflos wie bar jeder Ironie – etwa wenn
NBC über den »Medienrummel« um den wegen Verführung
Minderjähriger angeklagten Michael Jackson schimpft, selbst
aber wie alle anderen natürlich auch ein Team zum Gerichts-
gebäude schickt. Ebenso häufig wird geklagt über: die Dominanz Hollywoods, die Kommerzialisierung, die Verlogenheit,
die mangelnde Distanz, das Eindringen in die Privatsphäre, die
Trivialisierung und Banalisierung ernster Dinge, die Ausbeutung der Schwachen und Schutzlosen, den Starrummel und den
unvermeidlichen Kannibalismus der B-Prominenz, die Überschreitung der Grenze zwischen Realität und Fantasie, Fakt und
Fiktion oder Nachrichten und Entertainment. All diese Vorwürfe sind Teil einer kontinuierlichen Medienkritik, die nicht
nur von Intellektuellen, sondern auch von einfachen Menschen
vorgetragen wird, die von den Medien zutiefst enttäuscht sind,
deren Kritik die herrschenden Medien allerdings aus Gründen,
die hier keine Rolle spielen, hartnäckig ignorieren (obwohl sie
das Gegenteil zu tun behaupten).[9]

9 So wandte sich früher eine breite Strömung reaktionärer Literatur gegen das Fernsehen und verlieh der fundamentalen Besorgnis Ausdruck,
daß die Medien die Kultur untergraben könnten (zum Beispiel Postman
1987 oder Mander 1978). Diese Argumentationen haben durchaus
einen Wert, auch wenn sie zumeist auf einem mechanischen Ursache-

Viele Kritiker haben aus alldem den Schluß gezogen, daß die Medien nicht mehr die Beschützer des Guten sind, daß sie ihre Aufgabe als vierte Macht nicht mehr ausfüllen können und daß sie in ihren Praktiken keine Rücksicht mehr auf grundlegende ethische Forderungen und ihre Verantwortung gegenüber Bürger und Staat nehmen. Die Verteidiger der Medien argumentieren in der Regel, daß wir die Medien haben, die wir verdienen beziehungsweise für die wir bereit sind, Geld auszugeben. Ich will mich an dieser Auseinandersetzung nicht beteiligen, denn es geht mir im folgenden nicht um die Schwächen und Fehler der Medien, die ich sehr wohl sehe. Vielmehr bilden beide, die Vorwürfe und die Verteidigung gegen sie, auch wenn sie in unterschiedlicher Weise vorgetragen werden, die Grundlage meiner folgenden Argumentation.

Ungeachtet ihrer Unterschiedlichkeit tragen alle Medien eine Verantwortung, die weit über die handwerklichen Aspekte der Berichterstattung und Repräsentation hinausgeht. Sie erstreckt sich auch auf die ihrer Praxis zugrunde liegenden Prinzipien, die anhand der globalen Zusammenhänge, die ihnen eine größere Bedeutung verschaffen, überprüft werden müssen. Das gilt allerdings auch in umgekehrter Hinsicht. Das heißt, daß wir als Leser, Zuschauer und Bürger Verantwortung für unsere Medien übernehmen müssen. Daß wir für unsere Lebensführung von ihnen abhängig sind, steht inzwischen fest. Deshalb können wir uns nicht mehr aus der Verantwortung stehlen. Und darum versuche ich hier, die Grundlagen einer Ethik der Medien zu formulieren, die nicht nur deren Funktion und Verantwortung in der zivilen Weltöffentlichkeit, der »Mediapolis«, dem medialen »Erscheinungsraum« (Hannah Arendt) betrifft, sondern auch uns selbst in hohem Maß in die Verantwortung nimmt.

Wirkung-Modell beruhen; allerdings werden dabei nur selten über die Kritik hinaus die Möglichkeiten einer anderen Medienkultur ausgelotet. Auch im Internet gibt es zahlreiche Seiten, auf denen die Darstellungen der Medien kritisiert und kommentiert werden, zum Beispiel media-channel.org oder mediawatch.org.

Die folgenden Kapitel

Das nächste Kapitel setzt sich mit den Überlegungen Hannah Arendts auseinander, einer politischen Philosophin, deren Denken von den Erfahrungen bestimmt wurde, die sie selbst und andere vor, während und nach dem Holocaust in Deutschland machten. Ihre Bücher über die Bedingungen der menschlichen Existenz, die Grundlagen des Denkens, Urteilens und Handelns sowie über Verantwortung in der gesellschaftlichen Öffentlichkeit sind meines Erachtens von großer Relevanz für unser Thema und die Beurteilung des gegenwärtigen Zustands der Medienlandschaft. Außerdem hat sie sich bekanntlich mit dem Totalitarismus und dem Bösen sowie mit der Frage auseinandergesetzt, inwiefern sich die Qualität einer demokratischen Öffentlichkeit in der Neuzeit verändert hat. Dabei spielt die Frage der Kommunikation eine implizite, aber entscheidende Rolle. Vor allem ihre Aussagen zur öffentlichen Kommunikation, zur politischen Auseinandersetzung in der Öffentlichkeit, die sie als Erscheinungsraum[10] bezeichnet, werden mich hier interessieren. Auf ihrer Grundlage entwickle ich das Konzept der Mediapolis. Darunter verstehe ich im empirischen wie im normativen Sinne die globale Öffentlichkeit als eine Umwelt, in der die Medien agieren und in der unsere Beziehungen zu anderen bestimmt werden. Der Begriff der Mediapolis ist daher von zentraler Bedeutung für dieses Buch, in dem ich die Realitäten und Möglichkeiten globaler Kommunikation und ihre Bedeutung für die Zukunft dessen untersuche, was man heute als die Bedingung der menschlichen Existenz bezeichnen muß.

Das dritte Kapitel befaßt sich mit dem nicht ganz so abstrakten Phänomen des Bösen und seiner Rolle in der amerikanischen Populärkultur. Auch dabei beziehe ich mich auf Hannah Arendt, erweitere den Blick aber auf die historischen,

---

10 »Ein Erscheinungsraum entsteht, wo immer Menschen handelnd und sprechend miteinander umgehen; als solcher liegt er vor allen ausdrücklichen (...) Staatsformen, in die er jeweils gestaltet und organisiert wird.« (Arendt 1960, S. 193) (A. d. Ü.)

soziologischen und philosophischen Aspekte der meines Erachtens schon lange zu beobachtenden Prägnanz der Rhetorik des
Bösen in den USA. Sie kann sich offenbar auf eine Konvergenz
von Überzeugungen, Themen und Erzählformen in der religiösen, populären und politischen Kultur der USA stützen, die sich
seit dem Beginn des Kalten Krieges vor allem die Präsidenten
aus der Republikanischen Partei zunutze gemacht haben. Die
Medien sind für die Konstruktion und Akzeptanz dieser Rhetorik von entscheidender Bedeutung. Im Zusammenhang unseres
Themas dient diese Fallstudie sozusagen als warnendes Beispiel
dafür, wohin Polarisierung, Dämonisierung und die Unterdrük-
kung der legitimen Präsenz des Anderen in der Öffentlichkeit
führen. Es geht also um die Gefahren und dunklen Seiten einer
homogenisierten Medienwelt.

Das vierte Kapitel beschäftigt sich mit dem Konzept der
Polyphonie, das eine Alternative zur Polarisierung aufzeigt.
Entwickelt wurde es von Edward Said, der in seinen Arbeiten
zur Rolle und Signifikanz des Imperialismus in der englischen
und französischen Literatur des 19. und frühen 20. Jahrhunderts seine eigenen Erfahrungen als Exilant berücksichtigt.
Ausgehend von meinen Untersuchungen über Randgruppen-
medien in Europa versuche ich, auch hier wieder empirisch
und normativ, zu zeigen, wie Said das Konzept der Polyphonie als Metapher und Ausgangspunkt einer Analyse des sogenannten Multikulturalismus nutzbar macht. Das ist in zweierlei Hinsicht interessant. Zum einen zeigen meine empirischen
Untersuchungen, daß die europäische Gesellschaft über eine
komplexe Medienlandschaft und eine hochgradig ausdiffe-
renzierte Öffentlichkeit verfügt, in der die Medien distinkten
und distinkt gemeinsamen Kulturen Gehör verschaffen können und zunehmend werden. Zum anderen wird deutlich, daß
die Medien sehr wohl in der Lage sind, den Pluralismus von
Urteilen, Handlungen und Glaubensüberzeugungen und die
Vielfalt und Komplexität anderer Lebensformen darzustellen,
auch wenn das in den USA, wie ich im dritten Kapitel zeige,
offenbar nicht der Fall ist.

Nachdem der Fokus zunächst also vor allem auf der Produktion von Medien liegt, wende ich mich im fünften Kapitel der Rolle zu, die die Medien im Alltag der Konsumenten spielen, und frage nach der Verantwortung von Zuschauern und Nutzern. Klar ist, daß die Medien über Bildschirm und Lautsprecher hinaus eine Wirkung haben und daß in einer von medialen Repräsentationen bestimmten Welt auch diejenigen Verantwortung tragen, die als Zuschauer, Zuhörer und Leser daran partizipieren. Die mediale Arbeit an Grenzziehungen wirkt sich im Alltag aus, während die Medien ihrerseits in signifikantem Maß auf das alltägliche Tun und Lassen ihres Publikums reagieren. Diese Phänomene werden hier unter den Aspekten der Komplizenschaft, des stillschweigenden Einverständnisses und des Mitgefühls diskutiert. Dabei wird deutlich, in welchem Maß das Konzept der *richtigen Distanz* dazu beitragen kann, die Arbeit der Medien in ethischer Hinsicht zu bewerten.

Im vorletzten Kapitel geht es dann um Gerechtigkeit, Gastfreundlichkeit und Verantwortung in den Medien. Ich versuche, auf moralphilosophische Weise die Prinzipien zu bestimmen, die als Fundament einer Ethik der Medien dienen können. Meine Überlegungen zielen dabei weniger auf die Rechte als auf die Pflichten, die eine Ethik der Repräsentation nach sich ziehen würde, darunter vor allem die Pflicht, dafür zu sorgen, daß der Andere in den Medien zu Wort kommen und Gehör finden kann. Betrachtet werden außerdem die Implikationen des Spannungsverhältnisses von Verantwortlichkeit und Gerechtigkeit sowie die Frage, inwieweit die Grundlagen einer Ethik der Medien im Individuum oder in institutionalisierten Verfahren verankert werden können. Meines Erachtens ist beides notwendig. Notwendig ist ebenfalls die Etablierung einer medialen Gastfreundlichkeit, deren Konzept auf Derrida zurückgeht und die, so scheint mir wenigstens, eine Voraussetzung für die Mediapolis als einen Ort der Kommunikation und des Mitgefühls in der Spätmoderne ist.

Das letzte Kapitel befaßt sich mit der Praxis. Ich untersuche, wie wir unserer Verantwortung im medialen Alltag gerecht

werden können. Dabei geht es um das Verhältnis von individueller Medienkompetenz und institutioneller Regulierung und
um den Beginn eines hoffentlich produktiven Diskurses über
die Möglichkeiten, unserer medialen Kultur zu mehr morali-
schem Bewußtsein zu verhelfen und die globale Öffentlichkeit
humaner zu machen. Ich bezweifle, daß dies in erster Linie mit
Hilfe institutioneller Regulierung zu bewerkstelligen ist, und
trete für den umfassenderen und kritischeren Ansatz ein, daß
Bildung der Königsweg zu einer engagierten, informierten und
medienkompetenten Bürgerschaft ist.

II
Die Mediapolis als Erscheinungsraum

In den Monaten nach der Invasion im Irak wurden in den Fernsehnachrichten regelmäßig Filme gezeigt, in denen mit dem Tod bedrohte Geiseln – Engländer, Amerikaner, Franzosen und Italiener – ihre jeweilige Landesregierung anflehten, ihre Politik zu ändern oder Gefangene freizulassen. Trotz seines Schreckens wurde der Anblick rasch zu etwas Alltäglichem und ging vielleicht deswegen bald im Morast der aktuellen Berichterstattung unter, ein weiterer Beweis für die Perversität der Welt, die weltweit die Bildschirme füllt, eine weitere Manifestation von Inhumanität, die unserem Entertainment dient. Die Urheber der Filme sahen in ihnen eine Waffe, mit der sie ihre politischen Ziele bis in die letzten Winkel der Welt verbreiten konnten. Dabei gingen sie davon aus, daß ihnen die Weltmedien in stillschweigendem Einverständnis entgegenkommen würden. Und aus diesen oder jenen Gründen, sei es wegen einer ansonsten schwachen Nachrichtenlage oder wegen der Attraktivität von Bildern des Schreckens, wurden sie nicht enttäuscht. Allerdings sind diese Bilder schnell wieder verblaßt und in der Schwemme anderer aktueller Schlagzeilen und Berichte untergegangen, denn die Aufmerksamkeitsspanne der Medien ist kurz und ihre Fähigkeit, uns für das Außergewöhnliche abzustumpfen, groß.

Die Rhetorik des Terrors arbeitet heute mit einer dramatischen Unmittelbarkeit, in der Zusammenhänge keine Rolle spielen. Sie will sich die Aufmerksamkeit der Politik verschaffen, zu der allein die Medien einen Zugang eröffnen. Sie will Reaktionen erzwingen: bei Zuschauern in aller Welt, bei denen, die sehen, urteilen und reagieren und aus dem Gesehenen und Gehörten Schlüsse für ihr eigenes Verhalten ziehen können. Der Terrorismus ist auf Publizität angewiesen. Doch nicht nur er. Das gesamte öffentliche Leben beruht auf Publizität. Ohne die

Monitore und Lautsprecher der Medien ist Politik auf Dauer
nicht denkbar.

Manchmal eröffnet das Pathologische eine neue Perspektive
auf das Normale und schärft den Blick für das Alltägliche. So
mögen die Bilder und Töne der Grausamkeit und Inhumanität
hier die Hoffnung auf die Medien als einen Ort der Zivilität und
Menschlichkeit wecken. Es geht nicht nur darum, aus der Not
eine Tugend zu machen. Sondern eher im Gegenteil darum, eine
potentielle Tugend in eine Notwendigkeit zu verwandeln. Denn
der Raum, den die Medien schaffen, dieser omnipräsente, un-
zerstörbare, flüchtige, mitleidlose, zersplitterte, unentrinnbare,
aufdringliche mediale Raum ist nichts anderes als *die* Öffentlichkeit, die einzige, die uns in Zeiten globaler Politik und globaler Verbindungen noch zur Verfügung steht. Ihre Grundlage
bilden neue Formen des Erscheinens (Thompson 1995). Dieser
Erscheinungsraum der globalen Medien soll in diesem Kapitel
untersucht werden. Ich versuche dabei zu zeigen, daß es für die
Zukunft der globalen Zivilgesellschaft unabdingbar ist, seine
eminente Bedeutung zu begreifen und seine Möglichkeiten und
Implikationen zu verstehen.

Dinge erscheinen. Sie werden ins Blickfeld geschoben wie
Kinder auf einem Familienfoto. Manchmal wollen wir sie nicht
sehen, manchmal wollen sie sich nicht auf dem Schirm zeigen.
Die westlichen Mainstream-Medien stecken mit diesen Bildern
unter einer Decke. Sie behaupten, ihnen bliebe nichts anderes
übrig, als sie zu zeigen. Auch bei Morden und Enthauptungen.
Wenn sie sie nicht zeigten, würden es andere tun – und das tun
sie auch, etwa im Internet oder auf den globalen Satellitenkanä-
len. Solche Bilder sind, irgendwo im medialen Raum, verfügbar
– also sind sie es überall.

Sobald die Medien die Tür zur Sichtbarmachung der Welt
einmal aufgestoßen haben, können wir nicht mehr so tun, als
wäre sie nicht da. Doch neben das Recht zu sehen und die
Möglichkeit des Zugangs tritt einschränkend unsere Verantwortung, das heißt die Pflicht, zuzuhören und zu reagieren.
Etwas zu sehen heißt noch lange nicht, es auch für wahr zu

halten oder zu verstehen. Das Bild ist, ohne Kenntnis und Kritik der Hintergründe, kein Garant der Wahrheit, nicht einmal ein Weg zu einem besseren Verständnis. Es genügt nicht, daß etwas erscheint, also sichtbar wird. Das Sichtbarwerden ist nur der Anfang.

Die in den Medien vermittelten Erscheinungen sind jedoch konstitutiv für unser Weltverständnis, und damit für unsere Fähigkeit, in dieser Welt zu leben. Wir sind es nicht gewohnt, unsere Weltlichkeit mit Hilfe der Medien zu konstruieren. Und das Verfahren hat gegenüber der gewohnten Unmittelbarkeit von Begegnungen Vorteile und Nachteile. Die Medien bieten uns einerseits weniger, weil sie uns nicht persönlich und unmittelbar mit Fragen und Forderungen, Gerüchen und Berührungen konfrontieren. Zugleich bieten sie uns mehr, weil sie uns eine Vielzahl neuer Verbindungen offerieren, die unseren Erfahrungshorizont ergänzen und erweitern und an die Stelle konkreter Begegnungen und Berührungen symbolische Begegnungen und Berührungen setzen.

Diese Art von Weltlichkeit und Gemeinschaftlichkeit wird uns über das gesamte Spektrum von Medien, Kommunikationstechnologien und -dienstleistungen angeboten. Wir können auf neue, ständig zugängliche und ständigen Zugang ermöglichende Weisen immer intensiver miteinander in Verbindung treten und unser Leben ganz oder in Aspekten miteinander teilen. Durch Medien vermittelte Kontakte und Kommunikationsvorgänge bestimmen heute das soziale, politische und ökonomische Leben überall auf der Welt. Die Möglichkeit, via Internet mit Familienangehörigen und Freunden auf anderen Kontinenten in Verbindung zu treten, der ständige Informationsaustausch mit Geschäftspartnern oder Kollegen in anderen Niederlassungen, die Tatsache, daß wir so rasch von Ereignissen auf der anderen Seite des Globus erfahren, als hätten sie sich an der nächsten Straßenecke abgespielt – all das macht die Infrastruktur einer Welt aus, in der viele oder gar die meisten Interaktionen durch diverse Medien vermittelt werden und in der unsere Abhängigkeit von diesen Medien grenzenlos ist.

In dieser Welt ist es prinzipiell möglich, über alles informiert zu sein, alles mit anderen zu teilen. Dies geschieht aber
nur bedingt. Nicht nur, weil jede Kommunikation scheitern
kann – sondern schon aufgrund ihrer strukturellen Mängel.
Denn selbst scheinbar unmittelbare Kommunikationsformen
wie die Liveübertragung, das Ferngespräch oder der Webcast
führen nicht zum Verschwinden von Distanzen. Sie schaffen
vielmehr neue, sei es in Form von Störgeräuschen oder Verzerrungen, Lügen oder Auslassungen, Vorurteilen oder Übertrei-
bungen oder durch das Ausblenden bestimmter Aspekte. Verglichen mit dem wenn auch fleckigen Gold der unmittelbaren
Begegnung ist jede medial vermittelte Kommunikation, ihren
Vorzügen zum Trotz, minderwertig. Auch die Welt medialer
Kommunikation ist nicht das Paradies, und wir müssen lernen,
mit ihren Unvollkommenheiten zu leben. Zugleich müssen wir
jedoch diese Unvollkommenheiten und den Beitrag, den wir
– vielleicht unabsichtlich, aber habituell – zu ihnen leisten, kritisch hinterfragen.

Trotzdem ermöglicht die Welt der globalen, durch Medien
vermittelten Kommunikation die Anteilnahme am Leben des
Anderen und definiert zu einem gewissen Grad auch ihre Bedingungen. Was immer auf Monitoren oder in Zeitungsspalten
erscheint – Bilder des Leids, der Freude oder auch solche alltäglicher Begebenheiten –, will unsere Aufmerksamkeit auf sich
ziehen und beachtet werden. Denn ohne uns hätten diese Bilder
keine Bedeutung und blieben wirkungslos. Die mediale Vermittlung der Welt bedarf eines Publikums; und dessen Anteil
beschränkt sich keineswegs auf die geübte Handhabung von
Fernbedienung oder Maus. Es bedarf vielmehr unserer Mitwirkung, unseres Engagements. Und das wiederum bedeutet, daß
wir die Verantwortung für unsere Teilnahme am Prozeß der
medialen Vermittlung auf die eine oder andere Weise übernehmen müssen.

Meiner Ansicht nach bildet die Gesamtheit der Medien jene
Kultur, die in der Spätmoderne als Erscheinungsraum zu gelten
hat: sowohl im Sinne eines Raums, in dem *die Welt erscheint*, als

auch vor dem Hintergrund der Tatsache, daß diese Welt *durch das, was erscheint*, konstituiert wird. Diese Doppelbedeutung, diese Überdeterminiertheit, sorgt für die absolute Sonderstellung der Medien und bedingt sogar ihre Machtansprüche. Indem der Anschlag auf das World Trade Center weltweit auf allen Monitoren erschien, konstituierte dieses Erscheinen für alle, die sich nicht in unmittelbarer Nähe zum Ort der Katastrophe befanden – und selbst für viele Bewohner Manhattans –, die Realität des Ereignisses. Mag das Ereignis auch ein Wendepunkt der Weltgeschichte gewesen sein, so bedeutete es doch keine Umwälzung der Medienlandschaft, denn es manifestierte sich in ihm nur besonders eindrücklich, was ohnehin als selbstverständlich gilt: daß die Medien unverzichtbar sind, wenn es um die Grundlagen und Horizonte des alltäglichen Lebens geht. Die Medien bringen uns mit der Welt in Berührung.

Wie ich bereits gesagt habe, leben wir in dieser Welt mit anderen zusammen, die anders sind als wir, und es ist genau dieses Anderssein, das sie mit uns und wir mit ihnen gemein haben. Wir leben also in einer pluralistischen Welt. Lange Zeit konnten wir diesem Pluralismus ausweichen, uns über ihn hinwegtäuschen oder ihn schlicht leugnen. Im Alltag mußten wir uns der Problematik zumeist nicht stellen, wenigstens nicht in den unmittelbaren Begegnungen in unserem engeren Lebensumfeld. Heute werden wir unvermeidlich mit ihr konfrontiert. Die mediale Vermittlung der Welt zieht dieser den Schleier weg. Wir müssen uns den Differenzen und Unterschieden, der Andersartigkeit der Anderen stellen. Wir hören und sehen jeden Tag etwas davon. Das Problem ist nur, daß die Medien zwar den Schleier lüften, uns aber wenige bis gar keine Ressourcen zur Verfügung stellen, vernünftig mit diesen Differenzen umzugehen, sie zu deuten und zu verstehen – wenn sie sie überhaupt angemessen darstellen. Die Mißrepräsentation des Anderen führt zu Gleichgültigkeit oder Feindseligkeit – beides sind Strategien der Vermeidung. Wenn die Medien, was ja im Wortsinne ihre Aufgabe ist, zwischen dem Privaten und der Öffentlichkeit, dem Individuum und der Gesellschaft vermitteln sollen, dann dürfen wir uns nicht mit ihren Beschränktheiten, ihrer Schmalspurigkeit und Intransigenz abfinden. Dafür steht zu viel auf dem Spiel.

Was folgt aus diesen einleitenden Bemerkungen? Inwiefern läßt sich die globale Medienwelt als moralischer Raum konzipieren, als notwendige, aber nicht hinreichende Voraussetzung für eine zivile Kultur, durch die eine gründliche Auseinandersetzung mit dem möglich wird, was täglich und stündlich um unsere Aufmerksamkeit kämpft? Um diese Fragen zu beantworten, werde ich die politischen und philosophischen Arbeiten Hannah Arendts heranziehen.

In ihrem Werk, das durch ihre Erfahrungen mit dem Totalitarismus und ihren Status als Exilantin und Jüdin beeinflußt wird, geht es kaum einmal um die Medien, wenn man von einigen kritischen Bemerkungen über deren Homogenität und Heimtücke absieht. Arendts Haltung ist von den Zeitumständen und ihrer Erfahrung geprägt. Ihre Auseinandersetzung mit den Grundlagen und Gefährdungen des Gemeinwesens und den Problemen der Kommunikation, des Sprechens und des Handelns nach dem Holocaust jedoch sind heute von großer Relevanz, vor allem angesichts des Entstehens einer von Polaritäten und Polarisierungen geprägten globalen Kultur. Tatsächlich sind viele ihrer Arbeiten kritische und oft zutiefst pessimistische Untersuchungen zur menschlichen Kommunikation, ihrem Scheitern und der Frage der Verantwortung und den Folgen des Scheiterns oder Gelingens für das öffentliche Leben und die öffentliche Moral (Cmiel 1996).

In diesen Aspekten berühren sich ihre Überlegungen mit meinen. Die deutlichste und fruchtbarste Differenz zwischen uns besteht vielleicht darin, daß ich in den globalen Medien nicht nur ein Anhängsel der Gesellschaft oder der Politik sehe, wie es Arendt vielleicht tun würde, sondern eine ihrer wichtigsten Konstituenten. Was nach Faschismus und Kommunismus noch an Öffentlichkeit und Politik übrig war, wurde durch die ständige Präsenz der Medien deren repräsentativem Rahmen einverleibt. Arendt stellt ihrer offenen, aber nicht unkritischen

Bewunderung für die politische Ordnung des antiken Athen die Gefährdung des politischen Raums in ihrer Gegenwart gegenüber, in der die herrschenden politischen Institutionen gerade erst bewiesen hatten, was sie mit ihrer Macht über die neuen Kommunikationsmittel anstellen konnten – die sich dann schon aufgrund des neuen Phänomens der Massenansprache für die Politik als lähmend erwiesen. Heute aber haben sich die Verhältnisse umgekehrt, und wenn wir das Wesen von Öffentlichkeit und Politik kritisch hinterfragen wollen, müssen wir bei den Medien anfangen – und vielleicht auch aufhören.

Dabei dürfen wir uns nicht auf die in den Medienwissenschaften seit einiger Zeit diskutierte Frage (ein Überblick findet sich bei Dahlgren 1995) beschränken, ob es so etwas wie eine mediale Öffentlichkeit überhaupt gibt. Zwar müssen wir die ziemlich pauschale Behauptung überprüfen, daß die Vielzahl nationaler und transnationaler Medien jegliche Öffentlichkeit pulverisiert habe und deren potentielle Bürger infolgedessen entrechtet und machtlos seien. Wir müssen aber auch die konträre Argumentation in Frage stellen, der zufolge die Medien in ihrer derzeitigen Form die Möglichkeiten sinnvoller Kommunikation immens erweitern und zu einer erheblichen Verbesserung demokratischer Prozesse beitragen. Beide Behauptungen sind weder ganz richtig noch ganz falsch.

Meiner Ansicht nach konstituieren die Medien in vielerlei Hinsicht, ob es uns gefällt oder nicht, tatsächlich so etwas wie eine Weltöffentlichkeit – eine andere kann es wohl nicht mehr geben – und zwingen uns deshalb, das Wesen, die Stärken und Schwächen dieser Öffentlichkeit zu untersuchen und zu fragen, welche Folgen ihre Entstehung hat, welche Probleme der Verantwortung sie aufwirft und wie sich ihre Eigenschaften verändern lassen. Darum geht es in den folgenden Abschnitten.

Die Mediapolis

Man geht im allgemeinen davon aus, daß die griechische Polis – ein öffentlicher Raum, in dem die Angehörigen einer Elite unmittelbar miteinander kommunizierten und dessen Funktionieren als Ort der Diskussion und Entscheidungsfindung in erheblichem Maße auf dem Ausschluß (und der Ausbeutung) großer Teile der Bevölkerung Athens beruhte – unmöglich ein Modell für das politische Leben der Gegenwart sein könne. Dies trifft jedoch nicht unbedingt zu.

Die modernen Medien ermöglichen, sei es im Fernsehen oder auf interaktiven Webseiten (was natürlich ein großer Unterschied ist), Formen der Begegnung, bei denen Sprechen und Handeln in eins fallen. Insofern reproduzieren sie – wenn auch nur in der symbolischen Sphäre medialer Repräsentation und durch die Vermittlung von Technologien – den Raum der Diskussion und Entscheidungsfindung, den wir als Polis kennen. Wie die Polis ist auch dieser medial geschaffene Raum oft oder sogar meistens elitär und exklusiv. Wie die Polis beruht er auf Sichtbarkeit und Erscheinung, Darstellung und Rhetorik. Die Welt und ihre Akteure erscheinen in den Medien, und die meisten von uns begegnen ihnen nur dort. Dieses Erscheinen bedeutet die Welt.

Auch wenn er nicht formell als Ort der moralischen Urteils- und politischen Entscheidungsfindung konstituiert ist, bildet der Raum medialer Erscheinungen das Umfeld, in dem Moralurteile und Entscheidungen vorgezeigt, dargestellt, diskutiert und manchmal auch hergestellt werden. Was in heutigen Gesellschaften Öffentlichkeit ist, spielt sich zunehmend auf Monitoren ab. Und was sich dort abspielt, ist Gegenstand heftiger Auseinandersetzungen zwischen allen politischen Akteuren einschließlich der Medien selbst, deren Macht und Einfluß auf ihrem Erscheinen beruht. Das Erscheinen bestimmt den politischen und sonstigen Status der gesellschaftlichen und politischen Akteure. Mit dem Status ist Einfluß verbunden und mit dem Einfluß Macht (umgekehrt gilt dasselbe). Sowohl die Politik des (nationalen wie globalen) Mainstreams als auch die Politik derer, die um größeren Einfluß kämpfen – sozial Schwache, Marginalisierte oder Minderheiten –, beruhen auf dieser Form des Sichtbarwerdens. Durch das Erscheinen auf den Schirmen werden Urteile geformt, Entscheidungen beeinflußt und Handlungen in Gang gesetzt, bei den Beteiligten ebenso wie beim Publikum, das ebenfalls mitspielt, wenn auch unsichtbar, und dessen Reaktion auf das Gesehene und Gehörte immer – auch in ihrem Ausbleiben – von Bedeutung ist.

Wie die klassische Polis hält auch der mediale Erscheinungsraum nicht alles, was er verspricht, und wie Hannah Arendt auf die Widersprüche und Paradoxien der ersteren hinwies, so bemängeln heute manche Kritiker die Weise, in der die Medien Öffentlichkeit konstituieren und repräsentieren. Wenn jedoch ein solcher Raum existiert und seine Bedeutung für das Geschehen in der Öffentlichkeit zunimmt, ist die Frage, wen oder was er – ob systematisch oder nicht – einschließt oder ausschließt und auf welche Weise er öffentliche Debatten ermöglichen oder verhindern kann, von vitalem Interesse. Folglich müssen wir die Möglichkeiten dieser Öffentlichkeit kritisch und konstruktiv betrachten, um herauszufinden, wie sie uns und insbesondere dem anderen besser gerecht werden kann.

Es geht also in diesem Kapitel wie in gewissem Sinne im gesamten Buch um das, was ich, wenn auch zögernd, die Mediapolis nenne, die mediale Öffentlichkeit, die für das nationale und globale politische Geschehen bereits unverzichtbar geworden ist und in der Weltlichkeit (grundsätzlich) durch elektronisch vermitteltes öffentliches Reden und Handeln konstruiert wird. Die Mediapolis ist heute alles andere als einheitlich. Die von ihr hergestellte Öffentlichkeit zerfällt aufgrund kultureller Unterschiede und mangelnden Zugangs zu Kommunikationstechniken, während sie durch die weltweite Homogenisierung des Fernsehens und das genuine, aber flüchtige kollektive Interesse an globalen Ereignissen, Krisen und Katastrophen zusammengehalten wird. Zweifellos wird den Zuschauern Al Jazeeras eine andere Welt präsentiert als denen von Fox. Diese Differenzen sind ebenso augenfällig wie lähmend. Aber beiden

Zuschauergruppen ist gemeinsam, daß ihnen die Welt durch
die Medien präsentiert wird, und das gilt in erheblichem Maß
für uns alle.

Ich spreche daher, trotz der Vielfalt globaler Sendeplatt-
formen, Kanäle und Medienlandschaften, von der Mediapolis
im Singular. Und ich verwende die Bezeichnung als eine deskriptive und normative Kategorie, weil es mir darum geht, die
Medienlandschaft als Ganzes in den Blick zu nehmen und sie
auf ihre Schwächen und Möglichkeiten hin zu untersuchen.
Die Mediapolis, wie ich sie verstehe, ist ein durch mediale Vermittlung entstehender Erscheinungsraum, in dem die Welt vor
uns erscheint und in ihrer Weltlichkeit konstituiert wird, wobei wir zugleich etwas von anderen erfahren, die uns gleichen
oder nicht. Die Kommunikationsvorgänge in der Mediapolis
bestimmen unser Bild vom Menschen (und vom Unmenschen)
und zunehmend auch das öffentliche und politische Leben auf
allen Ebenen des Gemeinwesens.

Die Mediapolis besitzt keinen spezifischen Ort. Im Gegensatz zum städtischen Versammlungsplatz kann bei ihr nicht
unterstellt werden, daß zwischen den Teilnehmern größere
Ähnlichkeiten als Unterschiede bestehen. Sie bedarf des Nationalstaats nicht und anscheinend auch nicht der Regulation
durch staatliche Institutionen. Sie entsteht in der Interaktion
von Menschen innerhalb des medialen Erscheinungsraums,
und in diesem ortsunabhängigen, aber immens sozialen Umfeld
reproduziert sie so etwas wie eine Polis, zumindest wie Hannah
Arendt sie definiert. Sie schreibt:

> So ist die Polis genau genommen nicht die Stadt im Sinne ihrer
> geographischen Lokalisierbarkeit, sie ist vielmehr die Organi-
> sationsstruktur ihrer Bevölkerung, wie sie sich aus dem Mitein-
> anderhandeln und -sprechen ergibt; ihr wirklicher Raum liegt
> zwischen denen, die um dieses Miteinander willen zusammen-
> leben, unabhängig davon, wo sie gerade sind. [...] Dies räum-
> liche Zwischen ist der Erscheinungsraum im weitesten Sinne,
> der Raum, der dadurch entsteht, daß Menschen voreinander

erscheinen, und in dem sie nicht nur vorhanden sind wie andere belebte oder leblose Dinge, sondern ausdrücklich in Erscheinung treten. [...]

Menschlich und politisch gesprochen, sind Wirklichkeit und Erscheinung dasselbe, und ein Leben, das sich außerhalb des Raumes, in dem allein es in Erscheinung treten kann, vollzieht, ermangelt nicht des Lebensgefühls, wohl aber des Wirklichkeitsgefühls, das dem Menschen nur dort ersteht, wo die Wirklichkeit der Welt durch die Gegenwart einer Mitwelt garantiert ist, in der eine und dieselbe Welt in den verschiedensten Perspektiven erscheint. Denn nur »was allen als glaub- und meinungswürdig erscheint, nennen wir ›Sein‹« [Aristoteles, Nikomachische Ethik 1172b36ff.] – und was immer sein mag, ohne sich in solchem Erscheinen für alle zur Geltung zu bringen, kommt und geht wie ein Traum, bleibt realitätslos, wenn es uns auch inniger und ausschließlicher zu eigen sein mag als irgendein öffentlich Sichtbares. (Arendt, 1960, S. 192f.)

Die Wirklichkeit einer Welt, die wir *per definitionem* mit anderen teilen, wird durch die Präsenz dieser Anderen in einem Erscheinungsraum gewährleistet. In der Mediapolis wird dieser Erscheinungsraum durch die Medien geschaffen und das Erscheinen mit Hilfe von Monitoren und Lautsprechern bewerkstelligt. Der Erscheinungsraum ist daher alles andere als exklusiv. Möglicherweise bildet er zunehmend die Grundlage unseres In-der-Welt-Seins, doch gibt es nach wie vor auch andere Räume, in denen wir leben und Weltlichkeit konstituieren, nämlich die der Institutionen und die des Alltags. Deshalb tritt die Mediapolis weder an die Stelle der empirischen Welt, noch bestreitet sie die Echtheit und den Wert unmittelbarer Begegnungen, wie Baudrillard behauptet hat. Allerdings verschafft sie diesen einen neuen Rahmen und erweitert damit zugleich die Möglichkeiten kollektiven Handelns. Genau das haben jene im Blick, die im Internet und einer möglichen Mediendemokratie eine Chance für neue Arten von Netzwerken und alternative politische Diskurse und Handlungsweisen sehen.

In all ihren Texten und Bildern von Hoffnung und Leid, Konflikt und Kooperation, in ihren Berichten aus Parlamenten, Gremien und Ausschüssen manifestieren die Medien einen Raum, in dem Menschen voreinander erscheinen. Dieses medial vermittelte Erscheinen, das Sichtbarwerden eines uns ähnlichen oder fremden Anderen, verbunden mit der Möglichkeit des Dialogs und der Auseinandersetzung, der Präsenz alternativer Perspektiven und dem Kampf um die Aufmerksamkeit des Publikums, konstituiert die Öffentlichkeit der Mediapolis und begründet ihre Forderung nach jenen Freiheiten, die in einem öffentlichen Raum grundsätzlich und idealerweise gelten sollten.

Dabei stellt sich, wie auch in Arendts Auseinandersetzung mit der griechischen Polis und anderen historischen Formen des Erscheinungsraums, die Frage nach dem Wesen der Macht, die durch diese Räume ermöglicht wird. Arendt selbst hat einen präzisen Begriff von Macht. Sie sei nicht gleich Gewalt. Sie entstehe vielmehr erst im Zusammenfallen von Sprechen und Handeln, Wort und Tat. Sie entstehe im öffentlichen Zusammenkommen von Menschen. Es lohnt sich, Arendt abermals zu zitieren:

> Macht ist, was den öffentlichen Bereich, den potentiellen Erscheinungsraum zwischen Handelnden und Sprechenden, überhaupt ins Dasein ruft und am Dasein erhält. [...] Macht ist immer ein Machtpotential, und nicht etwas Unveränderliches, Meßbares, Verläßliches wie Kraft oder Stärke. Stärke ist, was ein jeder Mensch von Natur in gewissem Ausmaße besitzt und wirklich sein eigen nennen kann; Macht aber besitzt eigentlich niemand, sie entsteht zwischen Menschen, wenn sie zusammen handeln, und sie verschwindet, sobald sie sich wieder zerstreuen. (Arendt 1960, S. 194)

Der Erscheinungsraum ist daher derjenige Raum, in dem eine Konvergenz von Sprechen und Handeln theoretisch möglich ist und in dem insofern die materielle Welt erscheint. Arendt weist jedoch unzweideutig darauf hin, daß die Präsenz eines solchen Raumes allein keineswegs das Erscheinen der materiellen Welt garantiert, sondern nur die Möglichkeit dafür schafft. Der mediale Erscheinungsraum kann also bestenfalls ein Raum der Potentiale und Möglichkeiten sein. Wenn wiederum das Recht auf freie Meinungsäußerung eingeschränkt oder verweigert wird oder bestimmte Äußerungen unterdrückt oder verfälscht werden, kann er im schlimmsten Fall die Form einer Tyrannei annehmen oder seine Macht in den Dienst einer solchen stellen. Wir kennen einige Beispiele dafür. Genausogut wissen wir, daß durch aus dem Zusammenhang gerissene Äußerungen und durch blanke Verständnislosigkeit, durch Mißtrauen und Feindseligkeit unvermeidlich Ohnmacht entsteht. Diese Ohnmacht kennzeichnet weite Teile der gegenwärtigen globalen Medienlandschaft.

Es wird heftig darüber debattiert, wieviel Macht die Medien nun wirklich haben und in welchem Maße sie den Machthabenden zu Diensten sind. Der mediale Erscheinungsraum ist ebenso durch Glaubwürdigkeitsverluste, Machtmißbrauch, Täuschungsmanöver und Gewalt gefährdet wie seine Vorgänger. Zudem ist er von Asymmetrien geprägt, insofern die in ihm Erscheinenden weder einander noch ihrem Publikum auf Augenhöhe, als Gleiche begegnen. Nicht jeder kann an der Mediapolis teilhaben. Zwar verfügt im Prinzip jeder über die gleiche Macht, doch ist das in der Praxis niemals umsetzbar. Und die in der Mediapolis zur Verfügung stehende Macht, die in der Konvergenz von »Wort und Tat«, in der Integrität des Sprechens und der Erleichterung des Handelns liegt, ist ebenso konkret wie begehrt. Wir müssen daher ihre Chancen und Risiken begreifen und uns überlegen, wie wir im institutionellen und individuellen Rahmen, erzieherisch und gesetzgeberisch, im Hinblick auf die Medienkompetenz des Publikums und das Berufsethos der Medienschaffenden sicherstellen können, daß sich die von den Medien hergestellte Öffentlichkeit positiv und nicht negativ auf unser Leben auswirkt. Mehr zu diesen Fragen im letzten Kapitel.

Ohne Zweifel ist die Mediapolis heute noch unentwickelt und unvollkommen, und sie wird ihr volles Potential auch niemals ganz entfalten. Wir müssen sie jedoch als Keim für die Entwicklung einer besser funktionierenden Weltöffentlichkeit begreifen. Meiner Ansicht nach bleibt uns ohnehin nichts anderes übrig, weil sich kein anderer Schauplatz für eine Weltöffentlichkeit denken läßt als die Medien. Zugleich scheint mir auch, daß unsere Erfahrungen mit globaler Kommunikation in wissenschaftlicher und politischer Hinsicht gute Gründe für diese Auffassung liefern.

Das Konzept der Mediapolis sollte nicht mit Habermas' klassischem Konzept der Öffentlichkeit verwechselt werden. Zwar gibt es einige Ähnlichkeiten zwischen diesen Modellen öffentlicher Partizipation in der Zivilgesellschaft, zumal auch Habermas sich auf Hannah Arendt bezieht. Doch zugleich bestehen signifikante Unterschiede, vor allem hinsichtlich der Einschätzung der Medien. Habermas betrachtet sie ähnlich wie Arendt lediglich als Bauern im Kampf um eine Refeudalisierung, die der expansive Kapitalismus und die widerstrebende Staatsmacht austragen. Diese empirisch nicht ungerechtfertigte Sichtweise hat zu einer pessimistischen Einschätzung der Rolle der Medien in der Demokratie geführt.

Habermas' Öffentlichkeitsbegriff setzt die uneingeschränkt gleiche und gleichberechtigte Partizipation aller voraus. Außerdem verlangt er ein vorbehaltloses und ungetrübtes Bekenntnis zu rationalen Debatten und Argumentationen. Wenn etwas utopisch ist, dann das. Zugleich ist dieser Ansatz irreführend, da die Forderung nach einem Raum, in dem allein die Vernunft, und zwar eine einzige, eng definierte Form von Rationalität, den Wert von Diskursen und die Möglichkeiten des Handelns bestimmt, die Möglichkeiten und Einschränkungen menschlicher Kommunikation grundsätzlich mißversteht. Das führt zu einer Überbewertung der Schwierigkeiten, die es dem medialen Erscheinungsraum bereitet, sich den Zugriffen von Staat und Markt zu entziehen.

Die Mediapolis, die ich im Auge habe, ist zugleich mehr

und weniger als die Öffentlichkeit bei Habermas. Mehr, weil sie eine vielfältigere Kommunikation ermöglicht, die vielfältigeren Einflüssen ausgesetzt ist: Bilder orientieren sich nicht an Rationalität, und Erzählungen folgen nie nur einer einzigen Logik. Die Rhetorik der Narration und das Bildhafte der Darstellung entziehen sich der simplen Ordnung der Vernunft. Der Raum medialer Repräsentation setzt im globalen, nationalen und lokalen zivilgesellschaftlichen und politischen Rahmen die Fähigkeit voraus, Aussagen zu kodieren und zu entschlüsseln, deren Komplexität die bloßer Vernunftargumente übersteigt. Denn diese können weder das lebendige Sein der Welt noch auch den öffentlichen Diskurs ganz erfassen, in dem sich dieses Sein ausdrückt und darstellt.

Auch sind mit der Mediapolis viel weitergehende Ambitionen und Hoffnungen verknüpft als mit der Habermasschen Öffentlichkeit.

Dennoch bleibt sie auch hinter dieser zurück, und zwar in qualitativer Hinsicht. Es steht nicht zu erwarten, daß diejenigen, die Kommunikationsakte in der Mediapolis initiieren oder sich in bester Absicht an ihnen beteiligen, stets die Bedingungen sinnvoller Kommunikation erfüllen werden. Im Gegenteil ist es sogar nötig, daß Produzenten und Rezipienten ungeachtet der strukturellen Machtunterschiede Verantwortung füreinander übernehmen und sich ungeachtet der unvermeidlichen Unvollkommenheiten jeder Kommunikation um ein hohes Maß an Reflexivität bemühen. Ebenfalls erforderlich ist die Akzeptanz kultureller Unterschiede. Die Mediapolis eröffnet die Möglichkeit weltweiter Kommunikation und ist zugleich ein Ausdruck der Vielfalt unseres Planeten und der Unterschiedlichkeit seiner Bewohner.

Welche Art von Realität stellt also die Mediapolis, unser medialer Erscheinungsraum, her? Welche Form von Öffentlichkeit? Wie werden wir in dieser Öffentlichkeit füreinander sichtbar gemacht (oder der Sichtbarkeit beraubt)?

Dazu möchte ich zunächst der Frage des Pluralismus nachgehen.

Pluralismus

Bei Hannah Arendt ist (wie übrigens auch bei John Dewey) Kommunikation die Bedingung jedes sozialen und politischen Lebens, die wiederum voraussetzt, daß alle Teilnehmer am Kommunikationsprozeß anerkennen, was sie trennt und was sie verbindet. Dies gilt im globalen Rahmen ebenso wie in der unmittelbaren Begegnung.

In der Einleitung ihres Buchs über die »menschliche Bedingtheit« und das »tätige Leben« notiert Arendt folgende ebenso simple wie fruchtbare Feststellung:

> Es mag Wahrheiten geben, die jenseits des Sprechenden liegen, und sie mögen für den Menschen, sofern er auch im Singular, d.h. außerhalb des politischen Bereichs im weitesten Verstand, existiert, von größtem Belang sein. Sofern wir im Plural existieren, und das heißt, sofern wir in dieser Welt leben, uns bewegen und handeln, hat nur das Sinn, worüber wir miteinander oder wohl auch mit uns selbst sprechen können, was im Sprechen einen Sinn ergibt.   (Arendt 1960, S. 10f.)

Jedes politische Leben setzt also Pluralität voraus. Das betrifft sowohl die Tatsache, daß es andere Menschen gibt, als auch die Anerkennung ihrer Existenz in einer auf Verständnis abzielenden Kommunikation, die letztlich der Begründung und Rechtfertigung unseres Handelns in der Welt dient. Das politische Leben beruht auf dem, was Arendt die Geburtlichkeit allen Lebens nennt, die ständige und immer wieder neu herausfordernde Ankunft des Neuen, die unumgängliche Unvorhersagbarkeit unseres Handelns, das stets neu und stets unwiderruflich ist. Der Pluralismus menschlicher Daseinsformen ist die Grundlage der Humanität. Isaiah Berlin, der nicht eben viel von Arendt hielt, argumentiert ähnlich. Was den Totalitarismus von jeder anderen Form politischer Herrschaft inklusive der Tyrannei unterscheide, sei die Leugnung von Differenz, ihre Aufhebung und Zerstörung im Namen der Gleichheit.

In jedem Fall ist der Pluralismus das, was uns voneinander trennt und zugleich miteinander verbindet; und der Raum, der zwischen dem Vertrauten und dem Fremden, zwischen mir und dem Anderen entsteht, ist der Erscheinungsraum, in dem die Möglichkeit (allerdings, wie wir gelernt haben, auch nur die Möglichkeit) eines öffentlichen Lebens und politischen Handelns überhaupt erst entsteht. Wie Arendt in *Elemente und Ursprünge totaler Herrschaft* betont, muß »der Begriff des Menschen, wenn er politisch brauchbar gefaßt sein soll, die Pluralität der Menschen stets in sich einschließen« (Arendt 1955, S. 467f.). Damit erklärt sie das Prinzip der Gemeinsamkeit, den Gemeinsinn und die Pluralität zu Voraussetzungen der Menschenrechte, deren wichtigstes das Recht ist, Rechte zu haben.

Worin besteht nun dieser Pluralismus? Jedenfalls geht er über Differenz hinaus, auch wenn diese seine Voraussetzung ist. Denn wenn die Feststellung von Differenz nicht mit der Anerkennung von Gemeinsamkeiten einhergeht, entstehen Verhärtung und Isolation, wie man bei vielen Formen des Multikulturalismus beobachten kann. Der isolierte Einzelne ist wehrlos, gefangen in einer Welt privater Interessen und politisch ohnmächtig. Öffentlichkeit entsteht erst, wenn mehrere Menschen zusammenkommen, und nur in ihr wird politisches Handeln möglich, da ein gemeinsamer Erscheinungsraum, in dem Menschen sicht- und hörbar miteinander agieren, die Voraussetzung für jegliche Auseinandersetzung mit der Wirklichkeit ist. Und erst in dieser Auseinandersetzung konkretisiert sich die Welt als real. Arendt beschreibt die Öffentlichkeit mit dem Bild eines Tisches, der die an ihm Sitzenden zugleich verbindet und trennt. Der Tisch steht für die uns allen gemeinsame materielle Welt, in der wir miteinander leben und die eine Voraussetzung für unsere Gemeinsamkeit ist, aus der nicht unbedingt auch eine Gemeinschaft entstehen muß, die aber unserem sechsten Sinn, dem Gemeinsinn, als einem empirischen Alltagswissen zugrunde liegt. Sie verweist einmal mehr auf die Zerstörung dieses Gemeinsinns, seine radikale Aufhebung durch die Isolierung des Einzelnen, als Ursache für das Funktionieren des Totalitarismus. Und ich verweise einmal mehr darauf, daß die real existierenden Medien eine Voraussetzung für Gemeinschaftlichkeit, für den Gemeinsinn im 21. Jahrhundert sind. Dabei spielt die Dialektik von Gleichheit und Andersartigkeit eine entscheidende Rolle. In der Spätmoderne beruht Gemeinschaftlichkeit in wachsendem Maße auf der Anerkennung von Andersartigkeit – jener, die in uns selbst liegt, wie jener, die der Andere repräsentiert. Vor allem dieser Dialektik müssen die Medien Ausdruck verleihen, da ihre Weltlichkeit die Voraussetzung für unsere ist. Für Arendt macht das Zusammenleben mit anderen unsere Humanität aus (Arendt 1960, S. 27), und es sind eben die Medien, die für die Präsenz des Anderen sorgen oder diese verhindern. Denn »[...] ohne den Erscheinungsraum und ohne ein Minimum an Vertrauen auf Handeln und Sprechen als Weisen des Miteinander wäre für Menschen weder die Realität der Außenwelt noch die ihrer eigenen Identität je wirklich vorhanden« (ebd., S. 203). Auch die über Medien vermittelte Kommunikation setzt Gemeinsinn unabdingbar voraus. Sie bietet uns die Möglichkeit, uns mit den Augen des Anderen zu sehen. Wir müssen aber auch den Blick dafür haben.

Arendt beklagt den »Verlust des Gemeinsinns«, der auf Internalisierung und den Rückzug ins Privatleben zurückgehe, wodurch der Gemeinsinn »zu einem inneren Vermögen ohne allen Weltbezug« geworden sei (Arendt 1960, S. 275). Ihr zufolge teilen wir nicht mehr die Welt miteinander, sondern die Strukturen unseres Verstandes und Bewußtseins, die wir »genau genommen gar nicht gemein haben können« (ebd., S. 276). Dieser Vorwurf basiert auf einer Unterscheidung zwischen Öffentlichkeit und Privatleben, die in der Folge häufig kritisiert wurde: dabei erscheint die Öffentlichkeit als Ort politischer Auseinandersetzungen, die in gerechten Entscheidungen und Handlungen resultieren, und das Privatleben als Sphäre des Egoismus, in der es nur das Ich und keinen Anderen gibt, und folglich auch keinen Pluralismus. Arendt zufolge leidet die Neuzeit sowohl unter der Kolonisierung der Öffentlichkeit durch das Private (den privaten Egoismus) – die für sie synonym mit

Gesellschaft ist – als auch an der schwindenden Intimität des
Privatlebens, »der Wärme des eigenen Herdes innerhalb der
Grenzen der Familie« (Arendt 1960, S. 58). Und verantwort-
lich dafür ist die Massengesellschaft.

Aus ihrer Sicht gehören Pluralismus, Öffentlichkeit und
Dauerhaftigkeit zusammen. Dauerhaftigkeit ist das, was in der
Öffentlichkeit und durch die Etablierung von Objekten und
Institutionen angestrebt und zuweilen erreicht wird, die den
Einzelnen überleben und dadurch der Welt der Gemeinschaft
(nicht so sehr der des Individuums) zu Permanenz verhelfen.
Öffentlichkeit wiederum erwachse »aus der gleichzeitigen An-
wesenheit zahlloser Aspekte und Perspektiven«:

> Denn wiewohl die gemeinsame Welt den allen gemeinsamen
> Versammlungsort bereitstellt, so nehmen doch alle, die hier
> zusammenkommen, jeweils verschiedene Plätze in ihr ein [...]
> Das von Anderen Gesehen- und Gehörtwerden erhält seine Be-
> deutsamkeit von der Tatsache, das ein jeder von einer anderen
> Position aus sieht und hört. [...] Nur wo die Dinge, ohne ihre
> Identität zu verlieren, von Vielen in einer Vielfalt von Perspek-
> tiven erblickt werden, so daß die um sie Versammelten wissen,
> daß ein Selbes sich ihnen in äußerster Verschiedenheit darbie-
> tet, kann weltliche Wirklichkeit eigentlich und zuverlässig in
> Erscheinung treten.   (Arendt 1960, S. 56f.)

Darum geht es. Und das ist zugleich die grundsätzliche Herausforderung für jede sinnvolle mediale Öffentlichkeit. Ihre Aufgabe besteht nicht nur in der Sichtbarmachung einer ansonsten
unsichtbaren Vielfalt und Diversität mit den flüchtigen Mitteln
medialer Repräsentation, sondern auch darin, die notorische
Vermischung von Privatem und Öffentlichem einzudämmen.
Und ihre vielleicht größte Herausforderung liegt darin, alle
Perspektiven gleich, das heißt gerecht, zu repräsentieren und
die Ausblendungen einer ideologisch voreingenommenen, nicht
reflexiven Berichterstattung und Narration zu vermeiden, die
den Interessen von Kapital und Staat gehorcht.

All diesen Aufgaben wird die mediale Öffentlichkeit zur Zeit eher nicht gerecht. Und es ist üblich geworden, den Massenmedien nachzusagen, sie führten eine Massengesellschaft herbei, die von Uniformität, Vergänglichkeit, Glaubwürdigkeitsverlusten und Unsicherheit geprägt ist. Dennoch glaube ich, daß es voreilig und kontraproduktiv wäre, sie abzutun. Nicht weil die mediale Öffentlichkeit so tugendhaft und wirksam wäre. Das Gegenteil ist der Fall. Sondern weil sie existiert und die Grundlage für die Herausbildung jeglicher denkbaren oder gar wünschenswerten globalen Zivilgesellschaft bildet. Als solche müssen wir sie untersuchen und erforschen, wenn wir wollen, daß sie eine konstruktive Rolle in der globalen und nationalen Öffentlichkeit spielt.

Denken, sprechen, zuhören, handeln

Die Möglichkeit, vor anderen zu erscheinen und von ihnen gesehen und gehört zu werden, ist also eine notwendige, aber nicht hinreichende Bedingung für das Entstehen einer Mediapolis. Denn ebensowenig wie sich die mediale Vermittlung auf »bloßes Vermitteln« beschränken kann, gibt es ein unbeeinflußtes, »reines« oder »objektives« Erscheinen. An beiden sind stets Menschen beteiligt, als Autoren, Zuhörer, Sprecher und Akteure. Das Erscheinen muß bewerkstelligt werden. Und die mediale Vermittlung ist eine Praxis, die aus dem Zusammenwirken von Produzenten, Mitwirkenden und Publikum entsteht.

Denken, sprechen, zuhören und handeln[1] sind Grundelemente des Lebens in der Welt und zugleich Voraussetzungen für die Herstellung von Öffentlichkeit. Für Hannah Arendt liegen Sinn und Wirksamkeit des Erscheinungsraums darin, daß in ihm Menschen miteinander und füreinander, also mit Bezug auf

---

[1] Das Zuhören wird in Arendts Philosophie der Öffentlichkeit nicht explizit genannt, seine essentielle Bedeutung versteht sich aber von selbst. Auch in den folgenden Abschnitten sowie im sechsten Kapitel spielt das Zuhören und Gehörtwerden eine wichtige Rolle.

den Anderen sprechen und handeln. Diese Voraussetzung gilt im Medienbereich genauso. Allerdings wird sie häufig ignoriert und dementsprechend nicht erfüllt. Sowohl der Erscheinungsraum als auch die mediale Vermittlung setzen die Anerkennung des Anderen in seiner Identität und Andersartigkeit voraus, da es sonst weder Adressaten noch etwas zu Vermittelndes gäbe. Deshalb erfordern beide ein Bekenntnis zur Kommunikation, das heißt zu Verantwortung und Gegenseitigkeit. Zugleich sind Denken, Sprechen und Handeln die Bindeglieder zwischen der medial vermittelten und der materiellen Welt, dem öffentlichen und dem privaten Bereich, denn die Tätigkeit der medialen Vermittlung geht in beiden Richtungen über das Erscheinen auf dem Monitor hinaus. Daraus folgt, wie ich bereits angedeutet habe, daß die Öffentlichkeit der Mediapolis über die Präsenz im medialen Raum hinausgeht und das politische Handeln im weitesten Sinne umfaßt und zugleich fortsetzt.

Nicht daß das derzeit der Fall wäre. Niemand kann die tief verwurzelten Differenzen und verhärteten Fronten in der gegenwärtigen medialen Öffentlichkeit leugnen. In den inszenierten Schlachten zwischen Gut und Böse, zwischen fundamentalistischen Ideologien der einen oder anderen Provenienz, die in den Zeitungen und auf den Bildschirmen nicht hinterfragt, sondern befeuert werden, in den Schwarzweißmalereien der Berichterstattung einerseits und der Rücksichtslosigkeit von Individualismus, Starrummel und der Marginalisierung der Schwachen andererseits manifestieren sich Eigenschaften, die Arendt mit einer totalitären Gesellschaft (oder gar totalitären Welt) verband, und Merkmale der epochenübergreifenden Erosion der Möglichkeiten einer genuinen, nach-athenischen politischen Öffentlichkeit.

Hier liegt die Herausforderung. Ein menschenwürdiges Leben ist letztlich nur möglich, wenn unser Denken und Handeln, unser Sprechen und unser moralisches Urteil eine Einheit bilden. Damit Denken, Handeln, Sprechen und Urteilen sinnvoll möglich sind, bedürfen wir einer Öffentlichkeit. Diese wiederum setzt die Bereitschaft voraus, den Anderen als solchen anzuerkennen und sich ihm gegenüber verantwortlich zu fühlen als jemandem, der in unserer alltäglichen Umgebung vor uns erscheint und dessen Präsenz wir nicht ignorieren können. Das bedeutet auch, daß unser Bemühen um Verständigung aufrichtig und integer sein muß.

Im Erscheinungsraum geht es ums Sprechen und Handeln. Das setzt voraus, daß wir uns Gedanken machen, denn ohne das Denken, ohne das gründliche Infragestellen des angeblich Selbstverständlichen und der überkommenen Wahrheiten bleibt alles Sprechen und Handeln sinnlos. Um den Mangel eines so verstandenen Denkens kreist Arendts Analyse der »Banalität des Bösen«, als deren Inbegriff sie Adolf Eichmann porträtiert. Die Banalität des Bösen gründet gerade nicht in seiner Absichtlichkeit oder Zielgerichtetheit, sondern in Eichmanns Gedankenlosigkeit, seinem nie reflektierten Einverständnis mit einem Regime, dessen Grundlage die Ablehnung des Denkens war. Wir denken, so Arendt, gerade deshalb, um ein solches stillschweigendes Einverständnis zu vermeiden; denkend können wir uns von den Fesseln einer alle anderen Lebensregungen unterdrückenden totalitären Macht befreien. Ohne das Denken – ein freies und kritisches Denken – gibt es keine Humanität.

Ohne Denken ist weder Sprechen noch Handeln möglich, läßt sich weder unsere Fähigkeit, kreativ auf die Welt einzuwirken, realisieren, noch die symbolische und konkrete Präsenz des Anderen, also die Pluralität unserer Lebenswelt, bekräftigen. Sprechen und Handeln hängen unmittelbar zusammen, da sich in ihnen unsere Macht gegenüber der Welt realisiert, denn:

> Mit realisierter Macht haben wir es immer dann zu tun, wenn Worte und Taten untrennbar miteinander verflochten erscheinen, wo also Worte nicht leer und Taten nicht gewalttätig stumm sind, wo Worte nicht mißbraucht werden, um Absichten zu verschleiern, sondern gesprochen sind, um Wirklichkeiten zu enthüllen, und wo Taten nicht mißbraucht werden, um

zu vergewaltigen und zu zerstören, sondern um neue Bezüge zu etablieren und zu festigen, und damit neue Realitäten zu schaffen. (Arendt 1960, S. 193f.)

Arendts positiver Machtbegriff beruht auf dem Zusammenfallen von Denken, Sprechen und Handeln, und unterscheidet zugleich scharf zwischen Macht und Gewalt. Unter Macht versteht sie die Fähigkeit, auf der Grundlage einer Zusammen- und Übereinkunft verschiedener Menschen zu handeln. Diese allgemeine Handlungsfähigkeit und die Bereitschaft, die Sichtweisen und Interessen des Anderen anzuerkennen und aus der Vielfalt von Eigeninteressen ein gemeinschaftliches Ziel zu formen, bilden die Voraussetzungen eines politischen Lebens, wie sie es versteht. Unter »Interesse« versteht sie dabei das, was »zwischen« den Menschen ist,[2] also das, was grundsätzlich teilbar ist (Arendt 1960, S. 173). Macht und Kommunikation sind mithin aufs engste miteinander verbunden.

Sprechen und Handeln ermöglichen bei Arendt nicht nur Enthüllungen, sondern fordern sie geradezu ein: das betrifft auch die Enthüllung des Einzelnen, des individuellen Akteurs, der individuellen Person, die im klassischen Verständnis hinter dem authentischen Sprechen durch die Maske (*per-sona*) der Öffentlichkeit steht und sich dabei als menschliches Wesen enthüllt. Die Lebensfähigkeit der politischen Sphäre beruht daher auf diesem Sichtbarwerden und dem Erscheinen der einzelnen Person mit allen ihren Fehlern und Schwächen (Arendt 1960, S. 167ff.). Eine sinnvolle, gerechte und verantwortliche Form von Macht entsteht im Zuge eines durch Sprache koordinierten gemeinschaftlichen Handelns. In der idealen – und wohl idealisierten – Öffentlichkeit, in der dies stattfindet, verbinden sich Eigenschaften des Wettkampfs mit denen des Diskurses, die beide notwendig sind. Die entscheidenden Komponenten einer wirksamen Öffentlichkeit sind somit die Möglichkeiten lebendigen Sprechens und effektiven Handelns. Das Zusam-

---

2 Lat. *inter*: zwischen, lat. *esse*: sein (A.d.Ü.).

menkommen von Sprechen und Handeln in der Öffentlichkeit ist, wie Seyla Benhabib in ihrer erhellenden Betrachtung der Werke Arendts bemerkt (Benhabib 2003), die Voraussetzung einer freiheitlichen Demokratie.

Sprechen und Handeln sind daher sowohl Ausdrucksformen als auch Voraussetzungen politischer Freiheit. »Ein Leben ohne alles Sprechen und Handeln ... wäre buchstäblich kein Leben mehr, (...) es würde nicht mehr in der Welt unter Menschen erscheinen« (Arendt 1960, S. 165). Freiheit meint hier nicht nur das von liberalen Theoretikern geschätzte Recht auf freie Meinungsäußerung, sondern die Freiheit, unterschiedliche Positionen und Perspektiven einzunehmen, um sich ein angemessenes Bild der Realität zu verschaffen: die Freiheit also, Gemeinsames und Trennendes zu konstatieren in einer pluralistischen Welt (vgl. Canovan 1992, S. 112f.). Zu dieser Freiheit gehört auch das Recht, gehört zu werden. Denn erst durch das Zuhören wird Weltlichkeit geschaffen und bewahrt, und ohne Weltlichkeit – also ohne unser In-der-Welt-Sein mit anderen – fällt alles Menschliche von uns ab. Allerdings ist keine Freiheit ohne Verantwortung denkbar. Die Grundbedingung des Menschseins ist nicht, wie Heidegger meint, die Einsamkeit, das Alleinsein vor dem Tode, sondern das, was uns gemein ist und was wir miteinander teilen. Und die Voraussetzung des Menschseins ist unsere Geburtlichkeit, die Tatsache, daß wir geboren werden. Auch hier gilt: der Pluralismus ist das Maß aller politischen Angelegenheiten.

Die griechische Polis zerbrach und verschwand. Arendt läßt außer ihr nur wenige Blütezeiten eines authentischen politischen Lebens, wie sie es begreift, gelten. Sie diagnostiziert seine Gefährdung durch menschliche Schwäche einerseits und die Entwicklungen der Neuzeit andererseits und läßt keinen Zweifel daran, daß dieses politische Leben und damit die Grundlagen unserer Menschlichkeit zerstört werden können, wenn Gewalt und Terror die Macht an sich reißen. Trotzdem verfällt sie nicht in Pessimismus, sondern akzeptiert, wenn auch melancholisch, die Verhältnisse der Moderne und nimmt ihre Möglichkeiten ernst. Warum sollte sie sich mit den gegenwärtigen Bedingungen des politischen Lebens beschäftigen, wenn ihr dessen weiteres Schicksal gleichgültig wäre?

Das gilt in ähnlicher Weise auch für meine Beschäftigung mit der Mediapolis. Mich interessiert ihre Verheißung als Erscheinungsraum, in dem lebendiges Sprechen und effektives Handeln möglich werden, und damit ihr möglicher Beitrag zur Entstehung einer Weltöffentlichkeit. Die Vorzeichen dafür sind wohl alles andere als günstig. Der Optimismus der ersten Jahre, in denen man im öffentlichen Rundfunksystem die Grundlage für eine inklusive nationale Kultur sah, ist lange verflogen. In diesem Punkt hat Habermas recht. Die Medien sind ihrer Fähigkeit, ein Bild der Welt zu entwerfen, das von den Interessen des Kapitals und des Staates unabhängig ist, fast vollständig beraubt worden. Die Globalisierung hat bislang weder zu sinnvollen noch überhaupt zu Veränderungen geführt, abgesehen von dem Zwang, großen Medienereignissen aus den Rubriken Terror und Sport gerecht zu werden. Ob in weltweit ausgestrahlten Live-Übertragungen oder Zuschaltungen via Satellit, ob in Videostreams, Weblogs oder Chatrooms – überall wird dem Publikum ein Bild der Welt präsentiert, das vor Egoismen und privaten Interessen im Sinne Arendts strotzt. Überall wimmelt es von unversöhnlichen und nicht selten gefährlichen Konflikten.

In der gegenwärtigen Form des medialen Erscheinungsraums spielt das Öffentliche keine große Rolle. Denken, Sprechen und Handeln haben wenig miteinander zu tun und leiden zudem unter einem Mangel an Kontext, Gedächtnis, analytischer Strenge und zunehmend auch an Vertrauen. Man könnte sogar behaupten, daß die globalen Monitore statt einer Öffentlichkeit *de facto* einen Bereich scheinhafter Intimitäten und Identitäten repräsentieren, daß statt einer Öffentlichkeit lediglich eine Beziehung zwischen Individuen hergestellt wird, die sich unablässig der Identität ihrer Interessen versichern. Eine Beziehung also der Assimilation und Einverleibung, in der jede Differenz geleugnet wird. Auf die Folgen dieser Form medialer Repräsentation komme ich im nächsten Abschnitt dieses Kapitels zurück.

Der Grund für das Versagen vor allem der Presse und des Rundfunks ist das schwindende Engagement für Verständigung, der Rückzug in private Nischen, die sich als öffentliche maskieren, oder in kommerzielle Welten, die Neutralität und Objektivität vorgaukeln, oder in den Bereich der Information, als ob Information allein ausreichen könnte, die Welt zu verstehen.

Da neue Technologien aber auch neue Möglichkeiten verheißen und die digitale Revolution voranschreitet, eröffnen sich Möglichkeiten für einen Wandel auch in der Mediapolis. Einmal mehr ist hier der Optimismus groß, und man verspricht sich viel von interaktiven Radio- und Fernsehformaten und vor allem vom Internet. Optimismus allein genügt jedoch nicht. Die Möglichkeiten der Vernetzung und der Interaktivität (unterschiedlichen, aber zunehmend konvergierenden Qualitäten der neuen Medienwelt) müssen auch sozial und politisch fruchtbar gemacht werden. Dabei kommt es entscheidend darauf an, die Triebkräfte der globalen Medienlandschaft zu verstehen und institutionelle und andere Möglichkeiten ihrer Regulierung zu entwickeln.

Interaktive und vernetzte Medien können also – auch wenn sie nicht jedermann zugänglich sind und zugleich dem Mißbrauch und dem Vertrauensbruch Tür und Tor öffnen, weil es in ihnen offenbar üblich ist, seine Identität zu verbergen oder sich als jemand anderes auszugeben – als wichtiger Schritt auf dem Weg zu dem betrachtet werden, was sich Arendt unter *Öffentlichkeit* vorstellt (Arendt 1960, S. 54f.). Durch Interaktivität entsteht aus dieser Perspektive eine Form der Macht, die denen zuwüchse, die sich innerhalb des Mainstreams nicht äußern können oder marginalisiert werden; zugleich ermöglicht sie eine gewisse Dauerhaftigkeit (eine Ersatz-Ewigkeit), die sich von der Flüchtigkeit der Diskurse in den etablierten Medien absetzt.[3]

3 »Es liegt im Wesen des Öffentlichen, daß es aufnehmen und durch die Jahrhunderte bewahren und fortleuchten lassen kann, was immer die Sterblichen zu retten suchen vor dem natürlichen Verfall der Zeiten. Daß Menschen sich in die Öffentlichkeit überhaupt wagten, ist durch lange Jahrhunderte, eigentlich bis zum Anbruch der Neuzeit, nur dem

Doch vielleicht lassen sich auch den etablierten Plattformen und Institutionen neue Möglichkeiten abgewinnen. Die mediale Vermittlung beschränkt sich nicht auf das, was auf Monitoren erscheint. Sie konstituiert sich vielmehr in der Praxis der Produzenten und vor allem auch der Rezipienten all der Töne und Bilder, Erzählungen und Ereignisse. In dieser alltäglichen Praxis werden sämtliche Mitwirkenden am Prozeß der medialen Vermittlung zu Handelnden, die Verantwortung für das übernehmen müssen, was sie sagen und tun. Denn die Zuschauer reagieren ja auf das Gesehene und Gehörte und setzen sich dabei zugleich mit der Mediapolis und der Welt ihres Alltags auseinander. Luc Boltanski (1999) behauptet am Ende seiner Untersuchungen über die zeitgenössische Repräsentation des Leidens sogar, daß die Beeinflussung der Meinungsbildung dritter – das »effektive Sprechen«, wie er es nennt –, eine Form des Handelns sei: » [...] das Sprechen, das [...] das wichtigste Mittel des Zuschauers war, um mit den durch die Darstellung des Leidens in entfernten Ländern aufgeworfenen moralischen Forderungen klarzukommen, kann als effektives Sprechen verstanden werden und *insofern eine adäquate Antwort auf die Forderung sein, etwas zu tun*« (Boltanksi 1999, S. 184f., Hervorhebung von mir, R. S.). Ich setze mich mit dieser Argumentation im fünften Kapitel ausführlicher auseinander.

Denken ohne Kommunikation, also ohne den Anderen, ist solipsistisch und kontraproduktiv. Denken *und* Kommunikation sind die Voraussetzungen jeglichen Handelns. Arendt meint mit Kommunikation nicht, wie viele Medienwissenschaftler gerne glauben wollen, die Herstellung von Übereinstimmung als Voraussetzung jeder Gemeinschaft, sondern einen Prozeß kollektiven Räsonierens. Kommunikation sei, so schreibt sie, und wir haben es inzwischen erfahren, ein Bollwerk gegen jegliche Tyrannei und insofern eine Voraussetzung jeglicher bürgerlichen Gesellschaft (Cmiel 1996, S. 98). Deshalb darf Kommunikation keinesfalls zu eng definiert werden. Sie schließt

geschuldet gewesen, daß sie ein Eigenes oder ein Gemeinsames dauerhafter machen wollten als ihr irdisches Leben.« (Arendt 1960, S. 54) das Darstellerische und das Erzählen, das Persönliche und die Rhetorik ein.

Daher geht es für Arendt in der Polis – und für mich in der Mediapolis – nicht allein um die Rationalität von Kommunikation, sondern darum, daß sie auf dem Gefühl basiert, daß wir diese Welt mit anderen teilen. Öffentlichkeit ist hier also, anders als bei Habermas, ein eher positiver Begriff. Und sie ermöglicht trotz ihrer Gefährdungen und Gefahren eine öffentliche Kultur, die sich einem größeren Bezugsrahmen und Kontext öffnet. Daraus folgt das Eintreten für die Öffentlichkeit, für einen zivilen medialen Erscheinungsraum der globalen Gesellschaft, deren Fundament eben jene Öffentlichkeit bildet, allerdings in reflexiver und kritischer Form.

Die Mediapolis ist nichts als die Manifestation dieser Öffentlichkeit, wir sollten sie daher nicht voreilig mit dem Vorwurf der Vermassung oder Refeudalisierung abfertigen. Es geht vielleicht weniger darum, inwiefern die zeitgenössischen Medien bloße Abstraktionen der materiellen Welt und der Weltlichkeit sind, als darum, in welchem Maß sie unterschiedliche Auffassungen von Weltlichkeit zugänglich machen oder ausblenden. Und darum, inwiefern sich diese Manifestationen der Öffentlichkeit durch Kritik und von dieser inspirierte politische Interventionen verändern lassen.

Wir müssen uns außerdem darüber klarwerden, ob aus dieser medienöffentlichen Weltlichkeit eine Form von Macht im Arendtschen Sinne des Zusammenfallens von Sprechen und Handeln in einem gemeinsamen Erscheinungsraum entsteht, oder ob sie Ausdruck einer symbolischen Gewalt ist, die gerade deshalb, weil sie Worte und Taten repräsentiert und mißrepräsentiert, die Möglichkeit eines effektiven öffentlichen Erscheinungsraums verhindert.

Dabei geht es auch um unsere Fähigkeit zur Urteilsbildung und mitfühlenden Imagination und um die Frage, ob die Mediapolis in dieser Hinsicht eine bessere Verständigung und ein Mehr an Partizipation in der Welt ermöglicht oder nicht. Mit dieser Frage beschäftigt sich der folgende Abschnitt.

Qualitative Kriterien einer Mediapolis

Einige der bislang diskutierten Themen haben unmittelbaren Einfluß auf die Qualität des medialen Erscheinungsraums, also der Mediapolis.

Das betrifft erstens die Tatsache, daß sie die Ressourcen bereitstellt, auf denen unsere kognitiven, ästhetischen und moralischen Urteile über die Welt beruhen, mit der wir materiell und medial konfrontiert werden. Wenn die Medien als Polis funktionieren sollen, liegt hier ihre primäre Verantwortung, die weit über ihre herkömmliche Aufgabe als »vierte Macht im Staate« hinausgeht. Zweitens ist für die Qualität der Mediapolis das Phänomen der Perspektive von Belang, also das, was Kant »erweiterte Denkungsart« nannte, worunter Arendt die für unser Urteilsvermögen entscheidende Fähigkeit verstand, sich in die Innenperspektive des Anderen zu versetzen. Ich werde diese Fragen hier unter dem Aspekt der »richtigen Distanz« diskutieren. Drittens wäre das Problem der Verantwortung zu nennen, die Akteure, Produzenten und Rezipienten der medialen Vermittlungsprozesse in unterschiedlichem Maß tragen. Dem werde ich in den letzten beiden Kapiteln des Buches nachgehen.

Beginnen wir also mit der Unterscheidung von Denken und Urteilen, die von großer Bedeutung für die Einschätzung der Rolle ist, die die Medien bei der Schaffung und Festigung einer globalen Zivilgesellschaft spielen können. Ich möchte zeigen, daß diese Rolle entscheidend auf der Fähigkeit beruht, die Ressourcen für unsere Meinungs- und Urteilsbildung zur Verfügung zu stellen. Auch hier werde ich mich an Hannah Arendt orientieren.

Arendt begreift das Denken als etwas, das im Bereich des Privaten stattfindet. Ein einsames Geschäft, dessen Ziel die Erkenntnis der Wahrheit ist. Das Urteilen hingegen bezeichnet die Meinungsbildung dessen, der in der Welt handelt und sich mit der Pluralität menschlicher Erscheinungsformen auseinandersetzen muß und will. Das Urteilen ist dabei ein zum Handeln befreiender Akt oder sollte dies doch sein. Das Denken ist eine Hebammentätigkeit im sokratischen Sinne, ein Akt der Reflexion, Kontemplation, der Unterscheidung und Kritik, der nicht zum Handeln drängt. Das Urteilen hingegen ist ein kommunikativer Prozeß, es bringt das Handeln voran und besteht in der konstanten Auseinandersetzung mit dem eigenen und dem Denken der Anderen.

Das Urteilen ist Grundlage der Meinungsbildung. Unter Meinung ist hier weder eine kollektive noch die öffentliche Meinung im üblichen Sinne zu verstehen. Arendt hält nicht eben viel von der öffentlichen Meinung, wie sie sich etwa in Umfragen spiegelt; eine Auffassung, die ich auch heute für vertretbar halte. Eine genuine Meinung, schreibt sie, sei eine echte Errungenschaft, was in den Befragungen der Öffentlichkeit in der Regel vernachlässigt werde. Die öffentliche Meinung könne daher nicht ein statistischer Durchschnitt privater Überlegungen sein, sondern nur das Produkt individueller Partizipation an und Tätigkeit in der von allen geteilten Welt. Arendt betont die besondere Qualität öffentlicher Urteilsbildung, auf der lebenswichtigen Bedeutung eines engagierten politischen Denkens im Erscheinungsraum, das weder von solitärer philosophischer Abstraktion noch vom imperialen Rigorismus objektiver Logik bestimmt ist.

Das Urteilen ist daher in vielerlei Hinsicht mit einer immensen Verantwortung verbunden, die letztlich zwar das Individuum zu tragen hat, aber nicht das private, sondern das der Welt zugewandte, das öffentliche Individuum.[4] Das Urteilen schafft die Voraussetzungen für effektives Handeln und damit zugleich

---

4 »Das Urteilen ist angewiesen auf die moralisch-kognitiven Fähigkeiten der Weltlichkeit, das heißt auf ein Interesse an der Welt und an den Menschen, die diese Welt ausmachen, sowie auf ein klares Gespür dafür, wo die eigenen Grenzen liegen und wo die anderer anfangen. [...] Während das Denken Autonomie, Widerspruchsfreiheit, Unbeirrbarkeit, Unabhängigkeit und Zuverlässigkeit verlangt, erfordert das Urteilen Weltlichkeit, ein Interesse an den Mitmenschen und die Fähigkeit, den Standpunkt anderer ohne Projektion, Überhöhung und Entstellung zu würdigen.« (Benhabib 2006, S. 299)

für Freiheit. Eine Öffentlichkeit, die nicht über die Fähigkeit des Urteilens verfügt, verkümmert und erstarrt, da unabhängiges Denken und Handeln auf Urteilen basieren. Doch jedes Urteil ist mit Risiken verbunden, und Risiken weichen wir gerne aus. So setzt das Urteilen die Bereitschaft zur abweichenden Meinung voraus, die Bereitschaft, die Geschichte anders, gegen den Strich zu interpretieren (Benjamin 1970). Die Unfähigkeit, im Erscheinungsraum, also in der Öffentlichkeit zu urteilen, ist ein Hinweis auf Gedanken- und Verantwortungslosigkeit. So war es Adolf Eichmanns außergewöhnliche Gedankenlosigkeit und Oberflächlichkeit, die, wie Arendt zeigt, sein Urteilsvermögen außer Kraft setzte und ihn nachhaltig zum Bösen befähigte. Die Weigerung, über etwas nachzudenken, führt dazu, daß man nichts mehr bewußt wahrnimmt und sich jeglichen Urteils enthält, was wiederum das Ende jeglicher Politik bedeutet.

Was bedeutet das für die Medien und uns, die wir als Publikum an ihnen partizipieren? Die amerikanische Wissenschaftlerin Dana Villa meint: »Auch wenn die Möglichkeiten, ›mitzuregieren‹, auf öffentlicher Bühne zu sprechen und zu handeln, heute deutlich geringer sind, bleibt uns immer noch die Wahl zwischen der Rolle des passiven Konsumenten von Medienspektakeln und der Rolle des unabhängigen Richters, der sich ein eigenes Urteil über politische und historische Ereignisse bildet« (Villa 1999, S. 103). Wenn Urteile letztlich Entscheidungen sind, die öffentlich, also in der und für die Gemeinschaft getroffen werden, dann müssen die Medien die für das Urteilen nötigen Ressourcen zur Verfügung stellen. Dazu gibt es keine Alternative. Es ist eine *conditio sine qua non*. Und daß die Medien sie häufig nicht erfüllen, daß sie immer wieder die alte Voraussage bestätigen, sie seien für eine Verständigung nicht geeignet, daß sie Kontexte, historische Hintergründe und ganze Debatten ignorieren, wenn sie über Welten berichten, die in materieller und symbolischer Hinsicht außerhalb unserer Reichweite liegen, ist offensichtlich ein schuldhaftes Versäumnis. An Beispielen dafür herrscht in den ersten Jahren des 21. Jahrhunderts kein Mangel: die BBC unterstellte der britischen

Regierung unbegründeterweise, sie habe in ihrem Irak-Dossier
die Gefährlichkeit des Landes »aufgebauscht«, um den Irak-
Krieg zu rechtfertigen; Nippon Hoso Kyokai, die »Japanische
Rundfunkgesellschaft«, sendete falsche Behauptungen über die
»Trostfrauen« in den japanischen Kriegsbordellen des Zweiten
Weltkriegs, CBS brachte einen auf gefälschten Dokumenten
basierenden Bericht über George Bushs Militärdienst bei der
Nationalgarde, und die New York Times druckte frei erfun-
dene Artikel. Und das ist nur die Spitze des Eisbergs: nämlich
die Fälle, in denen das Versagen der Medien in der globalen
medialen Öffentlichkeit Aufsehen erregt hat.

Die Medien tun im Grunde nichts anderes, als zwischen
meiner unmittelbaren Alltagsrealität und der räumlich und
zeitlich meinem Zugriff entzogenen Welt zu vermitteln. Sie
sollen mir das vermitteln, was ich brauche, um heute und in
Zukunft verstehen zu können, was in meinem Leben und in
meiner unmittelbaren Umgebung vor sich geht. Sie sollen mir
helfen, die unmittelbaren und dringlichen Ansprüche mir na-
her und vertrauter Menschen gegen die jener Menschen abzu-
wägen, die mir nicht nah sind, sich aber unter Umständen in
einer verzweifelten Notlage befinden. Sie sollen mir helfen zu
entscheiden, wie und wann ich mit der Welt vor meiner Haustür, die durch die allgegenwärtigen privaten und öffentlichen
Kommunikationsmittel ständig um meine Aufmerksamkeit
buhlt, in Verbindung trete und wie und wann nicht. Daß die
Reaktionen westlicher Institutionen und Individuen auf die
großen Umweltkatastrophen des Jahres 2004, den Tsunami,
den Hurrikan Katrina und das Erdbeben im pakistanischen
Kashmir, höchst unterschiedlich ausfielen (weit entschlossener
im Fall des Tsunamis als in dem des Erdbebens), zeigt, in welchem Maße die materielle und symbolische Distanz zu solchen
Ereignissen unser Verhalten beeinflußt. Das gilt natürlich auch
im umgekehrten Fall, etwa für das Hilfsangebot Afghanistans
angesichts des Hurrikans in New Orleans.

Die mediale Vermittlung solcher Themen beschränkt sich
also nicht auf die Mitteilung von Zahlen und Fakten, die eine in

vieler oder gar in jeder Hinsicht kontraproduktive Transparenz vorgaukeln. Wir müssen die Fakten zwar kennen, aber sie können niemals eine hinreichende Grundlage unseres Urteils sein. Deshalb gehört zur medialen Vermittlung ein narrativer Rahmen, das Erzählen einer Geschichte – auf diese zentrale Komponente der Diskurse in der medialen Öffentlichkeit komme ich gleich zurück – und der Auftritt menschlicher Akteure. Das Verständnis einer solchen vielstimmigen Rhetorik aus Worten und Bildern setzt wiederum Medienkompetenz voraus, die ebenso Aufgabe der medialen Vermittlung ist wie eine reflektierte Darstellung der Vielfalt und Unterschiedlichkeit der Welt. Doch es sind nicht allein die Medien, die diese Ressourcen des Urteilens beschaffen und zur Verfügung stellen. Denn auch die Akteure und die Zuschauer müssen ihre Vorstellungen und Erfahrungen in den Prozeß der medialen Vermittlung einbringen, wenn sie an der Mediapolis teilhaben wollen.

Jedes Urteilen setzt eine einfühlende Imagination voraus. Hannah Arendt schreibt:

Allein die Imagination befähigt uns, die Dinge in der richtigen Perspektive zu sehen, und gibt uns die Kraft, das, was zu nahe ist, in eine gewisse Distanz zu bringen, so daß wir es ohne Tendenz und Vorurteile sehen und verstehen können, daß wir generös genug sein können, um die Abgründe der Entfernung zu überbrücken, bis wir alles sehen und verstehen können, was zu weit von uns entfernt ist, als ob es unsere eigene Angelegenheit wäre. Dieses Distanzieren mancher Dinge und das Überbrücken des Abgrunds, der uns von anderen trennt, ist Teil des Dialogs des Verstehens, für dessen Zwecke die unmittelbare Erfahrung einen zu nahen Kontakt herstellt und bloßes Wissen künstliche Barrieren errichtet. Ohne diese Form der Imagination, die nichts anderes als Verständnis ist, würden wir niemals in der Lage sein, unsere Lasten in der Welt zu tragen. Sie ist der einzige innere Kompaß, den wir haben. Wir sind Zeitgenossen nur insoweit unser Verständnis reicht. (Arendt 1994, S. 323)

Mit Imagination ist hier jene menschliche Fähigkeit gemeint, die das Verständnis anderer und damit das öffentliche Urteilen ermöglicht. Die Imagination, die bei Kant die Erweiterung des Bewußtseins über das individuelle und solitäre Selbst hinaus ist, erfordert es, sich in den Anderen hineinzuversetzen und die richtige Distanz einzunehmen, durch die Kommunikation, Meinungsbildung und politisches Leben erst möglich werden. Es geht also darum,

> mit Hilfe der Einbildungskraft, aber ohne die eigene Identität aufzugeben, einen Standort in der Welt einzunehmen, der nicht der meinige ist, und mir nun von diesem Standort aus eine eigene Meinung zu bilden. Je mehr solcher Standorte ich in meinen eigenen Überlegungen in Rechnung stellen kann und je besser ich mir vorstellen kann, was ich denken und fühlen würde, wenn ich an der Stelle derer wäre, die dort stehen, desto besser ausgebildet ist dieses Vermögen der Einsicht [...] und desto qualifizierter wird schließlich das Ergebnis meiner Überlegungen, meine Meinung sein. (Arendt 2000a, S. 342)

Durch die Medien erfahren wir mehr als je zuvor, aber bedeutet das auch ein Mehr an Verständnis und Verständigung? Sie beliefern uns mit Ressourcen für unsere Imagination, aber erleichtern sie dabei auch das öffentliche Denken und Urteilen?

Um das zu untersuchen, verwende ich den Begriff der *richtigen Distanz*. Die richtige Distanz ist ein relativ präzise zu bestimmender Grad von Nähe, der in medial vermittelten Beziehungen herrschen muß, wenn sie unser Mitgefühl für den Anderen wecken und festigen sollen, damit wir ihn nicht nur als Mitmenschen erkennen, sondern auch Verständnis für ihn entwickeln und uns unserer Verantwortung und Pflichten ihm gegenüber bewußt werden. In der richtigen Distanz erscheint der Andere in seiner Differenz und seiner Ähnlichkeit zugleich. Sie ist also eine Voraussetzung von Pluralität. Das Konzept geht auf eine einzelne, aber höchst bedeutsame Übereinstimmung zwischen Arendt und Emmanuel Levinas zurück. Beide sehen im Problem der Nähe eine entscheidende Determinante der Politik (Arendt) beziehungsweise der Moral (Levinas). Die angemessene Distanz setzt Imagination, Verständnis und Mitgefühl voraus: also ein epistemologisch (Arendt) beziehungsweise ontologisch (Levinas) motiviertes Engagement für die Suche nach einem Raum, in dem sich das ausdrücken läßt, was in unserem Verhältnis zum Anderen erfahrbar (Arendt) beziehungsweise wesentlich (Levinas) ist.[5]

Die Konstruktion von Beziehungen zu anderen, die diesem Anspruch gerecht werden, hängt in unserer Kultur weitgehend von den Medien ab, die in diesem Punkt wie in so vielen anderen in der Regel, und vielleicht zunehmend, versagen. Insofern das Andersartige und Fremde, das Spektakuläre und Sichtbare ihre Geschäftsgrundlage bilden, sind sie an der Herstellung von Verbindungen und Beziehungen, an der Identifikation mit dem Anderen nicht sonderlich interessiert. Wenn sie uns wiederum Identität verkaufen wollen, machen sich Ungleichartiges gleich, ebnen Differenzen ein und verweigern der Irreduzibilität des Andersartigen die Anerkennung. Beide dieser uns vertrauten Tendenzen medialer Darstellungen sind symptomatisch für das Versagen der heutigen Medien. In ihnen spiegelt sich aber auch – und setzt sich damit fort – die offensichtliche Unfähigkeit der Moderne, sich *tout court* zur Pluralität und zu den Rechten des Fremden zu bekennen. Arendt untersucht diese Unfähigkeit in ihrer Auseinandersetzung mit Imperialismus und Totalitarismus, Levinas entwickelt sie im Zusammenhang seiner Überle-

---

5 Die schwierige und anspruchsvolle Philosophie von Emmanuel Levinas verleiht einem Humanismus Ausdruck, der dem von Arendt ähnlich ist. Tatsächlich entspringen beider Überlegungen auch aus eng verwandten kulturellen Quellen, bei Levinas einem eher religiösen, bei Arendt einem eher säkularen Judentum. Und beide entzünden sich an der Kritik derselben philosophischen Position – der Martin Heideggers. Wie Colin Davis in der wohl zugänglichsten Einführung in Levinas' Werk zeigt, liegt der Kern seines Denkens in einer Kritik des Versäumnisses der westlichen Philosophie, den Anderen zu berücksichtigen. Levinas' Werk gilt inzwischen als einer der wichtigsten Beiträge zur Ethik im 20. Jahrhundert (Davis 1996).

gungen zur Verantwortung für den Anderen als Voraussetzung jeglicher Form von Gesellschaft.

Die »Einbettung« von Journalisten in die Invasionstruppen, das Eindringen der »Paparazzi« in das Privatleben von Personen der Zeitgeschichte und die Verwendung von Bildern des Exotischen in globalen Werbekampagnen sind Beispiele für die Leugnung oder Einebnung von Differenz. *Zu nah dran.*

Darstellungen hingegen, in denen dem Anderen, sei er Moslem, Iraker oder Palästinenser (oder umgekehrt Israeli oder Amerikaner), die Menschlichkeit abgesprochen wird, entsprechen zwar konventionellen Auffassungen, sind aber gerade darum gute Beispiele für übertriebene Distanzierung. *Zu weit weg.*

Der heute übliche Kult um Stars und Prominente wiederum ist ein komplexeres Phänomen, als viele glauben: er zerstört Differenz durch Übertreibung (das Gewöhnliche erscheint als außergewöhnlich) und Banalisierung (das Außergewöhnliche wird als alltäglich dargestellt) und leugnet durch diese schmeichlerische Dialektik die Legitimität von Differenz überhaupt. *Weder nah noch fern.*

Die angemessene, richtige Distanz – *nah und fern zugleich* – erfordert Imagination, und zwar sowohl von jenen, die die Erzählungen und Bilder der Medien herstellen, als auch von den Zuschauern und Lesern, die in Abhängigkeit von diesen Ressourcen ihre eigenen Bilder und Erzählungen konstruieren. Ohne die Erweiterung unserer »Denkungsart« durch die Medien können sich in spätmodernen Gesellschaften unabhängige Urteile und Meinungen nicht herausbilden. Sie ist darum eine notwendige, aber nicht hinreichende Voraussetzung für das imaginative Denken und die Meinungsbildung im Sinne Hannah Arendts. Das Versagen oder der Mangel an Fortschritt auf diesem Gebiet haben deshalb politische und im weitesten Sinne des Begriffs moralische Folgen. Ohne das Verständnis, das aus der Erfahrung der Zeitgenossenschaft, und nur aus dieser, erwächst, ist Humanität unmöglich. Das zeigt sich nicht zuletzt in unseren gegenwärtigen Bemühungen, die islamische Welt zu verstehen und angemessen darzustellen, und natürlich ebenso an dem Unverständnis, das die islamische Welt uns entgegenbringt.

Die Verantwortung liegt hier bei allen Mitwirkenden. Akteure und Zuschauer medialer Darstellungen sind Teil des öffentlichen Raums, und beide dürfen sich der Pflicht des Urteilens nicht entziehen. Sie können und müssen Entscheidungen treffen. An medialer Repräsentation und Vermittlung sind nicht nur die Produzenten beteiligt, sondern auch jene, die sich Programme anschauen oder Texte lesen und sich ihren eigenen Reim auf das machen, was sie da sehen oder hören. Zur Mediapolis gehören daher neben den Medienproduzenten auch die, die auf Monitoren oder Zeitungsseiten dargestellt werden, und jene, deren Urteile in wachsendem Maße auf diesen Darstellungen beruhen.

Deshalb müssen sie alle über die Fähigkeit des Urteilens verfügen. Sie setzt voraus, schreibt Arendt, sich weder von theoretischen Abstraktionen noch den Dringlichkeiten des Handelns vereinnahmen zu lassen und das Partikuläre ebenso wie das Gewöhnliche zu berücksichtigen. Angesichts der Präsenz des Bösen in der Welt betont Arendt, daß das Denken als eine Voraussetzung des Urteilens »nicht ein Vorrecht weniger, sondern eine Fähigkeit ist, die jedermann zu jeder Zeit zu Gebote steht« (Arendt 1984, S. 36).

Diese Überlegungen könnten naiv anmuten, wenn sie nicht vor dem Hintergrund des Totalitarismus und seiner Folgen entstanden wären, wobei Arendt weit davon entfernt ist, sie allein auf diesen zu beziehen. Wenn es zutrifft, daß sich politisch und moralisch signifikantes Denken, wie Arendt es definiert, nur in Zeiten gesellschaftlicher Krisen entwickelt, dann muß man einräumen, daß sich die Moderne ständig im Krisenzustand befindet und Denken und Urteilen daher heute so nötig sind wie je. Man könnte hinzufügen, daß die gegenwärtige weltpolitische Lage angesichts des Terrors, der »begrenzten« Kriege und der zunehmenden Polarisierung zwischen dem Westen und dem Islam im Begriff ist, die Symptome einer allzu vertrauten Form

des Totalitarismus zu entwickeln, da sich in alten und jungen
Demokratien eine paranoide Kultur des Hasses entwickelt und
etabliert. Und man darf nicht vergessen, daß die Medien in
vielen Staaten nach wie vor einer politischen und kulturellen
Kontrolle unterworfen sind, die die Freiheit des Urteils und der
Debatte, die eine primäre Voraussetzung der Mediapolis ist,
zuweilen bis zum Nullpunkt einzuschränken bereit ist.

Trotzdem ist die Mediapolis der Ort, an dem die Ressourcen für das Verstehen und Urteilen zu finden sind. Im medialen Erscheinungsraum, einem Ort für die Wahrnehmung und
Konstruktionen von Andersartigkeit und Gleichheit, entsteht
die Weltlichkeit der Welt. Der zivilgesellschaftliche Raum, der
sich auf die medialen Darstellungen stützt, ist kein Hort der
Rationalität, auch nicht einer unvollkommenen, gestörten oder
erschöpften Rationalität, insofern wir darunter die interesselo-
se Logik abstrakten Räsonnierens verstehen. Es handelt sich im
Gegenteil um einen Raum widerstreitender und konkurrieren-
der Diskurse, einen Raum voller Geschichten, Bilder und Darstellungen, dessen Konstruktion und Rezeption einer anderen
Logik folgen muß. Und in dem auch andere Formen von Verantwortung nötig sind. Ein Raum, den wir nur begreifen und
beeinflussen werden können, wenn wir sowohl seine Integrität
als auch seine Diversität akzeptieren.

Die Aufgabe der Repräsentation

Die Mediapolis ist ein Erscheinungsraum. Als solcher ist sie
eine Konstante, auch wenn die Erscheinungen selbst sehr rasch
wechseln. Die globalen Medien haben die Kunst der Flüchtigkeit zu unvorhersehbaren Höhen geführt. Nichts entkommt
dem, was Milan Kundera in anderem Zusammenhang die »un-
erträgliche Leichtigkeit des Seins« nannte. Die Darstellungen
der Welt, die die Medien in jeder Sekunde liefern, sind so leicht
und beständig wie Federn. Nichts bleibt. Jedes beliebige Bild
kann, aus seinem ursprünglichen Zusammenhang gelöst und

mit neuer Bedeutung versehen, zur Ikone werden. Dennoch haften Nachrichten und Klatsch, die zwei Seiten der Medaille des nicht Dauerhaften, wie Staub auf unseren Monitoren. Das grundlegende Paradox medialer Repräsentation – und zugleich aller Formen von Kommunikation – betrifft Vergänglichkeit und Dauer. Es gilt in gleichem Maße für das Verhältnis von Sprechen und Sprache: aktualisiert sich ersteres in unserem Mund, so wird letztere in Grammatiken, Texten, Technologien und Institutionen archiviert.

Hannah Arendts Öffentlichkeitsbegriff setzt jedoch Dauerhaftigkeit voraus, und es ist schwer, ihr darin zu widersprechen. Es muß etwas geben, das den Tod des Einzelnen transzendiert. Es muß eine Kontinuität von Symbolen und Bedeutungen geben, die eine pluralistische Öffentlichkeit zusammenhalten. Das wirft die Frage auf, ob die Mediapolis in der Lage ist, eine solche Kontinuität herzustellen. Auf den ersten Blick ist sie es jedenfalls nicht.

Im letzten Kapitel ihres Buches über das »tätige Leben« fragte Arendt nach den Gründen für die Entstehung der Moderne und nennt die Erfindung des Teleskops durch Galileo als ihren wichtigsten Anstoß. Dessen grundsätzliche ontologische Bedeutung bestehe darin, daß es zwischen Sein und Erscheinung trenne. Es bewies, daß die Dinge, etwa die Himmelskörper, nicht das sind, was sie zu sein scheinen, daß ihre Erscheinung trügt, und daß sie sich nicht ausschließlich aus sich selbst heraus erklären lassen.

Das Teleskop veränderte das Weltbild fundamental. Und diese Veränderung wurde nicht durch die Kraft der Vernunft, sondern durch Technik bewirkt. Das hatte unmittelbare Folgen für die Naturwissenschaften und für die Epistemologie. Arendt schreibt: »Wenn Sein und Erscheinung endgültig getrennt werden müssen – und dies ist [...] das Grundprinzip der modernen Wissenschaft –, dann gibt es nichts mehr, was man auf Treu und Glauben hinnehmen kann, nichts mehr, woran nicht gezweifelt werden müßte.« (Arendt 1960, S. 268) Auf dieser Entwicklung beruhe das Denken von Descartes,

der universelle kartesische Zweifel. Die Moderne unterscheide
sich von vorangegangenen Epochen durch den Verlust jeglicher
Gewißheit. Sie könne, was wahr und wirklich ist, nur durch
praktische Erprobung bestimmen, so daß das *Messen* der Erscheinungen als einziger, allerdings stets inadäquater Weg zur
Wahrheit übrigbleibe. Zum Verlust der Gewißheit sei daher paradoxerweise eine gewisse Hybris getreten, da der Mensch nun
glaubte, *er* sei das Maß aller Dinge: *dubito ergo sum*. Und die
rationale Vernunft wurde zum Maßstab der Dauerhaftigkeit,
derer Öffentlichkeit und Politik bedürfen.

Die Begriffe Teleskop und Television bedeuten im Grunde
dasselbe: sehen, was weit entfernt ist. Trotzdem haben diese Erfindungen meines Erachtens entgegengesetzte epistemologische
Folgen. Das Fernsehen ist nicht nur eine neue Art Teleskop, das
über eine größere Reichweite verfügt, andere Formen des Erscheinens ermöglicht und sich zudem auf die Gesellschaft statt
auf den Kosmos richtet. Es ist etwas ganz anderes. Denn in
seinem direkt auf die Erfahrungswelt gerichteten Blick offeriert
und repräsentiert das Fernsehen (wie andere Medien natürlich
auch) eine Entwicklung hin zu dem, was man die postmoderne
Versöhnung von Sein und Erscheinung nennen könnte. In der
Welt des Fernsehens fallen wie im vor-galiläischen Mittelalter
Erscheinung und Sein in eins: Erscheinung *ist* Sein.

In den zeitgenössischen medialen Erscheinungsräumen gilt
die berühmte Formel *What you see is what you get*: alles ist
genau so, wie es aussieht und erscheint. Und wir neigen dazu,
das, was wir sehen, fraglos hinzunehmen. Angesichts dieser
Versöhnung in den Narrationen und Bilderwelten der Nachrichtensendungen und Seifenopern entfällt daher die Notwendigkeit des Zweifelns; wir sind aufgefordert, die Welt so zu
akzeptieren, wie sie auf dem Schirm erscheint, denn das, was
dort erscheint, geriert sich, bei all seiner oberflächlichen Diversität, als allgegenwärtig, ewig und in jeder Hinsicht real (auch
wenn es natürlich nichts davon ist). Im medialen Erscheinungsraum ist Zweifel weder nötig noch erwünscht noch zumeist
überhaupt möglich. Die medial vermittelte Welt ist das, was

in den Medien erscheint, es gibt keinen Unterschied zwischen Sein und Erscheinung, genausowenig wie es einen signifikanten Unterschied zwischen der auf den Bildschirmen erscheinenden Welt und der Erfahrungswelt gibt.[6] Auf der Ebene der Medien zweifeln wir nicht mehr, und das Verschwinden des Zweifels geht einher mit einer erneuten Verzauberung der Welt. Dennoch gibt es nach wie vor so etwas wie Wahrheit und das Ringen um Wahrhaftigkeit, wie ich im sechsten Kapitel zeige. Die Mediapolis ist der Schauplatz des Konflikts zwischen der Suche nach der Wahrheit und dem Verschwinden des Zweifels. Ihn zu lösen, ist ihre wichtigste Aufgabe.

Mit dem Zweifel verschwindet auch der Gemeinsinn, also der Sinn für die Welt, die wir gemein haben. Und ohne das Konzept einer allen gemeinsamen Welt ist eine Öffentlichkeit als Ort des Denkens und Urteilens nicht möglich. Auf diese Verluste gründet sich Arendts Melancholie und Pessimismus. Sind sie unwiderruflich? Ich behaupte, daß sie das nicht sind, oder vielleicht genauer: daß sie es nicht sein müssen.

Diese Überzeugung stützt sich, wie inzwischen klar sein dürfte, auf den Status der Mediapolis als einer strukturellen Komponente der globalen Kommunikationslandschaft und auf eine Theorie der medialen Vermittlung, die meinem Verständnis der globalen Kommunikationsprozesse zugrunde liegt. Dabei ist für die Gegenwart und die absehbare Zukunft die Einsicht entscheidend, daß die Mediapolis kein Selbstzweck ist, sondern als Bestandteil einer breiteren sozialen und politischen Realität verstanden werden muß, in deren Mittelpunkt die zwischenmenschlichen Beziehungen stehen. Ebenso entscheidend ist die Erkenntnis, daß mediale Vermittlung eine Praxis ist, an der Menschen mit ihren sozialen und kulturellen (und natürlich auch politischen und ökonomischen) Aktivitäten mitwirken und für die sie insofern auch verantwortlich sind. Zu diesen Akteuren zählen zweifellos Intendanten und Chefredakteure,

---

6 Dies ist natürlich die Baudrillardsche Position, der paradoxerweise ontologische Kern der Postmoderne.

Journalisten, Produzenten, Regisseure und Darsteller, aber eben
auch, obwohl sie über weniger Einfluß verfügen, die Zuschauer
und User, das Publikum. Tatsächlich sorgt erst die aktive Mitwirkung des Publikums dafür, daß die Mediapolis zumindest
prinzipiell einen Beitrag zur Schaffung einer globalen Zivilgesellschaft leisten kann. Wie die Medien die Ressourcen des
Urteilens zur Verfügung stellen müssen, so muß das Publikum
auf diese reagieren, denn nur so kann ein Maß an Reflexivität
gewährleistet werden, das sinnvolles Handeln ermöglicht.

Meine Haltung stützt sich auch auf die Erwartung, daß ver-
breitende Formen des Rundfunks (Peter 1999) auch in Zukunft
eine zentrale Rolle für die globale Kommunikation spielen werden. Ich unterstelle, daß das Internet mit seiner dialogischen
Struktur selbst bei politisch brisantesten Themen über den
Bereich privater Interaktion nicht wesentlich hinauskommen
wird. Vielleicht ist dies eine überspitzte Position (man kann
sicher darüber streiten), aber es zeigt sich immer deutlicher,
daß das Internet für sich, also ohne die Verbindung zu weniger
exklusiven Medien wie dem Fernsehen, dem Radio oder der
Presse, ein privates, exklusives und fragmentierendes Medium
bleiben wird, das eher zentrifugal als zentripetal ausgerichtet
ist. Daher wäre es falsch, auf das Internet als alleinigen Vorbo-
ten neuer Formen globaler politischer Kultur zu zählen. Es ist
heute noch kein pluralistisches Medium im engeren Sinne und
wird vielleicht nie eines sein. Es ist singulär: es beruht in hohem Maße auf Individualität, sie wird betont, nicht Pluralität.
Und es gelingt ihm kaum, geeignete Formen des Erzählens zu
entwickeln.

Das Erzählen jedoch ist, wie bereits angedeutet, von entscheidender Bedeutung für die Schaffung eines öffentlichen Raums,
in dem Entscheidungen diskutiert und getroffen werden. Nur in
Erzählungen erscheint uns die Welt in ihrer Lebendigkeit, nur
sie können dauerhaft Sinn stiften. In den Geschichten, die wir
einander erzählen, den historischen und zeitgenössischen wie
den phantastischen, suchen und finden wir auch gelegentlich
die verallgemeinerbaren Bedeutungen, die die Möglichkeit für

ein gemeinsames Weltverständnis schaffen. Narrationen sind allen zugänglich, selbst wenn sie etwas ausschließen. Trotzdem sie Fälschungen, Irrtümer und Verzerrungen enthalten können, lehren uns Geschichten über uns und andere, über geschehene oder geplante Handlungen, »die Dinge anzunehmen, wie sie sind« (Arendt 1977, S. 262).

Arendt weist der Narration eine wesentliche Aufgabe zu, denn durch das öffentliche Erzählen von Geschichten gewinnen wir Zugang zur wahren Realität (Heidegger und Levinas würden sagen: zum Selbst) derer, von denen sie handeln. Durch das Erzählen von Geschichten bewahren wir die Vergangenheit und erschließen uns die Zukunft. Das Erzählen schafft, vor allem durch die Abgeschlossenheit der Handlung, Gedächtnis und stellt Bedeutung her. Arendt zufolge haben Handlungen, die man ausführt, eine Bedeutung, aber nur solche, von denen erzählt wird, einen Wert. Ihrer Ansicht nach beruht die Polis weit mehr auf der Fruchtbarkeit pluralistischer Narrationen als auf einer kargen, singulären Rationalität.

Erzählungen sind damals wie heute eine Voraussetzung der politischen Auseinandersetzung, weil sie kulturelle Gemeinsamkeiten formulieren und den Boden für den Gemeinsinn, für gemeinsame Sichtweisen bereiten. Das Erzählen ist mit seinen Enthüllungen, Dramen und Darstellungen schon immer ein Beitrag zur Politik gewesen, der mit gutem Grund zumeist von außerhalb der Politik kommt. Arendt verlangt von der Polis, daß sie sich nicht einer singulären, totalitären Erzählung verschreibt, sondern einen Pluralismus der Geschichten und Historien ermöglicht. Geschichten stehen stets im Wettbewerb miteinander. Sie konkurrieren miteinander und definieren in ihren unterschiedlichen Darstellungen die Realitäten und Möglichkeiten des öffentlichen Lebens. Ihre Präsenz im öffentlichen Raum trägt, auch wenn das paradox klingt, zu seiner Dauerhaftigkeit bei. Solange wir einander Geschichten über uns und andere erzählen, und solange diese Geschichten gehört und verstanden werden, versetzt uns das Erzählen in die Lage zu handeln und sorgt für die Kontinuität der Themen und Akteure.

Doch nicht die Akteure und Erzähler, sondern die Zuschauer, so faßt Julia Kristeva Arendts Position zusammen, »›vollenden‹ die Geschichte [...] eine Vollendung, die sich vermittels der *Erinnerung* erfüllt, ohne die es ganz einfach nichts zu erzählen gibt. Nicht die Akteure, sondern die Zuschauer, die fähig sind zu denken und zu erinnern, machen aus der *polis* eine Organisation, die Erinnerung und/ oder Geschichte(n) hervorbringt« (Kristeva 2001, S. 123). Wenn aber wir als Zuschauer, Zuhörer und Publikum »die Geschichte vollenden«, uns also einen eigenen Reim darauf machen sollen, dann müssen wir uns mit den Geschichten, die unsere Geschichte bilden, auseinandersetzen, und das setzt die Bereitschaft zur Verantwortung (»das sind meine Geschichten: was schließe ich aus ihnen?«) ebenso voraus wie eine entsprechende Lesekompetenz (»das sind meine Geschichten: wie kann ich sie verstehen?«). Auf Verantwortung und Lese- bzw. Medienkompetenz komme ich in späteren Kapiteln zurück.

Das Erzählen von Geschichten ist ein Schwerpunkt aller medialen Repräsentation. Es befähigt die Mediapolis zur Schaffung eines öffentlichen Raums, der auf dem beruht, was Seyla Benhabib in ihrer kürzlich erschienenen Studie zu Arendts politischem Denken »bürgerschaftlich relevante Vorstellungskraft« nennt. Diese Imagination ermöglicht das, was ich als richtige Distanz bezeichnet habe. Benhabib schreibt:

»Die bürgerschaftlich relevante Vorstellungskraft kann nach wie vor nur mit Hilfe dieses Prozesses der öffentlichen Selbstdarstellung und Selbstverdeutlichung gepflegt und gefördert werden. Der Vorgang, in der Öffentlichkeit gute Gründe vernünftig darzulegen, zwingt dazu, den Blickwinkel all derer einzunehmen, denen man den eigenen Standpunkt einsichtig machen und überzeugend darstellen möchte [...]. Die Fähigkeit von Individuen und Gruppen, den Standpunkt anderer zu berücksichtigen, [...] ist in einer bürgerrechtlich verfaßten Gesellschaftsordnung eine entscheidende Tugend [...] Die Öffentlichkeit ist wie die Pupille im Auge eines Staatswesens; ist

deren Sicht verfinstert, verschwommen oder getrübt, dann ist
der Orientierungssinn des politischen Gemeinwesens ebenfalls
gestört.«   (Benhabib 2006, S. 327)

Die Medien haben demnach eine gewaltige, man könnte sogar sagen unmöglich zu bewältigende Repräsentationsaufgabe.
Denn, wie ich gezeigt habe, steht und fällt das Projekt der bürgerlichen Imagination mit dem medialen Erscheinungsraum,
der Mediapolis. Wir sind also für unser Zusammenleben im
höchsten Maße auf sie angewiesen.

Fassen wir zusammen:

Ich habe in diesem Kapitel gezeigt, daß die Medien den Erscheinungsraum besetzen und via Bildschirm ein Bild der Welt
anbieten, das die Welt in wachsendem Maße konstituiert. Dieser
Erscheinungsraum ist ein politischer Raum, weil in ihm Urteile
gefällt werden, die die Einbeziehung in das und den Ausschluß
aus dem Gemeinwesen oder der gemeinsamen Menschlichkeit
betreffen; weil er öffentliches Sprechen und Handeln repräsentiert und einen wenn auch unvermeidlich unzureichenden Blick
auf die Pluralität der Welt ermöglicht. Wie ich in der Einleitung
gesagt habe, sind die Medien in der Lage, den Schleier vor der
Differenz zu lüften und uns mit den Sichtweisen der Anderen
zu konfrontieren. Diese müssen wir kennen, wenn wir adäquat
urteilen wollen. Dies zu ermöglichen, ist eine notwendige, aber
nicht hinreichende Bedingung für eine lebensfähige Weltöffentlichkeit. Dieses Kapitel sollte zeigen, was dazu noch fehlt, aber
auch, was möglich ist.

Eine medial vermittelte Weltlichkeit kann die unmittelbare
Begegnung mit dem Anderen nicht ersetzen, aber sie kann sie
wie ein Kontrapunkt in der Musik ergänzen und tut das bereits. Beide Formen sind notwendig. Beide kommen in unserem
Leben vor. Ihre ständige Interaktion erweitert und beschränkt
sie. Denn eine medial vermittelte Welt kann immer nur nur eine
fragmentarische und polyphone sein, auch wenn die Mediapolis selbst singulär sein muß. Auf das Thema Polyphonie komme
ich im vierten Kapitel zurück.

»Mediapolis« ist also ein deskriptiver *und* normativer Begriff. Er beschreibt einen existierenden politischen Raum, den die Medien besetzen beziehungsweise in mehr oder weniger sinnvoller Form hervorbringen. Aus dieser Beschreibung ergeben sich Forderungen bezüglich der Formen von Politik, die in diesem Raum möglich sein können und sollen. Dabei behaupte ich weder, daß derzeit bereits eine kohärente, singuläre Mediapolis existiert noch daß eine solche ohne weiteres lebensfähig wäre. Ich will mich aber auch nicht darauf beschränken, auf eine soziale und technische Realität hinzuweisen oder ihre wünschenswerten Folgen zu benennen. Dazu ist das Thema zu wichtig. Denn ohne einen effizienten medialen Erscheinungsraum, also ohne ein adäquates Forum für die Pluralität der Welt, das die Mediapolis auf dem Bildschirm und in der Interaktion des Zuschauers mit diesem schaffen muß, gibt es wenig Anlaß zum Optimismus. Arendts Kritik der posttotalitären Welt ist eine Anklage und zugleich ein Auftrag. Ich versuche zu zeigen, daß ihr Werk die Grundlage für die Untersuchung der Praxis heutiger Medien sein kann und zugleich einen Ausgangspunkt für jene substantiellen Fragen und Urteile bildet, die allein durch ein begründetes Denken nach Arendts Vorbild möglich werden.

III
Die Rhetorik des Bösen

Im Mittelpunkt dieses Kapitels steht nicht die Mediapolis selbst, sondern zwei ihrer Aspekte: ein allgemeinerer und ein speziellerer. Der allgemeinere Aspekt betrifft das Verhältnis der Medien zu ihrem politischen und kulturellen Umfeld. Der speziellere die Rolle des Bösen in der globalen Gesellschaft und der globalen Imagination.

Eine Analyse vor allem der US-amerikanischen Medienkultur zeigt, in welch herausragendem Maße der Begriff des Bösen die gegenwärtige Moral bestimmt; außerdem wird klar, in welchem Maße die Medien zu ihr beitragen, ja sogar für sie verantwortlich sind. Meiner Ansicht nach ist die Frage, was böse ist, ein Problem der praktischen Moral, da sie unsere Fähigkeit betrifft, singuläre und absolute Urteile über Recht und Unrecht, Gut und Böse zu fällen, die für das Überleben der Menschheit unabdingbar sind. Die Formulierung und Rhetorik dieser Urteile ist ein ethisches und politisches Problem, insofern wir das Böse in der Regel als Eigenschaft der Anderen bestimmen, was viel über unser Selbstverständnis sagt. Und sie ist ein Problem der Medien, die dazu neigen, sich die Zuschreibungen des Bösen zu eigen zu machen und sie dadurch zu legitimieren und zu festigen.

Susan Neiman definiert das Böse, indem sie es vom Verbrechen unterscheidet: »Ein Verbrechen ist [...] etwas, für das Verfahren bereitstehen, wenn nicht präventive, so doch strafende. Das bedeutet, daß Verbrechen in eine Ordnung gehören, die sich irgendwie in unsere Erfahrungen einfügt. Eine Tat ›böse‹ zu nennen, deutet darauf hin, daß dies nicht möglich ist, und daß sie gerade deshalb jenes Vertrauen in die Welt erschüttert, das wir brauchen, um uns darin zurechtzufinden.« (Neiman 2006, S. 34) Bei Neiman fungiert der Begriff des Bösen als eine ebenso nüchterne wie vielsagende Vorsichtsmaßnahme, ein Vorbehalt angesichts des Versagens der Vernunft im Zeitalter von Aufklärung und Postaufklärung. Wir greifen auf ihn zurück, wenn es gilt, das ansonsten Unerklärliche zu erklären. Doch was ist, wenn es nicht nur ein reales, sondern auch ein imaginiertes Böses gibt? Dann liegen die Dinge weniger einfach. Dann bestimmt das Böse nicht mehr die Parameter eines letztlich tröstlichen singulären, sondern die eines pluralistischen Diskurses. Dann erscheint (und verschwindet) das Böse als Teil eines unauflöslichen Widerspruchs, als Realität und als Idee, als konstruierter und kontrovers diskutierter Begriff. Seit Kant wissen wir, daß das Böse Teil der menschlichen Bedingung, der *conditio humana,* ist, nicht als Defizit, sondern als notwendiger Bestandteil unserer Freiheit.[1] Deshalb ist jede Aussage über das Böse widersprüchlich, die Frage, was böse ist, niemals mit Gewißheit zu beantworten. Doch in keinem anderen Aspekt der menschlichen Bedingtheit sind wir dringender auf Gewißheit angewiesen als in diesem. Und deshalb ist keine Frage dringlicher als die, was böse ist.

Die Medien spielen in meinen Überlegungen dazu eine zentrale Rolle, weil es mir um die moralischen Urteile geht, die in ihnen und durch sie gefällt und verbreitet werden und deren mediale Präsenz Folgen für unseren Alltag hat. Dies ist von grundsätzlicher Bedeutung, insofern sich jeder, der Urteile über Gut und Böse öffentlich artikulieren will, der Medien und ihrer für diesen Zweck konstruierten Rahmen und Formate bedienen wird. Da die Medien äußerst wirksame Plattformen und Kanäle

---

1 Copjec (1996, S. Xf.) schreibt:
»Kant argumentiert historisch. Er fragt nicht, wie das Böse möglich ist, sondern wie es angesichts des Gesetzes der Freiheit möglich ist. Er sucht zu verstehen, wie es kam, daß Menschen, die gerade erst die Freiheit errungen hatten und sich keinem äußeren Druck mehr beugen mußten, sich entschieden, diesem Druck nachzugeben, das heißt unmoralisch zu handeln. Mit anderen Worten: Für Kant gründet das Böse ausschließlich in der Freiheit des Menschen, und das ist das Neue an seinem Denken.«
Vgl. auch Bernsteins Ausführungen zur Unaustilgbarkeit des Bösen in den Überlegungen Kants und Freuds (Bernstein 2002, S. 159).

für solche Äußerungen sind, ist ihr Beitrag zu den öffentlichen
Diskursen, in denen sie den Rahmen unseres Nachdenkens über
jene Welt bilden, die ohne sie außerhalb unserer Reichweite läge, ebenso real wie von grundsätzlicher Bedeutung. Ohne die
Medien verfügten wir nicht über ein Bild der Welt in ihrer Gesamtheit. Deshalb sind die in den Kolumnen, Lautsprechern und
Bildschirmen der Presse, des Fernsehens und des Internets verbreiteten Meinungen über diese Welt von so großer Bedeutung.

Die über die Medien verbreiteten Urteile über Gut und Böse
sind von grundlegender Bedeutung, weil sie eine verbindende
oder trennende Beziehung zwischen uns und räumlich oder
zeitlich weit entfernt lebenden Anderen etablieren. Sie sind der
schärfste und kompromißloseste Ausdruck von Differenz in der
globalen Zivilgesellschaft. Sie beeinflussen und determinieren
zu einem gewissen Grad die Kriterien der Einbeziehung und
Ausschließung anderer und definieren somit, was als menschlich zu gelten hat. Andererseits führen die medial vermittelten
Moralurteile gerade aufgrund der herausragenden Präsenz,
die ihnen seit den Anschlägen des 11. September 2001 im öffentlichen Diskurs zukommt, dazu, daß verantwortlichere und
nachhaltigere Formen des moralischen Urteilens gleichsam ausgeblendet werden. Um den gesellschaftlich und politisch bri-
santen Zusammenhang zwischen diesem Ausblenden und dem
Diskurs des Bösen geht es im folgenden.

Es gibt aber noch einen anderen Aspekt, der sich auf dramatische und schändliche Weise zeigte, als die Bilder der gefolterten irakischen Kriegsgefangenen im Gefängnis von Abu
Ghraib in das vom Leid und Elend des Krieges ansonsten un-
berührte tägliche Medieneinerlei platzten. Plötzlich ging es um
das Böse in *uns*. Um unser eigenes Anderssein. Bilder wie diese
zerstören die Illusion, auf der Seite des Guten zu stehen, die die
amerikanische und die westliche Kultur (wie in gewissem Maß
alle Kulturen) zur Selbsterhaltung brauchen. Sie basiert darauf, daß man das Böse auf den Fremden projiziert und es sich
und seinesgleichen abspricht. Bilder wie die aus Abu Ghraib,
deren Verbreitung Entsetzen und Scham auslöste, schränkten

die Hybris der imperialen Mächte im Irak wenigstens ein. Es
sind Anamorphosen, die die Singularität der dominierenden
medialen Repräsentationen aufbrechen und zur Vorsicht gegenüber vorschnellen Urteilen mahnen, und die zugleich eine
gewisse Tradition der westlichen Kultur- und Kunstgeschichte
wahren.

Das Verfahren der Anamorphose beruht auf der bewußten Verzerrung und Unterwanderung herrschender Sicht- und
Darstellungsweisen, durch die der Zuschauer an seine eigene
Verwundbarkeit und moralische Hinfälligkeit erinnert wird.
Ein berühmtes Beispiel ist Holbeins Gemälde *Die Gesandten*
(1533), auf dem zwei mit den Insignien der Macht, des Reich-
tums und des gesellschaftlichen Status prangende Herren sich
vor einer Reihe von Gegenständen präsentieren, die Wissen,
Gelehrsamkeit und Kunst der frühen Aufklärung symbolisie-
ren. Zu ihren Füßen jedoch befindet sich ein verzerrtes, nämlich aus einer anderen Perspektive gemaltes Symbol, das nur
erkennt, wer das Bild aus einem bestimmten seitlichen Winkel
betrachtet. Es handelt sich um das Bild eines Totenschädels. In
ihm steckt, für den, der sich mit christlicher Symbolik auskennt,
der Hinweis auf eine andere Realität, eine Aussage über die
Instabilität der Welt, über die Verblasenheit des Dünkels und
über die Sterblichkeit des Menschen (Melchior-Bonnet 2001,
S. 237). Für jene, die die Bilder der nackten, verhöhnten und
gefolterten Gefangenen zu lesen wissen, und das sind wohl die
meisten von uns, wird eine ähnliche Botschaft sichtbar. Plötzlich werden wir (zumindest im Westen, zumindest in den USA)
aufgefordert, uns selbst als die Anderen, als verwundbar und
moralisch hinfällig zu betrachten.

Der problematische Begriff des Bösen

Wie Susan Neiman (2002) zeigt, ist die Kategorie des Bösen
vom Erdbeben in Lissabon von 1755 an bis über Auschwitz
hinaus ein zentrales Thema westlicher Philosophie. Das Böse

dient dabei als Antwort auf eine Frage, die allerdings selbst wieder Fragen aufwirft. Der Begriff des Bösen beantwortet die Frage, warum wir leiden. Er erklärt die ansonsten unerklärlichen, unser Begreifen übersteigenden Schrecken der Welt. Dabei wirft er jedoch neue Fragen auf, da das Wesen des Bösen stets ungeklärt ist und die kontinuierliche öffentliche Debatte darüber zu heftigen und zwangsläufig zermürbenden Konfrontationen führt.

Das Böse ist als Abwesenheit definiert worden, etwa als die Abwesenheit Gottes, dessen Nichteingreifen in den Weltlauf sich im Bösen manifestiere. Die sogenannte Theodizee bemüht sich, Gott dafür zu rechtfertigen, daß er Böses in der Welt geschehen läßt.[2] Als böse bezeichnen wir Taten und Gedanken, die – anders als das im Rahmen des Gesetzes gefaßte Verbrechen – unsere Vorstellungskraft übersteigen und sich weder rechtfertigen noch vor Gericht verteidigen lassen. Einen Menschen oder eine Sache böse zu nennen, heißt ihn beziehungsweise sie als völlig unzugänglich, als unrettbar verloren anzusehen. Wer über das Böse sprechen will, muß darum das Menschsein des Anderen voraussetzen. Geschieht dies nicht, bereiten wir dem Bösen den Weg. Darin liegt die eminente Gefährlichkeit des Diskurses über das Böse.

Da behauptet worden ist, daß der Westen das Gefühl für das Böse (Delbanco 1995) beziehungsweise die Fähigkeit, es zu definieren (Baudrillard 1993), verloren habe, scheint es nur natürlich, daß, vor allem in den USA, ein kontinuierlicher Diskurs über das Böse stattfindet, an dem Richard Bernstein (2002) allerdings einen »vulgären Manichaeismus« kritisiert. Dabei konzediert er zugleich, daß wir (auch in einer modernen

---

2 »Die Theodizee im engeren Sinne ermöglicht es dem Gläubigen, angesichts des Bösen in der Welt weiter an Gott zu glauben. Theodizee im weiteren Sinn ist jede Sinngebung des Bösen, die uns hilft, der Verzweiflung zu entkommen.«. So deutet Susan Neiman Levinas' Theodizee-Begriff, der auch »säkulare Formen, die uns ohne jeden religiösen Hintergrund mit dem Leid aussöhnen wollen«, umfasse. (Neiman 2006, S. 351). Levinas selbst fand, daß eine Theodizee nach Auschwitz unmöglich sei.

oder postmodernen Welt) nach Erklärungen für jenes Unrecht und Leid suchen müssen, das sich einer annehmbaren rationalen (oder sozialwissenschaftlichen) Erklärung entzieht.

So ist das Böse wieder einmal zu einer nicht weiter hinterfragten Kategorie der Analyse und des Urteilens geworden, erst recht nach dem 11. September, und zwar im Westen wie im Osten. Problematisch wird es, wenn das Böse als einzige Ursache eines Unrechts betrachtet wird und, schlimmer noch, wenn es zur Rechtfertigung des eigenen Handelns dient. In einer Welt, in der in der Regel die Anderen das Böse verkörpern, ruft eine solche Zuschreibung fast unvermeidlich eine Gegenreaktion hervor. Wer vom Teufel spricht, ruft ihn herbei. Die Kategorie des Bösen ist deshalb ein zweischneidiges Schwert.

Im Werk Hannah Arendts taucht das Thema des Bösen immer wieder auf und bildet gleichsam einen dunklen, brennenden Strom, der viele, wenn nicht alle ihrer Arbeiten durchzieht. Sie argumentiert vor dem Hintergrund ihrer persönlichen Erfahrungen mit dem Nationalsozialismus und dem Holocaust und setzt sich in ihrem Bericht über den Prozeß gegen Adolf Eichmann abermals mit dem Thema auseinander. Sie bezeichnet das Böse zunächst als etwas Radikales, Grundlegendes, spricht später aber von seiner Banalität, seinem Mangel an Tiefe. Beides hat ihr erheblichen Widerspruch eingetragen.

Das radikal Böse ist das Böse des Totalitarismus, das sich in der Leugnung jeglicher Individualität, der Ablehnung von Pluralität, einem System, »in dem alle Menschen gleichermaßen überflüssig werden« (Arendt 1955, S. 722), und der Zerstörung jeglicher Humanität manifestiert. In seiner Konsequenz hat es alle Sicherheiten der Tradition und Moralität der Gesellschaftsordnung untergraben. Es treibt das Individuum in die Isolation und vernichtet es dort. In all diesen Aspekten ist es radikal unbegreiflich. Arendt hat einen beträchtlichen Teil ihres Lebenswerks dem Versuch gewidmet, diese Unbegreiflichkeit aufzulösen, der wir ihrer Ansicht nach nicht ausweichen dürfen.

Später befand sie, das Böse sei banal:

Ich bin in der Tat heute der Meinung, daß das Böse immer nur extrem ist, aber niemals radikal, es hat keine Tiefe, auch keine Dämonie. Es kann die ganze Welt verwüsten, gerade weil es wie ein Pilz an der Oberfläche weiterwuchert. Es »widersetzt« sich dem Denken [...], insofern das Denken, das nach Tiefe strebt und zu den Wurzeln zu gehen versucht, frustriert wird, sobald es sich mit dem Bösen befaßt, das über nichts dergleichen verfügt. Darin liegt seine »Banalität«. Tief aber und radikal ist immer nur das Gute. (Arendt 1978, S. 251)[3]

Das »banale« Böse beruht auf Gedankenlosigkeit, der Abwesenheit des Denkens (Arendt 1984). Am Ende ihres umstrittenen Berichts über den Eichmann-Prozeß in Jerusalem spekuliert Arendt, daß Eichmanns Beteiligung an der Vernichtung der Juden nicht durch eine extreme und radikale Überzeugung motiviert war, zu der er als relativ gebildeter und intelligenter Mensch gelangt wäre, sondern durch die schlichte Gedankenlosigkeit eines unreflektierten selbstsüchtigen Bürokraten. Im Vorwort betont sie dies noch einmal. Eichmann »hat sich nur, um in der Alltagssprache zu bleiben, *niemals vorgestellt, was er eigentlich anstellte.* [...] er war nicht dumm. Es war gewissermaßen schiere Gedankenlosigkeit [...], die ihn dafür prädisponierte, zu einem der größten Verbrecher jener Zeit zu werden. [...] Daß eine solche Realitätsferne und Gedankenlosigkeit in einem mehr Unheil anrichten können als alle die dem Menschen vielleicht innewohnenden bösen Triebe zusammengenommen, das war in der Tat die Lektion, die man in Jerusalem lernen konnte« (Arendt 2006, S. 56f.; Hervorhebung im Original).[4]

3 Vgl. auch Hannah Arendt: *Ich will verstehen. Selbstauskünfte zu Leben und Werk*. München, Zürich: Piper 2005, S. 31 ff. (A. d. Ü.)
4 Das bedeutet auch, daß es möglich ist, Böses zu tun, ohne dies bewußt zu wollen. – Daß die Rechtsanwälte der wegen der Greuel von Abu Ghraib angeklagten Soldaten für ihr Argument, ihre Mandanten hätten nur Befehle ausgeführt, nicht ausgelacht wurden, war nur möglich, weil es vielen Mitwirkenden der Mediapolis an jedem Funken historischer Bildung gebricht.

In mancher Hinsicht ist diese Darstellung nach wie vor gültig und wichtig. Doch in den diversen Ausdrucksformen des aktuellen medialen Diskurses zeigt sich etwas radikal anderes. Arendt begriff das Böse als objektive Dimension des menschlichen Lebens, als etwas real Existierendes, das aus der Abwesenheit des Denkens resultierte. Heute hingegen ist das Böse, dessen Existenz in der Rhetorik des Westens wie des Nahen Ostens beschworen wird, ein Anlaß, das Denken einzustellen. Die Benennung des Bösen befreit von der Notwendigkeit dazu. Das Verhältnis von Ursache (Gedankenlosigkeit) und Wirkung (das Böse) ist mithin umgekehrt worden: der Verweis auf das Böse macht jedes Nachdenken überflüssig. Und in der Rückkehr des magischen Denkens, der Wieder-Verzauberung der Welt, die sich in dieser medialen Rhetorik spiegelt, führt das Böse wieder einmal zur Leugnung und Zerstörung jeglicher symbolischen oder materiellen Differenz. Die Behauptungen, wonach sich das Böse im Glauben, Denken und Handeln der jeweils anderen Seite manifestiere, dienen als Waffe gegen das Nachdenken über uns selbst und reflektieren und reproduzieren damit die uns schrecklich vertraute Rhetorik des Totalitarismus, die das Böse der Anderen verdammt und damit im selben Atemzug das eigene legitimiert.

Der Zusammenhang zwischen der Rede vom Bösen und dem Mangel an Nachdenklichkeit und Urteilskraft, der sich im gegenwärtigen Diskurs artikuliert, ist ein wichtiger Aspekt der Mediapolis, ihre Schattenseite sozusagen. Der Hinweis auf die möglichen Folgen dieses Diskurses bedeutet zugleich, daß er abzulehnen ist. Dennoch sollten wir uns kritisch mit ihm auseinandersetzen. Denn wie Arendt zeigt, schützt Nachdenklichkeit den Menschen und vor allem die Menschen im Plural vor ihrer gefährlichen Neigung, sich für allmächtig zu halten. Insofern der Totalitarismus die Manifestation des Bösen ist, lehnt er es ab, den Bereich der Politik zum Schauplatz des Denkens und Handelns zu machen. Ironischerweise drückt sich darin, daß wir das Böse den Worten und Taten der Anderen zuschreiben, unser eigenes Potential zum Bösen aus. Die gedankenlose

Wiederholung dieser Zuschreibungen in den Medien ist daher moralisch verwerflich.

Das Böse in den Medien

Zunächst möchte ich einige allgemeine Feststellungen über die Repräsentation des Bösen in den Medien und ihre Folgen treffen. Erstens muß der öffentliche Diskurs über das Böse, wie ich gleich anhand des Beispiels der USA darlegen werde, stets im Zusammenhang mit den sonstigen Werten und Vorstellungen einer Kultur gesehen werden, die ebenfalls von den Medien reproduziert und produziert werden. Zweitens bildet die Debatte über das Böse lediglich die Spitze des Eisbergs eines in den verschiedenen Repräsentationsformen und -praktiken der modernen Medien geradezu allgegenwärtigen Diskurses über Moral.

Grundsätzlich beruht jeder mediale Diskurs auf dem dialektischen Wechselspiel von Ereignissen und Berichten, Kontinuität und Unvorhergesehenem. Das gilt auch im Falle eines so furchtbaren Ereignisses wie dem Anschlag auf das World Trade Center und seine Folgen.

Die Konventionen des Geschichtenerzählens und die anscheinend unausweichliche Metaphorik in Texten und Bildern bilden nicht nur das Fundament von Fernsehspielen und Seifenopern, sondern sind auch die Grundlage der täglichen Berichterstattung und der großen Reportagen in den etablierten nationalen und globalen Rundfunkmedien. Es gilt als Binsenweisheit, daß erst diese vertrauten Konventionen den mehr oder weniger stabilen Rahmen schaffen, in den dann das Neue, Unerhörte und Bedrohliche eingebettet werden kann. Sie werden geradezu rituell befolgt und penibel eingehalten, sind aber keineswegs frei von Ideologie. Sie dienen unserer Bequemlichkeit und Unterhaltung, aber sie bestimmen auch, was wir wie zu sehen bekommen. Sie bilden die nie hinterfragten Grundformen der zeitgenössischen Kultur. Sie stammen vom Mythos und dienen unserer Verzauberung, doch zugleich sind sie Vehikel der Oberflächlichkeit und der Rhetorik.

All diese Diskurse haben grundsätzlich Folgen für die Moral. Sie spiegeln die höchsten Werte einer Gesellschaft wider (auch wenn sie umstritten oder widersprüchlich sind und sich natürlich von Gesellschaft zu Gesellschaft unterscheiden können) und legen Lesern und Zuschauern nahe, sich an diesen Werten zu orientieren. In Berichten und Reportagen wie in fiktionalen Darstellungen wird festgeschrieben, was gut und böse, was erwünscht und was verpönt ist. Um welches Format es sich auch handeln mag: es ist stets eine Erzählung über uns und die Anderen, über Vergangenheit und Zukunft, über Grenzen und über Differenz, denn ohne diese Selbstvergewisserungen ist keine Kultur lebensfähig. Diese Erzählformen sind daher (zumindest waren sie es zur Hochzeit des Rundfunks) von erheblicher Bedeutung für die Herausbildung und Festigung des gesellschaftlichen Zusammenhalts; zuweilen spielen sie eine ähnlich wichtige Rolle beim Umgang mit Ereignissen von globaler Bedeutung. Sie bilden die ewigen Säulen medialer Vermittlung.

Hin und wieder wird ihre beruhigende Kontinuität jedoch von sogenannten Medienereignissen unterbrochen, also von realen Vorfällen von solcher Bedeutung, daß die Medien innehalten, ihr Programm ändern und sich ihnen zuwenden müssen. Man betont dann in der Regel das Gemeinschaftliche dieser Ereignisse, die zur Aufhebung aller Differenzen und einem mehr oder weniger gutgemeinten Engagement der Bevölkerung führen. Manchmal ist auch von historischen Augenblicken die Rede, in denen die Medien eine traumatische Realität abbilden und zugleich ihre Wirkung verstärken, indem sie sie in den Bereich des Symbolischen übertragen. Dies hat Folgen für die Gesellschaft, denn die medialen Darstellungen resultieren in Debatten, in denen um Bedeutungen gerungen und Werte durchgesetzt werden (Dayan und Katz 1992).

Paradoxerweise fügen sich diese durch ihre Einmaligkeit charakterisierten Medienereignisse trotzdem in die Konsistenz medialer Darstellungsformen ein. Die Medien verfügen über ein breites Spektrum etablierter und ritualisierter Reaktionsformen, mit denen das Außergewöhnliche in den Alltag integriert wird. Dabei verliert das Ereignis seinen Ereignischarakter, seine Unverwechselbarkeit. Das setzt sich in den Analysen der medialen Darstellung solcher Ereignisse in gewisser Weise fort, denn die Wissenschaft neigt dazu, die politische und moralische Wirkung globaler Medienereignisse, auch wenn sie sich zumeist nur im nationalen Rahmen zeigt, zu unterschätzen. Sie übersieht nämlich häufig die Tendenz, solche Ereignisse zur Grundlage politischer Richtungsentscheidungen zu machen. Staat und Medien arbeiten dabei insgeheim zusammen, etwa in der Zuweisung der Rollen an Helden und Bösewichte und indem sie eine bestimmte Version des Ereignisses zum Bestandteil der nationalen oder ethnischen Identität erklären.

So dient in der amerikanischen Öffentlichkeit etwa die Geschichte des Überfalls auf Pearl Harbour, wie Emily Rosenberg (Rosenberg 2003) gezeigt hat, zur Rechtfertigung von Vergeltungsmaßnahmen als rechtmäßig und gottgefällig. Außerdem geht eine zentrale Komponente der Rhetorik, mit der Medien und Politik auf die Anschläge des 11. September reagierten, auf sie zurück.

Am 7. Dezember 2001 fand in Oahu auf Hawaii die offizielle Gedenkveranstaltung zum sechzigsten Jahrestag des Angriffs auf Pearl Harbor statt. Unter den Teilnehmern waren etwa 600 Beamte der New Yorker Stadtpolizei und etwa 350 Angehörige von Opfern des 11. September. Der amerikanische Präsident Bush versicherte weder zum ersten noch zum letzten Mal, daß Pearl Harbor zum nationalen Gedächtnis gehöre und ein »Symbol für die militärische Tapferkeit und Entschlossenheit Amerikas sei, aber auch eine Mahnung zur Wachsamkeit angesichts des Bösen in der Welt«. Anschließend ließ sich der Präsident in Begleitung einiger Pearl-Harbour-Veteranen und natürlich der nationalen und globalen Medienvertreter an Bord der USS Enterprise fliegen, wo er eine weitere Rede hielt, in der es um die Kontinuität faschistischer Aggression und die notwendige Entschlossenheit der USA gegenüber dem Terror ging.

Der Text der Rede, so Rosenberg sarkastisch, hätte von Frank Capra stammen können, der während des Zweiten Weltkriegs die Filmreihe *Why We Fight* inszenierte (Rosenberg 2003). Auf die Wirkung medialer Repräsentationsformen auf die politische Rhetorik komme ich später ausführlich zurück.

Deshalb hier nur dies: Pearl Harbor und der 11. September fungierten und fungieren auch weiterhin als Chiffren, die die Medien ungeachtet aller Kontroversen und unterschiedlichen Interpretationen immer wieder neu und in anderem Kontext zur Darstellung und Mobilisierung verwenden können. Jedes dieser Ereignisse gilt für sich genommen, und in diesem Fall um so mehr im Zusammenhang mit dem Anderen, als moralisch bedeutsam, und zwar nicht unter dem Aspekt der Repräsentation des Leidens, unter dem Boltanski sie betrachtet (Boltanski 1999), sondern hinsichtlich der Bestimmung dessen, was gut und böse ist.

Bei solchen Ereignissen führt das Erschrecken, das ihre mediale Darstellung zunächst bestimmt, zu einer Herauslösung aus den historischen Kontexten und den *longues durées*, die sie zum Bestandteil einer komplexen Vergangenheit machen. Sie stehen als aus ihrem Kontext gelöste Chiffren bereit, die sich wie Versatzstücke miteinander, aber auch mit aktuelleren Medieninhalten in immer neue Zusammenhänge kombinieren lassen, und bilden damit ein Reservoir dramatischer Bilder des Bösen, der Zerstörung und des Weltuntergangs.

Daß die Kategorie des Bösen in der medialen Schilderung großer Ereignisse, globaler Beziehungen und Konflikte (wieder) eine signifikante Rolle spielt, bedeutet darüber hinaus zweierlei. Erstens spiegelt sich in der Darstellung der Welt anhand der Grundpolaritäten von Gut und Böse das Scheitern der Aufklärung, die versuchte, das Irrationale aus Öffentlichkeit und Kultur zu verbannen. Das ist keine neue Erkenntnis, sondern ein Verweis auf die ungebrochene Macht von Mythos und Magie im Alltagsleben. Die (erneute) Präsenz des Bösen in der Rhetorik der Elite ist die Folge eines gewissen Populismus wie auch der prozeduralen Schwierigkeit, den politischen Diskurs von jenen Dämonisierungen frei zu halten, die die religiösen und neo-religiösen Diskurse seit den Anfängen des Judentums und des Christentums begleiteten.

Zweitens wird der Begriff durch inflationäre Verwendung in den Mainstream-Medien entwertet. Das Böse ist dann überall – und nirgends; es erfaßt alles und jeden – und bedeutet nichts. Dieser Bedeutungsverlust hat Folgen. Zum einen schwindet durch den ständigen Verweis auf das Böse in der Welt dessen Unverwechselbarkeit und Einzigartigkeit, und das macht es erheblich schwieriger, ihm tatsächlich entgegenzutreten, wenn es darauf ankommt. Wie so oft in den Debatten der Gegenwart wird auch hier durch Übertreibung das kritische Urteilsvermögen außer Kraft gesetzt. Und infolgedessen verliert auch der Begriff des Guten an Bedeutung. Eine solche Polarisierung ist daher sowohl gefährlich, da sie sich alles einverleibt und die Unterschiede verwischt, als auch sinnlos, da moralische Urteile durch sie zunehmend an Wirkung verlieren. Das Böse gerinnt zum bloßen Slogan.

In den Geschichten, die die Darstellung des 11. September in den amerikanischen Medien und in der Rhetorik des Präsidenten bestimmten, spielte das Böse eine unverzichtbare Rolle. Daran hat sich bis heute nichts geändert. Welche Faktoren ermöglichen ein solches narratives Verfahren? Wie kommt es, daß es beim Publikum auf solchen Anklang stieß? Welche Folgen hat diese Form medialer Vermittlung?

Die Rolle des Bösen in der Kultur und Politik der USA

Als ich das letzte Mal [vor dem Kongreß] sprach, gab ich der Hoffnung Ausdruck, daß das Leben zur Normalität zurückkehren werde. In mancher Hinsicht ist das geschehen. In anderer Hinsicht wird es nie geschehen. Wir, die wir diese schwierigen Zeiten durchlebt haben, sind durch sie verändert worden. Wir haben Wahrheiten erkannt, die wir nie mehr bezweifeln werden: Das Böse ist real, und es muß bekämpft werden. [Applaus.] Über die Unterschiede der Rasse und der Religion hinaus sind wir Bürger *eines* Landes, wir trauern gemeinsam und wir stellen uns gemeinsam der Gefahr. Zum amerikanischen Wesen gehört eine tiefe Ehrfurcht, die stärker ist als Gleichgültigkeit und Zynismus. Und viele von uns haben angesichts der Tragödie – und wegen der Tragödie – die Nähe zu Gott wieder gefunden. [Applaus.]

US-Präsident George W. Bush in seiner Rede
zur Lage der Nation, 2002[5]

George W. Bush macht das gar nicht schlecht. Ronald Reagan konnte es sogar noch besser. In einer Rede vor der National Association of Evangelicals am 8. März 1983 in Orlando/Florida zitierte er C. S. Lewis, der in *Dienstanweisung für einen Unterteufel* gesichtslose Bürokraten (wie Eichmann) beschreibt, die in ihren Hinterzimmern fern der Öffentlichkeit Böses aushekken, und unterstellte den Sowjets eine ähnliche Doppelmoral:

Daher fordere ich Sie auf, all jenen Widerstand zu leisten, die den USA eine Position militärischer und moralischer Unterlegenheit zuweisen wollen [...] Ich fordere Sie also auf, sich bei der Diskussion über die Vorschläge zur nuklearen Abrüstung vor der Versuchung des Hochmuts zu hüten – der Versuchung, sich leichtfertig über alles erhaben zu dünken und zu behaupten, beide Seiten seien gleichermaßen im Unrecht,

5 In dieser Rede zur Lage der Nation prägte Bush am 29. Januar 2002 die berüchtigte Formulierung von der »Achse des Bösen«: »Diese Staaten und ihre terroristischen Verbündeten bilden eine Achse des Bösen, deren Bewaffnung den Weltfrieden bedroht. Aufgrund ihres Strebens nach Massenvernichtungswaffen stellen diese Regime eine ernste und wachsende Gefahr dar. Sie könnten diese Waffen an Terroristen weitergeben und ihnen die Mittel verschaffen, ihren Haß in die Tat umzusetzen. Sie könnten unsere Verbündeten angreifen oder die Vereinigten Staaten zu erpressen versuchen. In jedem dieser Fälle hätte Gleichgültigkeit katastrophale Folgen.« (http://www.whitehouse. gov/news/releases/2002/01/20020129-11.html) Eine Darstellung der Entstehung dieser Rede findet sich bei Woodward 2004, S. 85-95.

die geschichtlichen Fakten und das aggressive Verhalten einer
bösen Macht [of an evil empire] zu ignorieren, das Wettrüsten
einfach als großes Mißverständnis anzusehen und sich damit
aus dem Kampf zwischen Gut und Böse, Recht und Unrecht,
zurückzuziehen.[6]   US-Präsident Ronald Reagan

Die Rede ist streckenweise unfreiwillig komisch, insofern Reagan nicht denen Hybris vorwirft, die sich für Gottes Werkzeuge auf Erden halten, sondern denen, deren Glaube eine solche
Anmaßung nicht zuläßt. Abgesehen davon, daß Reagan hier
zum ersten Mal von einer »bösen Macht« spricht, aus der dann
das berüchtigte »Reich des Bösen« (*empire of evil*) wurde, liegt
die Bedeutung der Rede darin, daß sie die weltpolitische Mission der USA direkt auf den Willen Gottes zurückführte. Damit
schuf sie die Voraussetzungen für einen ungeheuer einflußreichen öffentlichen Diskurs, der Gott wie selbstverständlich ein-
schloß und mit seiner Vermischung religiöser und populärer
Bildwelten jene Rhetorik des Bösen ermöglichte, deren sich die
Regierung Bush unter bereitwilliger Mitwirkung der amerikanischen Medien nach dem 11. September bediente.[7]

6   Weiter heißt es:
    »Ich glaube, daß der Kommunismus ein düsteres und bizarres Kapi-
    tel in der Geschichte der Menschheit ist, dessen letzte Seiten gerade
    geschrieben werden. Ich glaube das, weil sich die Stärke unseres Stre-
    bens nach Freiheit aus keiner materiellen, sondern aus einer spirituellen
    Quelle speist. Und weil diese Stärke darum unerschöpflich ist, muß sie
    jene in Angst und Schrecken versetzen und letztlich besiegen, die ihre
    Mitmenschen versklaven wollen. Um es mit den Worten des Propheten
    Jesaja zu sagen: ›[Gott] gibt dem Müden Kraft, und Stärke genug dem
    Unvermögenden. [...] die auf den Herrn harren, bekommen neue Kraft,
    daß sie auffahren mit Flügeln wie Adler, daß sie laufen und nicht matt
    werden [...]‹«
    Was das bevorstehende Ende des Kommunismus betraf, hatte Reagan
    recht. Auch wenn ich mich in meinen Überlegungen zur Rhetorik des
    Bösen in den USA im wesentlichen auf die Zeit seit Reagan beschränkte,
    reicht ihre Geschichte doch bis in die religiösen Wurzeln der Staatsgrün-
    dung zurück; vgl. Delbanco 1995.
7   Zum Umgang der Medien mit dem 11. September vgl. Zelizer und Allan
    2002.

Wie ich im folgenden zeigen möchte, wurden Reagans religiös gefärbte Überzeugungen in erheblichem Maß durch seine Arbeit in Hollywood vor und während dem Kalten Krieg geprägt. Die Rhetorik des Bösen war mithin schon lange vor Bush in der amerikanischen Öffentlichkeit derart populär, daß die prekären Polarisierungen, die die amerikanischen Medien nach dem 11. September beherrschten, als nachgerade unvermeidliche Hervorbringungen einer tief in der kollektiven Psyche verwurzelten Vorstellungswelt erscheinen. Der Boden für diese Rhetorik war längst bereitet. Die Berichterstattung über die Anschläge konnte auf eine etablierte Metaphorik von Apokalypse und Erlösung zurückgreifen, während sich die Reaktion auf den Angriff an den Dämonisierungen populärer Geschichten orientierte. Daher sind nicht nur die Bildwelten Hollywoods (etwa die zerstörten Städte aus *Independence Day*), sondern auch die dort und anderswo entwickelten populären Erzählformen für die Analyse der Berichterstattung über die Anschläge des 11. September aufschlußreich, weil sie nahelegten, wo die Schuldigen zu suchen seien und wie eine angemessene rhetorische und militärische Reaktion auf die Bedrohung durch das Andersartige auszusehen habe.

Außerdem werde ich untersuchen, inwiefern die Medien an der Schaffung und Festigung eines solchen Weltbilds mitwirken, welchen Einfluß sie auf die amerikanische Gesellschaft und Politik haben und was sich daraus für ihren Beitrag zu einer globalen Moral schließen läßt. Dabei geht es natürlich auch um die ungebrochene Bedeutung voraufklärerischen Denkens in der späten Moderne, um den Einfluß, den Religion und Mythos nach wie vor ausüben, obwohl sie schon vor langer Zeit für tot und erledigt erklärt wurden.

Michael Rogin (1987) hat nachgewiesen, daß Reagans politisches Handeln in hohem Maß von seinen Erfahrungen in Hollywood geprägt war, was sowohl seine Rollen als Schauspieler wie auch seine anschließende Karriere als Lokalpolitiker im Los Angeles der McCarthy-Ära betrifft. Dabei geht es ihm um die aus der amerikanischen Politik offenbar nicht wegzudenkende Praxis der Dämonisierung und Entmenschlichung, die sich unter anderem paranoider Verschwörungstheorien bedient.[8] Rogin betont zwar, daß solche Verfahren nicht nur in den USA eine Rolle spielen, ist aber ähnlich wie ich der Meinung, daß sie nirgendwo sonst in vergleichbarer Massivität und ähnlicher Kompromißlosigkeit auftreten. Im Vorwort zu seinem Buch schreibt er:

> Die amerikanische Praxis der Dämonisierung ist auf eine bestimmte Form und einen bestimmten Inhalt festgelegt. Der Verschwörungstheoretiker teilt die Welt in zwei Hälften ein und postuliert eine zentral koordinierte Verschwörung des Bösen, das mit seinen magischen Kräften die ganze Welt durchdringen will. In seiner panischen Angst vor Unterwanderung begreift er lokale politische Initiativen als Handlanger ausländischer Mächte [...] er muß ein Monster schaffen, um seinen Ängsten eine Form zu geben und seinen geheimsten Wünschen nachgeben zu können. Indem er seinen Feind im Namen des Kampfes gegen die Verschwörung dämonisiert, darf er sich derselben Mittel bedienen wie dieser. (Rogin 1987, S. VIII)

Rogin zeigt, daß bei Reagan Politik und Person ein und dasselbe sind. Reagan sah im Kommunismus den Inbegriff des Bösen, das die amerikanische Gesellschaft unterwandert und sich als singuläre dämonische Bedrohung von außen manifestiert. Es gelang ihm, sich in materieller und spiritueller Hinsicht als Verkörperung der amerikanischen Tugenden darzustellen und den Ursprung alles Bösen nach außen zu verlegen.

Reagans wichtigste Rollen – in *Love is on the Air* (1937),

---

8 Rogin zufolge dienen die Dämonisierungen in der amerikanischen Politik dazu, tief in der Geschichte verwurzelte soziale und politische Konflikte zu überdecken und die Illusion von Einigkeit herzustellen. Reagan ist demnach einer jener »imperialen« US-Präsidenten, die »Amerika zu personifizieren versprachen, indem sie das Land auf mystische Weise ihrem Körper einverleibten und die dadurch geeinte amerikanische Nation in den Kampf gegen ihre dämonischen Feinde im Ausland führten« (Rogin 1987, S. XVIII).

Brother Rat (1938), *An Angel from Texas* (1940), *Murder in the Air* (1940), *Desperate Journey* (1942), *The Hasty Heart* (1949), vor allem aber in *Knute Rockne* (1940) und *King's Row* (1942) – unterstützten ihn bei der Entwicklung seines Images und seines Weltbilds. In *Knute Rockne* spielt er George »The Gipper« Gipp, einen legendären Half-back der American Football-Mannschaft der University of Notre Dame, der im Alter von 25 Jahren nach einer Lungenentzündung verstarb. Obwohl die Figur nur eine Nebenrolle hat, identifiziert sich Reagan mit ihr (immerhin wäre auch er beinahe an dieser Krankheit gestorben), vor allem aufgrund der angeblich letzten Worte Gipps, wie sie der Trainer Knute Rockne in seinen Motivationsansprachen an die Mannschaft wiedergab: »Sag den Jungs, sie sollen alles geben und das Spiel für den Gipper gewinnen. Wo auch immer ich dann sein werde, ich werde es mitkriegen, und es wird mich glücklich machen.« Reagan läßt sich »Gipper« nennen und zitiert den ersten Satz 1981, in seiner ersten Rede nach dem auf ihn verübten Attentat, den zweiten bei der Einstimmung seiner republikanischen Parteifreunde auf den Präsidentschaftswahlkampf 1984. In *King's Row* (1942), einem düsteren Melodram über den Kampf zwischen Gut und Böse in einer amerikanischen Kleinstadt der Jahrhundertwende, durch das Reagan zum Star wurde, spielt er einen Mann, dem nach einem Unfall beide Beine amputiert werden. Aus der Narkose erwachend, ruft er: »Where's the rest of me?« Reagan macht den Ausruf in seinem übertragenen Sinn der Sehnsucht nach etwas, das einem Menschen zur Vollständigkeit fehlt, zum Titel seiner Autobiographie,[9] in der er schildert, wie er zu seiner politischen Identität gefunden hat (Rogin 1987).

Reagans Überzeugungen wurden durch Filmrollen beeinflußt, in denen er aufrechte Kämpfer gegen das Böse verkörperte wie als General Custer in *The Santa Fe Trail* (1940) und als Pilot der Royal Air Force in *International Squadron* (1941). In

---

9 Dt.: *Woher ich komme. Erinnerungen.* München, Wien: Langen Müller 1982. (A.d.Ü.)

diesen Filmen spielt Reagan häufig körperlich und emotional verletzte Männer, die Frauen gegenüber unsicher sind und den Film nicht überleben. Erst nachdem er 1950 seinen Vertrag mit Warner Brothers gelöst hat, kann er sich Rollen aussuchen, in denen er Helden spielt, die die Werte des Westens verteidigen: gegen die Indianer in *The Last Outpost* (1951), *Cattle Queen of Montana* (1954) und *Law and Order* (1953), gegen die Kommunisten in *Hong Kong* (1952) oder gegen den Ku-Klux-Klan (die »Kommunisten des Inlands«) in *Storm Warning* (1951).[10]

Diese Filme erzählen altbekannte Konflikte mit klassischen Gegnern anhand etablierter Erzählmuster, die um die Bedrohung der amerikanischen Gesellschaft von innen und außen kreisen. Für die Struktur der Filme ist es egal, ob diese Bedrohungen von rechts oder von links, West oder Ost, Faschismus oder Kommunismus ausgehen. Vielmehr herrschte in der unmittelbaren Nachkriegszeit, als der Kalte Krieg begann, tatsächlich das Gefühl vor, Amerika sei unmittelbar von all diesen Formen des Bösen bedroht. Nach seiner Zeit als Schauspieler wandte sich Reagan der Kulturpolitik zu und stellte sich an die Spitze der Kampagne gegen die kommunistische Unterwanderung der Filmindustrie. Sein politisches Engagement speiste sich offensichtlich aus einer teils unbewußten, teils bewußten Vermischung von Leben und Film, Fakt und Fiktion.

Ich glaube jedoch, daß wir ein weiteres, tief in der amerikanischen Kultur verwurzeltes Phänomen berücksichtigen müssen, wenn wir Reagans Politik, ihren Ursprung und ihre Anziehungskraft richtig einordnen wollen; ein Phänomen, das erklärt, wie das Böse zur Grundlage seiner Rhetorik und

10 »Wir sind für die freie Marktwirtschaft. (...) Wir haben unsere kleinen roten Brüder auf allen Gebieten bekämpft« (Reagan in einer Rede vor dem Rotary Club in Los Angeles, 1948). Laut Rogin bezieht sich der Terminus »kleine rote Brüder« ebensosehr auf die amerikanischen Ureinwohner wie auf die Kommunisten und schafft historische Bezüge zum »heroischen Individualismus der amerikanischen Pioniere« (Rogin 1987, S. 30).

seiner Weltanschauung werden konnte, und zudem eine Brük-
ke zu allem Folgenden schlägt und das bei Rogin leider nicht
berücksichtigt wird. Es handelt sich um die mächtige und unentrinnbare Präsenz des Religiösen in der amerikanischen Gesellschaft.

Mehr als jede andere postindustrielle Gesellschaft ist die
amerikanische von Gottesfurcht bestimmt. Darin liegt eine gewisse Ironie, da die Gründerväter und die Verfassung dezidiert
auf der Trennung von Kirche und Staat bestanden und die Amerikaner ja zudem sehr entschieden dem weltlichen Mammon
zugewandt sind.[11] Die amerikanische Gesellschaft ist gespalten.
Diese Spaltung zeigt sich heute im sogenannten »Kulturkrieg«,
in dem sich die Rechte und das, was in den USA als Linke gilt,
Modernisierer und Traditionalisten und vor allem Christen und
alle anderen gegenüberstehen. Gestritten wird um eine Vielzahl
von Themen, den Krieg im Irak und Amerikas Rolle in der
Welt, die Abtreibung, die Schwulenehe, das »intelligent design«
oder auch die Anbringung einer Tafel mit den Zehn Geboten in
einem Gerichtssaal.

Dieser öffentlichen Auseinandersetzung liegt die ungelöste
Spannung einer Gesellschaft zugrunde, die nie ganz in der Moderne angekommen ist, obwohl sie bei deren Entstehung eine
signifikante Rolle gespielt hat. In dieser Gesellschaft ist Religion eine Reaktionsbildung im psychoanalytischen Sinne, ein
Abwehrmechanismus gegen die Versuchungen des Konsums,
zudem soll sie das moralische und soziale Versagen des Staats
kompensieren. Jedenfalls manifestiert sich Religiosität in den
USA auf mannigfaltige Weise: auf dem Bildschirm und auf der
Straße, im Kindergarten und in den Reden von Präsidenten,
vor allem aber auf den Kanzeln und in den Fernsehkanälen der
großen Kirchen und religiösen Institutionen.

Das dominierende unter den individuellen und kollektiven
Glaubensbekenntnissen, die die öffentliche Kultur der USA

11 Eine der besten Darstellungen der Paradoxien im Verhältnis von Re-
    ligion, Staat und Gesellschaft in den USA ist nach wie vor Alexis de
    Tocquevilles *Über die Demokratie in Amerika*.

bestimmen, ist wohl der evangelikale Protestantismus. Da er seit langem in den Herzländern der USA etabliert und fester Bestandteil der politischen Führungsstrukturen vor allem der Südstaaten und der republikanischen Partei ist, haben die mit ihm verbundenen Überzeugungen zunehmend an politischem Einfluß gewonnen.

Das hat für unsere Überlegungen mehrere Folgen. Erstens: religiöse Bezüge und Ermahnungen sind ein unabdingbarer Bestandteil der amerikanischen Kultur. Der in jeder Rede, in jedem Kommentar unvermeidliche Appell an das »amerikanische Volk« unterstellt eine Gemeinschaft, die durch ein unzweifelhaftes Bekenntnis zur nationalen und spirituellen Einheit zusammengehalten wird. Dieser Appell duldet weder Differenz noch Widerspruch und entzieht sich damit jeder Kritik. Dieser Populismus geht über alle Unterschiede der Geschichte, des Glaubens und der Identität hinweg und gründet auf der Unterstellung einer Schicksalsgemeinschaft, die für den Pfarrer auf der Kanzel wie für den Politiker auf dem Podium Ausdruck einer singulären Autorität ist, der sich niemand entziehen kann.

Diese Autorität wird unterstrichen, wenn sich der amerikanische Präsident am Ende zumindest seiner wichtigeren Reden unausweichlich auf den Allmächtigen beruft. So versäumt es George W. Bush weder in seinen Fernsehansprachen noch in seinen vom Fernsehen übertragenen Kongreßreden, Gottes Segen für die USA und/oder sein Publikum zu erflehen. Auch Clinton versicherte sich als Präsident gern des höchsten Wohlwollens, allerdings weniger häufig, und auch er schreckte nicht davor zurück, das Böse für Taten verantwortlich zu machen, die man sonst als kriminell bezeichnen würde, wie etwa den Bombenanschlag in Oklahoma City.[12] Tatsächlich bediente er

12 »Allen meinen Mitamerikanern, die nicht hier sein können, sage ich, daß wir es den Opfern schuldig sind, uns von den dunklen Mächten zu reinigen, die dieses Böse ermöglicht haben. Es sind Kräfte, die den Frieden unserer Gemeinschaft, unsere Freiheit und unsere Lebensweise bedrohen [...] Unsere Kinder sollen wissen, daß wir uns den Mächten des Chaos entgegenstellen. Wenn Haß gepredigt wird, wollen wir auf-

sich häufig einer in Tonfall, Inhalt und vor allem Darbietung
pastoralen Rhetorik, die sich an eine postulierte singuläre und
homogene Einheit richtete. Allen US-Staatsbürgern wird unterstellt, daß sie an Gott glauben oder wenigstens auf irgendeine
Weise religiös seien. Und auch der vor einigen Jahren unter-
nommene Versuch, die Erwähnung Gottes im amerikanischen
Treuegelöbnis, das viele Schüler allmorgendlich aufsagen müssen, gerichtlich verbieten zu lassen, änderte nichts daran, daß
Gott als höchste Instanz in der politischen Auseinandersetzung
in den Medien fungiert.[13]

Doch er (oder sein diabolisches *alter ego*) tritt auch abseits
der Politik regelmäßig in den Medien auf, etwa in Fernsehseri-
en wie *Angel* oder *Buffy the Vampire Slayer*, er ist der Prinzipal
und das Hauptthema einer Vielzahl von Kabelsendern, und eine wachsende Zahl von Medienstars begründet ihr ansonsten
unverständliches Verhalten mit dem Hinweis auf Gott, der das
eigentliche Zentrum ihres Lebens sei. Mel Gibsons Verfilmung
der Leiden Christi ist da nur die Spitze des himmlischen Eisbergs.

Es scheint, daß diese Neo-Spiritualität, die die Medien
täglich bekräftigen, den Boden für speziellere Erzählungen bereitet, die sich aus den religiösen Traditionen und den säku-

stehen und uns dagegen stellen. Wenn Gewalt gepredigt wird, wollen
wir aufstehen und uns dagegen stellen. Im Angesicht der Toten wollen
wir das Leben ehren. Wir dürfen uns, wie uns der heilige Paulus mahn-
te, nicht vom Bösen überwältigen lassen, sondern müssen das Böse mit
dem Guten bekämpfen« (Rede am 23. April 1995 in Oklahoma City,
s. www.Americanrhetoric.com/speeches/wjcoklahomabombing speech.
htm).
Zum Zeitpunkt der Rede waren Namen und Staatsangehörigkeit der
Attentäter (dreier offenbar rechtsradikaler Amerikaner) noch nicht bekannt.
13 Die Wendung »unter Gott« wurde der Pledge of Allegiance 1954 vor
dem Hintergrund des Kampfes gegen die »gottlosen Kommunisten«
hinzugefügt. Derzeit lautet der Schwur: »Ich gelobe, der Flagge der Vereinigten Staaten von Amerika und der Republik treu zu sein, für die sie
steht, einer Nation unter Gott, unteilbar, mit Freiheit und Gerechtigkeit
für jeden.«

laren Mythen der USA speisen. Beide Bereiche konvergieren und verstärken einander. Dadurch entsteht, bestärkt durch den Einfluß der Religion und des Kommerzes in den Medien und anderswo, eine Kultur, in der das Böse ganz selbstverständlich zu Hause ist. Wie ich anhand einiger Beispiele zeigen möchte, ist die Bereitschaft, Spirituelles eins zu eins auf die Realität zu übertragen und von der Religion übergangslos auf die Politik zu schließen, ein zentrales Merkmal der amerikanischen Alltagsrhetorik seit dem Ende des Kalten Krieges und besonders seit dem 11. September 2001. Dies hat, nicht zuletzt dank der Vermittlung durch die Medien, weitreichende Folgen für den Einfluß, den die amerikanische Kultur auf die Moral der globalen Gesellschaft ausübt.

Während Reagans Präsidentschaft gewann der evangelikale Protestantismus großen Einfluß in der amerikanischen Kultur. Er konnte sich auf eine lange Tradition fundamentalistischer Endzeitvisionen stützen, die die Texte der Bibel, vor allem die Offenbarung des Johannes, wörtlich nahmen und die in den USA immer präsent geblieben waren: von den ersten Pilgern über die Milleriten-Bewegung um 1830 bis zu dem evangelikalen Endzeit-Propheten Hal Lindsey und der »Moral Majority«-Bewegung der Reagan-Jahre. Lindseys Buch *The 1980s: Countdown to Armageddon* (1981)[14] stand sehr lange auf der Bestsellerliste der *New York Times* und übte immensen Einfluß aus.

Reagan war ein Teil dieses Netzwerks, das auf Lügen und ebenso düsteren wie dezidierten Prophezeiungen beruhte, in denen das Böse als fester Bestandteil der Heilsgeschichte fungierte. Das Böse war real, aber ebenso gewiß war, daß es aus-

14 Lindsay prophezeit darin, daß die USA entweder von Kommunisten zerstört oder unterwandert oder von der Europäischen Union abhängig werden würden. Nur ein bestimmtes politisches Programm, u. a. der Abbau des Wohlfahrtsstaats und die Aufrüstung zur militärischen Supermacht, könne das Land retten. So erschien Reagans Wahlprogramm als entscheidendes Mittel im Kampf gegen die Mächte des Bösen (vgl. Joas und Wiegandt (Hg.), *Säkularisierung und die Weltreligionen.* Frankfurt am Main: Fischer 2007; A.d.Ü.).

gelöscht würde, da zur Jahrtausendwende die Apokalypse, der Weltuntergang und die Wiederkehr Christi bevorstanden. Zu den fixen Ideen dieser religiösen Fanatiker gehörten auch der Untergang der Sowjetunion und die zentrale weltpolitische Bedeutung des Staates Israel.

Stephen O'Leary (1994), der diesem Strang der amerikanischen Kulturgeschichte nachgeht, arbeitet zwei unterschiedliche Fassungen der Erzählung vom Bösen heraus. In der einen resultiert das Böse wie in der Komödie aus Unwissenheit, Irrtümern oder Mißverständnissen. Dementsprechend liegt das Heil in der Erkenntnis der Wahrheit, die aufgedeckt wird, worauf die Geschichte mit der Wiedereingliederung des Übeltäters in die Gesellschaft endet. Die tragische Variante jedoch konzipiert das Böse als schuldhaft sündiges Verhalten. Der Weg zum Heil führt dann nur über Opfer und endet bei der Isolierung des Übeltäters, der getötet werden muß. Das Geschehen in dieser Version der Geschichte ist von Anfang bis Ende vorherbestimmt (O'Leary 1994, S. 200f.). In der amerikanischen Tradition dominiert die tragische Fassung der Apokalypse, meines Erachtens nicht zuletzt deswegen, weil sie so gut zu den beliebten mythischen Erzählmustern in Film und Fernsehen, in Comics und inzwischen auch Computerspielen paßt.

Reagans oben zitierte Rede, in der er vom »Reich des Bösen« spricht, ist ein gutes Beispiel dafür, wie die Apokalypse Eingang in die Auseinandersetzung mit innen- und außenpolitischen Fragen findet. Die Sowjetunion (das Magog Hesekiels) erscheint als der Hort des Bösen, und ihr Untergang läutet den glorreichen Endzustand der Geschichte ein, der, wie Reagan offenbar glaubte, für die USA (in ihrer christlichen Manifestation) nur Gutes verhieß. Seine diesbezüglichen Ansichten waren in den USA keineswegs unumstritten. Trotzdem wurde er 1984 wiedergewählt, und O'Leary kommentiert maliziös, dies zeige, »daß Reagan bei diesem wie bei vielen anderen Themen dem Ausdruck verlieh, was Millionen Amerikaner dachten, auch wenn es für liberale Experten unbegreiflich war« (O'Leary 1994, S. 183).

Rund zwanzig Jahre später steht der Weltuntergang immer noch unmittelbar bevor, und Reagans legitimer Erbe, George W. Bush, bläst immer noch ins selbe Horn. Joshua Gunn (2004) meint, daß Bush sich seit dem 11. September 2001 einer geradezu exorzistischen Rhetorik bedient. Ständig beschwört er das Böse herauf, als ließe sich der Teufel wie im Märchen durch die Nennung seines Namens vertreiben, während die rechtschaffene amerikanische Nation als *deus ex machina* figuriert, der alle Probleme lösen wird. Bush weiß um die Dämonen, die die verletzte Seele Amerikas heimsuchen, spricht aber lieber von denen, die sich draußen in der Welt verschanzt haben. Indem er sie beim Namen nennt, bedient er sich einer alten Magie, der zufolge die Nennung des Namens Macht über den Genannten verleiht. Diese wahrhaft dämonische Rhetorik geht ihm, der bekanntlich erst mit 41 Jahren während eines Spaziergangs mit Billy Graham zur Religion fand und zum christlichen Fundamentalismus konvertierte (Fineman 2003; Sänger 2004), leicht von der Zunge. Ihre Wirkungskraft bezieht sie nicht nur aus dem religiösen Strang der amerikanischen Kultur, sondern auch aus der wachsenden Popularität von Dämonisierungen in der Kultur (so meinten nicht wenige, auf Fotos und Filmbildern der Rauchwolken, die am World Trade Center aufstiegen, eine gleichsam neo-anamorphe Teufelsfratze zu erkennen).[15]

Nach dem 11. September ging es darum, die amerikanische Bevölkerung innerhalb einer symbolischen Auseinandersetzung zu mobilisieren, die zur Legitimation eines realen Krieges diente und die Ängste besänftigen sollte, die die Anschläge ausgelöst hatten. Wenn wir Bushs Rhetorik mit Gunn unter dem Aspekt des Exorzismus betrachten, erkennen wir, daß das Böse darin

---

15 Eines dieser Fotos findet sich unter www.mcs.drexel.edu/~gcmastra/ photos/news/lilface.jpg, weitere Fotos und Diskussionen über den Suchbegriff »lilface.jpg«. Um in Wolken Formen und Gesichter zu erkennen, bedarf es nicht viel – aber es setzt ein gewisses Interesse an Dämonisierungen voraus, ein gesichtsähnliches Muster im Rauch mit dem Teufel zu identifizieren.

als Enthymem fungiert, aus dessen Erwähnung fraglos die Notwendigkeit seiner Vernichtung folgt. Die Nennung des Bösen
verleiht der Dämonisierung den Anschein eines Aufklärungs-
vorgangs – bewirkt wird damit »eine subtile Form pädagogi-
scher Disziplinierung. Mit Hilfe des hoch aufgeladenen, aber
vagen Begriffs kann ein Redner ein ganzes Volk dämonisieren
und Gewaltmaßnahmen als Notwendigkeit erscheinen lassen.
Die Angehörigen einer anderen Rasse als ›böse‹ darzustellen
ist ein Lehrbeispiel für die Intoleranz der Rechtschaffenheit«
(Gunn 2004). Auf diese Argumentation komme ich gleich zurück.

Die Verschmelzung von Religion und Entertainment in der
amerikanischen Kultur erforschen auch Robert Jewett und
John Shelton Lawrence anhand der *Captain America*-Comics.
Sie zeigen, daß die amerikanische Popkultur, die sich aus religiösen und nationalen Gründungsmythen speist und zu einer
alles umfassenden Zivilreligion erhebt, bei der Verfertigung ihrer nationalistischen Apokalyptik weniger auf die realistischen
Prophezeiungen des Jesus von Nazareth als auf die Offenbarung des Johannes zurückgreift, da in ihr die Verantwortung
für das Böse externalisiert, nicht internalisiert wird (Jewett und
Lawrence 2003, S. 52).

Die *Captain America*-Comics bedienen sich ähnlicher Formen der Polarisierung und Dämonisierung wie der christliche,
jüdische oder islamische Fanatismus. Sie bestehen vehement
darauf, daß jeglicher Kompromiß, jegliche Kommunikation
mit dem Anderen sinnlos sei, und betonen, daß die Schwäche
der zu verteidigenden Demokratie auf ihre Unfähigkeit zurückgehe, das Böse, das sie unablässig bedroht, zu erkennen und zu
bekämpfen. Ihre einzig mögliche Verteidigung ist der Angriff,
die sich von den Beschränkungen der Rechtsstaatlichkeit lösen-
de Aggression. Bushs Außenpolitik orientiert sich seit dem 11.
September 2001 an ähnlichen Vorstellungen, besonders wenn
er die Rechtmäßigkeit von Präventivschlägen betont. Dabei
kann er sich der Unterstützung der Massenpresse und, wie es
scheint, auch großer Teile der Wählerschaft sicher sein:

Die Geschichte des Superhelden, der sich über die Beschränkungen des Gesetzes hinwegsetzen muß, um die Nation und die Welt zu retten, hat sich in den letzten sechzig Jahren zur dominierenden Erzählform entwickelt und muß heute als wichtige Quelle jenes missionarischen Idealismus gelten, der die amerikanische Zivilreligion kennzeichnet [...] Daß die in diesen Geschichten vermittelten Vorstellungen nicht nur Comicfans, sondern sogar führende Politiker beeinflussen, zeigte die Entwicklung nach der Zerstörung des World Trade Centers und Teilen des Pentagons am 11. September 2001. [...] das faschistische Gedankengut, das die Kehrseite des *Captain America*-Komplexes bildet, wurzelt in dessen Religiosität und [...] diese Wurzeln haben schon immer giftige Früchte hervorgebracht.

(Jewett und Lawrence 2003, S. 37-43).[16]

16 »Das klarste Anzeichen eines christlichen und genauer eines evangelikalen Einflusses auf Bushs Ethik ist seine wiederholte Rede vom Kampf zwischen dem Guten und Bösen. Wie wir sahen, spricht Bush häufig von ›den Bösen‹, gelegentlich sogar von den ›Dienern des Bösen‹. Er fordert dazu auf, ›das Böse beim Namen zu nennen‹, ›das Böse zu bekämpfen‹, und sagt, aus dem Bösen entstehe Gutes. Diese Sprache entstammt geradewegs dem apokalyptischen Christentum. Wir müssen uns hier erinnern, daß viele Millionen Amerikaner ein apokalyptisches Weltbild haben. Nach einer Umfrage von *Time* erwarten 53 Prozent der Erwachsenen ›die baldige Wiederkunft Jesu Christi und die Erfüllung der biblischen Prophezeiungen einer katastrophischen Vernichtung alles Bösen‹.« (Singer 2004, S. 217f.)
»Eines der Vorzeichen der Wiederkunft Christi ist das Auftreten des Antichrist, des Statthalters Satans, über den aber die Streiter Gottes triumphieren und das Gottesreich auf Erden errichten werden. Diese Prophezeiung projizieren viele amerikanische Christen auf die Welt, in der wir leben, und sehen darin für ihre Nation einen göttlichen Auftrag. Die Feinde der Nation werden also dämonisiert – und genau das tut Bush. [...] David Frum, sein Redenschreiber zur Zeit der Rede über die ›Achse des Bösen‹, sagte zu Bushs Verwendung des Ausdrucks ›die Bösen‹ für die [Täter] des 11. September: ›In einem Land, in dem fast zwei Drittel der Menschen an den Teufel glauben, bezeichnete Bush Osama bin Laden und seine Bande als teuflisch im wörtlichen Sinne‹.« (Singer 2004, S. 218)

Es ist weder möglich noch auch nötig zu klären, welchen Ursprung diese Entwicklung hat, denn es liegt auf der Hand, daß zumindest im 20. Jahrhundert eine konstante Vermischung von mythischem Denken und populärer Kultur in den USA stattgefunden hat. Vermutlich stand die Religion am Anfang, aber rasch kamen die Mythen der *frontier*, des vom Jäger und seiner Beute durchstreiften Grenzlandes, und die Übergangsriten dazu, die, gespeist aus der Mythologie der einheimischen Indianer, davon erzählen, wie der Heros eine Welt des Schreckens betritt.

Unter diesem Aspekt befassen sich Janice Hocker Rushing und Thomas S. Frentz (Rushing und Frentz 1995) mit der relativ jungen Figur des Cyborgs, in der sich in den *Terminator*-Filmen der Kampf gegen ein technoides Böses mit der Tradition des Kriegers und einer klassischen Heilsgeschichte verknüpft. Wie sie mokant anmerken, befaßt sich die christliche Mythologie nicht direkt mit möglicherweise problematischen Technologien – sie kenne aber das Symbol des Schattens, durch das wir »das, was wir an uns selbst ablehnen, auf andere projizieren, auf die Figur eines Teufels, der die Sünden der Menschheit trägt« (S. 180). Ihnen zufolge spielt heute die Technik die Rolle unseres Schattens. Entsprechend deuten sie die Handlung des ersten *Terminator*-Films:

> John Connor, der moderne Jesus Christus, Sohn einer ›gemeinen‹ Frau, ist der Kriegskönig, der der Prophezeiung gemäß die Welt rettet und im Kampf mit dem Cyborg-Teufel die Apokalypse verhindert. Seine Geburt ist ein bedeutendes Ereignis, das durch eine prophetische Verheißung angekündigt wird; damit sie auch zustande kommt, bedarf es einer Botschaft von Gott (Kyles Nachricht aus der Zukunft) und der Flucht nach Ägypten (Sarahs und Kyles diverse Verstecke). (Rushing und Frentz 1995, S. 179)[17]

17 Eine solche Untersuchung steht meines Wissens in bezug auf Arnold Schwarzeneggers Transformation vom Cyborg zum Gouverneur noch aus. Ich glaube nicht, daß wir lange darauf warten müssen.

Von den Filmen nun noch zu den Computerspielen. Lynn Schofield Clark (Clark 2003) untersucht die Angebote des Fernsehens und der Computerindustrie für Jugendliche und zeigt, in welchem Maße sich die modernen Medien evangelikaler Erzählmuster bedienen. Der Antichrist tritt in einer Reihe von Hollywoodfilmen und Computerspielen als mächtige Figur auf, sozusagen als Star. Sein Erscheinen dient dazu, eine Weltsicht zu legitimieren, die der der evangelikalen Christen vergleichbar ist. Beide laufen darauf hinaus, den Kampf gegen das Böse aufzunehmen, was aggressive Handlungen des Gläubigen beziehungsweise des Computerspielers voraussetzt. Im Hollywood-Kino gibt es einen konsistenten Strang der Dämonisierung, der von Filmen wie *Der Exorzist* (1973), *Rosemarys Baby* (1968) und *Das Omen* (1976) über das Genre des Horrorfilms der siebziger und achtziger Jahre bis zu Filmen reicht, in denen das Böse, das aus der Zukunft oder aus der Vergangenheit stammen kann, eher technologisch daherkommt. In *Der Herr der Ringe* und den Harry-Potter-Filmen reduziert sich dies auf ein Spiel mit neomythischen Erzählformen, wobei allerdings die Bedrohung durch das Böse als Allegorie und Metapher der zeitgenössischen Kultur bestehen bleibt.

Die spektakuläre Inszenierung dieses manichäischen Kampfs ist im gegenwärtigen US-Kino ebenso alltäglich wie in der breiteren Öffentlichkeit und Kultur. Der Teufel und die apokalyptische Bedrohung sind damit zu zentralen Bestandteilen dieser Kultur geworden und dürfen sich in ihr ebenso heimisch fühlen wie eine Weltanschauung, der das Andersartige als größtes Rätsel und schwerste Bedrohung gilt.

Während diese Erzählungen und die von ihnen transportierte Weltanschauung das Bild der amerikanischen Kultur und damit in gewissem Maß auch die Strukturen der Orientierung und des Urteilens in der Welt bestimmen, werden sie im Alltag zuweilen durch Eruptionen erschüttert: durch Ereignisse, die zu Medienereignissen werden und so das Niveau der Dämonisierung auf eine neue Ebene heben. Diese Ereignisse fordern Opfer und führen zur Herausbildung von Stereotypen. Sie schaffen

Gedächtnisorte und sind Anlaß des Gedenkens und der Erinnerung, wodurch sie wiederum die Strukturen für die Einordnung
der nächsten Ereignisse bestimmen: sie bereiten uns auf sie vor,
schaffen einen Interpretationsrahmen und rechtfertigen ihre
mediale Darstellung.[18]

Der Angriff auf die amerikanische Flotte in Pearl Harbor
war ein solches archetypisches Ereignis.[19] Seine Darstellung bediente sich, wie Marvin und Ingle (1999) zeigen, bei einem die
amerikanische Kultur durchziehenden Opfer-Mythos, dessen
Symbol die amerikanische Flagge ist und der im Blut der Opfer
einen Anlaß zum Patriotismus erblickt. Zugleich legitimiert ein
solcher Angriff die Formulierung von Stereotypen, mit deren
Hilfe erst die Japaner und später die Muslime als bedrohlich
und andersartig dargestellt werden können. Dieser vergeltungs-
süchtige und paranoide Topos (dessen Vorbild wiederum die
Typisierung und anschließende Vernichtung der einheimischen
Indianer war) wird gleichsam eingefroren und bleibt lange erhalten. Er steht jederzeit zur Verfügung, wenn eine neue Krise

18 Pierre Nora übersieht in seiner fruchtbaren Studie über Gedächtnisorte,
   deren Inszenierung die Funktion historischer Debatten übernimmt, in
   welchem Maße diese Orte auch bei der Konstruktion der Zukunft eine
   Rolle spielen. Vgl. Nora 1989, S. 7-25.
19 So konstatiert Rosenberg:
   »Die allegorische Deutung des Angriffs auf Pearl Harbor ging diesem
   sozusagen voraus. In ihr werden überkommene Motive aus der Geschichte von General Custer und der Schlacht bei Alamo aktualisiert,
   die vor dem Zweiten Weltkrieg einen enormen emotionalen Einfluß auf
   das nationale Gedächtnis hatten. Während des gesamten Krieges diente
   der Appell ›Denkt an Pearl Harbor!‹ dazu, die Amerikaner aufzurütteln,
   an den heimtückischen Charakter des Feindes zu erinnern, die Rechtmäßigkeit ihres Kampfs zu betonen, Unterstützung für rücksichtslose
   militärische Reaktionen auf mögliche Angriffe zu sammeln und vor dem
   ›Nachlassen‹ und dem Isolationismus, vor Schwäche und Zweifeln zu
   warnen. Innerhalb dieser infamen Rahmengeschichte wurden die Ursachen und Gründe des Krieges eher im nationalen Charakter als in den
   nationalen Interessen verortet. Damit lagen die Wurzeln des Kriegs im
   Pazifik nicht in der Weltpolitik, sondern in einer hochgradig persönlich und religiös gefärbten Sprache der Vergeltung.« (Rosenberg 2003,
   S. 32f.)

die Personifizierung eines ausländischen Bösen verlangt, durch die sich neuerlich definieren läßt, was es heißt, ein Amerikaner zu sein.

Pearl Harbor und der 11. September 2001 waren Angriffe, die das Gefühl der Sicherheit des Vaterlands in symbolischer und materieller Hinsicht schwer verletzten. Sie sind derzeit die für die Psyche und Kultur der USA bestimmenden moralischen Ereignisse. Ihr Einfluß bleibt erhalten und wächst noch durch die Bilder und Rituale, zu denen sich die Medien von ihnen inspirieren lassen. Die realen Ereignisse aber werden, ungeachtet der Opfer und des Gesichtsverlusts, die mit ihnen einhergingen, bis zur Unerkennbarkeit verzerrt, weil die Medien in der unheiligen Allianz mit Kapitalismus und Evangelikalismus, mit Geld und Gott, über den längeren Atem verfügen, wenn es darum geht, die Mythen vom Ursprung, der Rechtschaffenheit und der imperialen Berufung der Nation zu schaffen.

Carolyn Marvin und David Ingle konstatieren:

Der totemistische Mythos des Blutopfers, bei dem einzelne stellvertretend für die Gemeinschaft leiden und sterben, bestimmt die mediale Berichterstattung [...] Die historische Rahmenerzählung handelt vom Schlimmsten, das geschehen kann, also von der Opferung. Die Medien sind deren Zeugen und bilden sie nach. Sie tun dies zwar nur symbolisch, reißen dabei aber die Wunde in regelmäßigen Abständen wieder auf. Sie sorgen dafür, daß sie in Erinnerung bleibt, bis wieder ein großes Opfer gefordert wird. Dann bilden sie den Kanal, über den die Nachricht von diesem Opfer an die Nation gelangt [...]
Die Medien üben die bewährten Darstellungsweisen, die ihnen zur Verfügung stehen, immer wieder ein und experimentieren mit neuen. Die überkommenen Formen werden renoviert oder durch neue ersetzt [...] die Reihe medialer Darstellungsformen ist endlos, und die mediale Repräsentation dient ebenso der Gedächtnisbildung wie der Tradierung von Kultur. (Marvin und Ingle 1999, S. 141ff.)

Folgerungen und offene Fragen

Der Begriff des Bösen unterstellt radikale Andersartigkeit und brandmarkt den Anderen als Übeltäter in Gottes schöner Welt. Wenn wir dem Anderen, oder auch nur seinem Denken und Handeln, dieses Etikett anheften, stellen wir ihn außerhalb der Menschlichkeit und sprechen ihm das Existenzrecht ab, moralisch wie materiell. Wer den Anderen als böse bezeichnet, erklärt, daß man ihn unmöglich verstehen könne, daß sein Handeln und Denken unbegreiflich sei und er daher in einer angeblich vernunftorientierten Welt nichts zu suchen habe. Manchmal – aber wann? –, und tragischerweise weiß man das zumeist erst im nachhinein, kann eine solche Zuschreibung dem Guten dienen und Gutes bewirken. Fest steht allerdings, daß, wenn wir das Böse in uns selbst leugnen, wir unser eigenes Anderssein leugnen und den Boden der Vernunft und der Verantwortung, den Boden der Humanität verlassen. Das Böse liegt im Auge des Betrachters, und wer den Splitter im eigenen Auge übersieht, läuft Gefahr, falsch zu urteilen und im Anschluß daran auch falsch und kontraproduktiv zu handeln.

Hannah Arendt hat behauptet, daß es Taten gibt, die die Vorstellungskraft des geltenden Rechts übersteigen (vgl. Gaita 2004). Wenn wir sie als »böse« bezeichnen, unterstellen wir damit jedoch zugleich – und sorgen womöglich dafür –, daß das Recht nicht in der Lage ist, mit ihnen umzugehen (vgl. Klusmeyer und Suhrke 2002). Wir stellen sie außerhalb der Rechtsordnung und ermöglichen mithin denen, die dem so etikettierten Bösen gegenübertreten, sich ebenfalls über die Verfahren und Beschränkungen des Gesetzes zu erheben.

Das Böse kennt keine Ambivalenz. Aber der Versuch, es zu identifizieren, führt uns eher in ein Dilemma, als Gewißheit zu schaffen. Die Präsenz des Begriffs in den aktuellen politischen Diskursen und in der praktischen Politik signalisiert einen Mangel an Nachdenklichkeit. Doch ist das Böse wohl gerade deswegen zu einer zentralen Kategorie des Urteilens geworden, weil es uns schwerfällt, unser Konzept von Menschlichkeit anders aufrechtzuerhalten. Können wir ohne die Kategorie des Bösen auskommen? Können wir vom Bösen sprechen, ohne zugleich von Gott zu sprechen oder ein Konzept des Guten zu haben? Wie Hans Jonas bemerkt, ist das Böse leichter zu identifizieren als das Gute (Jonas 2003). Vielleicht können wir in einer Zeit, in der das internationale Recht bestimmte Verbrechen, wie es zum ersten Mal bei den Nürnberger Prozessen geschah, als Verbrechen gegen die Menschlichkeit definiert, ohne diese Polarisierungen auskommen. Vielleicht.[20]

Das sind wichtige Fragen, die jedoch den Rahmen meines Themas und auch meiner Kompetenz übersteigen. Es ging mir darum zu zeigen, wie die Kategorie des Bösen im öffentlichen, politischen und populären Diskurs besonders der USA derartige Popularität und Selbstverständlichkeit gewinnen konnte, daß sie zum konkurrenzlosen Maßstab für die Beurteilung des Weltgeschehens wurde. Und wie im Zusammenwirken religiöser Traditionen vor allem der evangelikalen Christen mit den populären Erzählformen Hollywoods und anderer Medien der Boden für die Saat des Manichäismus bereitet wird. Die Medien sind in zweifacher Hinsicht daran beteiligt, insofern sie den Rahmen für die manichäistische Rhetorik zur Verfügung stellen und sie popularisieren und legitimieren. Ihre Narrationsmuster sind die Grundlage dafür, daß die amerikanische Gesellschaft und Kultur allzu schnell bereit ist, das Böse im Anderen zu sehen und das eigene Weltmachtstreben selbstgerecht zu akzeptieren. Dabei bedingt es doch eine Politik, die, wie sich gezeigt hat, selbst nicht ohne Gewalt auskommt und das Böse in den eigenen Reihen befördert. Wie Jean Baudrillard einmal schrieb,

20 Raimond Gaita zitiert in diesem Zusammenhang Simone Weil: »Wenn Sie zu jemandem, der Ihnen Gehör schenkt, sagen: ›Was Sie mir da antun, ist ungerecht‹, berühren und wecken Sie unter Umständen tief in ihm den Geist der Achtsamkeit und Liebe. Etwas anderes ist es, wenn Sie sagen: ›Es ist mein Recht ...‹ oder ›Sie haben kein Recht ...‹ Mit diesen Worten evozieren Sie einen latenten Konflikt und wecken den Geist des Streits. Den Begriff der Rechte ins Zentrum sozialer Konflikte zu stellen heißt, jeden möglichen Impuls des Wohlwollens auf beiden Seiten zu hemmen.« (Gaita 2004, S. 6)

kann man dem Bösen nur mit den Mitteln des Bösen entgegen-
treten (Baudrillard 1993).

Dabei steht einiges auf dem Spiel. In ihrem auf dem Höhe-
punkt der Okkupation des Iraks erschienenen Buch mit dem
Titel *An End to Evil* (Dem Bösen ein Ende bereiten) beschlie-
ßen David Frum und Richard Perle das erste Kapitel mit den
Worten:

> Für uns ist der Terrorismus nach wie vor das große Übel unse-
> rer Zeit und der Krieg gegen das Böse die wichtigste Mission
> unserer Generation. Wir glauben nicht, daß wir Amerikaner
> gegen dieses Böse kämpfen, weil wir es vermindern oder im
> Zaum halten wollen. Wir glauben, daß wir es bekämpfen, um
> es zu besiegen – um dem Bösen ein Ende zu bereiten, bevor
> es wieder zuschlägt und im genozidalen Maßstab mordet. Für
> uns Amerikaner gibt es keinen Mittelweg; es heißt Sieg oder
> Holocaust.   (Frum und Perle 2003, S. 9)

Am Ende des Buchs fügen Frum und Perle hinzu: »Es ist unsere Berufung, der Gerechtigkeit mit unserer Macht zum Sieg
zu verhelfen. Es ist diese Berufung, die uns in unseren besten
Zeiten zur Hoffnung der Welt gemacht hat« (S. 279). Frum und
Perle stellen die Bedeutung und die Zuschreibung des Bösen
nirgendwo in Frage. Sie können sich eine Welt, die *nicht* polarisiert ist und in der Amerikas Schicksal und Mission *nicht* klar
sind, nicht vorstellen. Sie wissen weder, was Differenz, noch
was Ambivalenz ist, noch was Reflexion bedeutet oder daß es
auch andere Vorstellungen von Freiheit gibt als ihre. Sie sprechen mit einem religiös konnotierten Begriff von Berufung und
übernehmen die biblische Verknüpfung von Gerechtigkeit und
Macht. Beide Autoren stehen, was nicht verwundert, der Regierung Bush persönlich und politisch sehr nahe. Ihr Entwurf einer
Politik für die Durchsetzung der amerikanischen Vorstellung
von Gerechtigkeit, ja für die Realisierung eines amerikanischen
Jahrhunderts, basiert auf einem Verständnis der weltpolitischen
Lage und einer Rhetorik, die inzwischen allgegenwärtig sind.

Es ist die Rhetorik der Gewalt und des Hochmuts. Sie steht im Einklang mit jenen Strömungen der populären Kultur, die für die amerikanische Gesellschaft ebenso typisch sind wie der berühmte und weit weniger schädliche *apple pie*.

Gegenwärtig präsentieren und perpetuieren die Medien eine Weltanschauung, in der der Andere entweder als ein zu Integrierender oder als ein zu Vernichtender erscheint.[21] Ihren Prämissen und Erzählformen, aber auch den scheinbar selbstverständlichsten und belanglosesten Äußerungen in Zeitungskommentaren oder auf Bildschirmen liegt eine Ideologie zugrunde, die wie alle Ideologien schwer zu widerlegen, aber zugleich von immenser Widersprüchlichkeit geprägt ist. Diese Ideologie basiert in erheblichem Maße darauf, daß den Bildern mehr geglaubt wird als der Realität. Sie bedient sich anamorphischer Verzerrungen, allerdings nicht zur Mahnung vor Hochmut und Selbstgerechtigkeit, sondern zu deren Beförderung. Und sie scheint, auch angesichts der Marginalität von Alternativen und kritischen Einwänden, äußerst stabil zu sein und läßt einen raschen politischen Wandel unwahrscheinlich erscheinen.

Susan Sontag (2004) hat darauf hingewiesen, daß im Skandal um die Photographien aus Abu Ghraib die Existenz jener Bilder von der fröhlichen Entwürdigung Gefangener mehr Anlaß zu politischen Vorwürfen gab als die Taten selbst. Zugleich wurde der gewohnte Vorgang umgekehrt, da es die Täter, in diesem Fall die Wachsoldaten, waren, die mit ihren Digitalkameras die entlarvenden Bilder gemacht und verbreitet haben, offenbar ohne im geringsten damit zu rechnen, daß sie als Beweis für ihre eigene Bösartigkeit angesehen werden würden. Nichts illustriert Hannah Arendts Beschreibung der pilzartigen Wucherung des Bösen derart radikal wie diese Bilder.

Die Präsenz des Bösen in der zeitgenössischen amerikanischen (aber auch britischen)[22] Rhetorik bedeutet noch etwas

---

21 Beides ist unter dem Aspekt der richtigen Distanz, den ich an verschiedenen Stellen dieses Buchs diskutiere, kontraproduktiv.

22 Auch Tony Blair hat sich der Rhetorik des Bösen bedient, zum Beispiel in seiner vom Fernsehen übertragenen Rede vor dem Kongreß der Trade

anderes. Sie signalisiert das Scheitern des aufklärerischen Projekts zur Entzauberung der Welt. Auch wenn es, worauf ich noch eingehen werde, von vornherein ein aussichtsloses oder falsch konzipiertes Unterfangen war (Latour 1998; Toulmin 1991), ist das doch eine dramatische Entwicklung. So konstatiert Lance Morrow – meines Erachtens ohne jede Ironie –, daß wir heute an der Schwelle eines neuen dunklen Mittelalters stünden (Morrow 2003).

Am Anfang dieses Kapitels habe ich das Böse als globales Problem erörtert und es dann beinahe ausschließlich als eine Angelegenheit der USA behandelt. Die globale Problematik schwang allerdings stets mit, weil die Art und Weise, in der die amerikanische Politik die Welt interpretiert und für mit ihrem Weltmachtstreben vereinbar oder unvereinbar hält, natürlich globale Folgen hat. Aber auch, weil die Rhetorik des Bösen die Existenz eines Anderen voraussetzt, gegen den sie sich richten kann. Daß diese Rhetorik vom fundamentalistischen Islam und zunehmend auch, wenn auch wohl in zynischer Absicht, von der globalen Linken aufgegriffen wird, kann niemandem entgehen. Dies entbindet jedoch weder die USA noch andere westliche Länder, weder Politiker noch Medien von ihrer Verantwortung für diese Rhetorik und ihre Folgen.

Abschließend etwas zu meiner eigenen Ambivalenz gegenüber dem Bösen als einer höchst komplexen Kategorie des Denkens und Urteilens. Es gibt hier einen Konflikt zwischen Moral und Politik, zwischen der Notwendigkeit und den Konsequenzen des Urteilens. Das Versagen der Urteilskraft und die Folgen der abwartenden oder beschwichtigenden Politik etwa

---

Union am 12. September 2001: »Der Massenterrorismus ist das neue Böse in der Welt von heute. Er wird von Fanatikern betrieben, denen die Heiligkeit des menschlichen Lebens zutiefst gleichgültig ist, und wir, die Demokratien dieser Welt, werden uns zusammenschließen müssen, um dieses Übel gemeinsam zu bekämpfen und aus unserer Welt zu tilgen.« (*The Guardian*, 12. September 2001) Blair hat solche Vorstellungen mehrfach geäußert. Dennoch spielen sie in Großbritannien bei weitem nicht dieselbe Rolle wie in der amerikanischen Kultur. Auch dies harrt einer näheren Untersuchung.

gegenüber dem nationalsozialistischen Deutschland werfen noch immer ihre Schatten auf den zeitgenössischen Diskurs. Es ist verantwortungslos, inakzeptable und unmenschliche Handlungen nicht als solche zu bezeichnen. Doch, und es gibt immer ein Doch, sind solche Urteile, wie ich in diesem Kapitel gezeigt habe, in hohem Maße zweischneidig. Sie können die Kategorie des Bösen durch inflationären Gebrauch wertlos machen, und sie können ebensosehr zur Vermehrung und Reproduktion des Bösen beitragen wie zu seiner Bekämpfung und Eliminierung. Richard Bernstein (2002, S. 2) schreibt, daß wir uns dem Problem des Bösen stellen und es zu verstehen suchen müssen, da es uns nicht loslassen wird. Und selbst wenn feststeht, daß wir es niemals ganz verstehen können, da das Böse als etwas definiert ist, das unsere Vorstellungskraft übersteigt, müssen wir die Präsenz dieser Kategorie und deren Auswirkungen in der modernen Welt ständig hinterfragen. Existiert das Böse, korrumpiert es jene, die es begehen, jene, die es leugnen, jene, die es nicht in Frage stellen, oder jene, die es auszurotten versuchen? Die Antwort muß fast mit Sicherheit in jedem Punkt ja lauten.

Die Mediapolis ist in diesem Kapitel ein wenig in den Hintergrund getreten. Ich habe mich mehr mit den möglichen Kontexten ihres Wirkens als mit ihr selbst beschäftigt. Ich habe mich auch mehr mit den populären fiktionalen Medien befaßt und nicht im Detail untersucht, inwiefern die Nachrichtenmedien in den USA und anderswo bei der Darstellung der Welt mit Regierungen und anderen politisch und kulturell dominierenden Institutionen konspirieren. Letzteres ist ein wichtiges Thema, zu dem es jedoch bereits eine umfangreiche Literatur gibt.

Es ging mir um eine bestimmte Form von Kultur, Politik und medialer Vermittlung, die mir sowohl eine Funktionsstörung als auch eine Gefahr zu sein scheint. Zudem wollte ich zeigen, wie schwer es angesichts der gegebenen nationalen und globalen soziopolitischen Zusammenhänge sein wird, die Medien vom Druck der Tradition und der Realpolitik zu befreien. Während ich im nächsten Kapitel das hoffnungsvolle Modell einer pluralistischen Mediapolis entwickle, wollte ich in diesem

vor den Gefahren einer nicht pluralistisch organisierten Mediapolis warnen, die sich nicht zur Offenheit bekennt, sondern
polarisiert und ausschließt. In den folgenden Kapiteln werde
ich die wichtigsten Aspekte der Mediapolis betrachten und die
Grundlagen für ihre Gegenwart und Zukunft zu bestimmen
versuchen. Beginnen wir mit der Notwendigkeit des Pluralismus.

IV
Polyphone Kulturen

Während sich das letzte Kapitel mit einem singulären Medien-phänomen (der Rhetorik des Bösen) beschäftigte, befaßt sich dieses mit Pluralität und Polyphonie. Es geht um die Möglich-keit der Mediapolis, einer Vielzahl unterschiedlicher Stimmen Raum zu geben, wie es vor allem in Europa ansatzweise schon geschieht. Hier ist eine neue Form des Kosmopolitismus im Entstehen begriffen, auf die Ulrich Beck aufmerksam gemacht hat. Dabei existieren unterschiedliche Kulturen im selben Land nebeneinander, keineswegs immer harmonisch, und die Identi-tät des Einzelnen kann ebensosehr von seinem Heimatland wie vom Gastland bestimmt sein. An einem solchen Ort herrscht, zumindest in Ansätzen, eine Kultur des Sowohl-Als-auch, nicht des Entweder-Oder. Die Frage ist, ob wir angesichts eines sol-chen Neben-, Mit- und Durcheinanders von Minderheitskultu-ren und Mehrheitskultur bereits von einem neuen Phänomen sprechen können: von einem medialen Pluralismus.

Ich will hier weder romantisieren noch einen Zaubertrick vorführen. Die europäische Gesellschaft, wenn es so etwas überhaupt gibt, ist weder harmonisch noch kulturell homogen. Die Versuche, ein gesamteuropäisches Rundfunkprogramm auf die Beine zu stellen, sind sämtlich fehlgeschlagen, zumeist aus naheliegenden sprachlichen Gründen. Die Medienlandschaf-ten der europäischen Staaten werden nach wie vor von den großen nationalen und transnationalen Rundfunkanstalten, Internetprovidern und Suchmaschinen dominiert. Doch die technologische Entwicklung (in Form diverser digitaler und in-teraktiver Medien) und der gesellschaftliche Wandel (in Form von Migration und der Aufsplitterung der Kulturen in Lebens-stile) verändern die Medienlandschaft grundlegend. Die großen Marktteilnehmer wissen das und kämpfen um den Erhalt ihres

Publikums. Doch auch die unterschiedlichen Verbrauchergruppen kennen sich aus: sie springen zwischen den diversen Kanälen hin und her und entwickeln täglich neue Wege des Zugangs zu und des Kommunizierens von Inhalten (sei es Klatsch oder Nachrichten, letztere allerdings in geringerem Maß).

In einer solchen Kakophonie medial vermittelter Stimmen, die zum größten Teil ungehört und ungesehen verhallen, steckt meines Erachtens die Möglichkeit einer anderen Medienlandschaft, die ein Vorläufer jener Mediapolis sein könnte, die ich mich zu beschreiben bemühe. Das Nebeneinander einer Vielfalt von Äußerungen ist jedoch nur das eine. Ebenso wichtig wäre es zweifellos, auf irgendeine Weise dafür zu sorgen, daß diese Äußerungen die gebührende Anerkennung finden, und einen Rahmen zu schaffen, der diese Vielstimmigkeit am Leben erhält, ohne ihre Integrität zu mindern. In diesem Kapitel geht es daher um die Erkundung eines allgemeineren Themas. Dabei lautet die entscheidende Frage wie im vorangegangenen Kapitel: Wie können wir miteinander leben, und wie können die Medien innerhalb dieses grundlegenden Projekts einen Beitrag zur Gastfreundschaft und zur Gerechtigkeit (mehr dazu im sechsten Kapitel) leisten, anstatt ihm abträglich zu sein.

Dabei bietet sich Europa als Untersuchungsgegenstand an. Meine Überlegungen in diesem Kapitel betreffen weniger die abstrakten als die konkreten Voraussetzungen der Mediapolis. Sie entspringen aus zwei Quellen: Zum einen aus der Lektüre der Werke von Edward Said, der seine Erfahrungen als Exilant für die Literaturwissenschaft fruchtbar gemacht hat. Zum anderen meinen empirischen Forschungen zur Präsenz und Bedeutung von Minderheitenmedien in europäischen Gesellschaften. In beiden Zusammenhängen geht es um Phänomene der Migration, der Diaspora und der Erfahrung und Darstellung des Andersseins. Wie so oft wirft auch hier ein Perspektivenwechsel neues Licht auf den Gegenstand. Saids Darstellung seiner Migrationserfahrungen und meine Untersuchungen zur Rolle der Medien in einer zunehmend von Diasporen geprägten spätmodernen Welt sollen neues Licht auf den Umgang (oder

Nichtumgang) mit Andersartigkeit und Differenz in den globalen Medien werfen und uns ermöglichen, die Folgen dieses Erscheinens oder Nichterscheinens zu bewerten.

Was Saids Erfahrungen und meine Untersuchungen verbindet, ist die Metapher des Kontrapunkts, die Idee der Polyphonie, die mir für die Diskussion und Definition der gegenwärtigen und zukünftigen Mediapolis von großer Wichtigkeit zu sein scheint. Abgesehen davon ist ihnen die Feststellung der strukturellen Konvergenz zwischen der sozialen und der symbolischen Welt gemeinsam, die durch zunehmende Mobilität, Flüchtigkeit und Fragmentierung herbeigeführt wird. Es geht um die Erfahrung einer Welt, in der wir miteinander leben und eben auch den Erscheinungsraum miteinander teilen müssen. In jedem Fall handelt es sich um eine Welt, die sich sowohl aus erlebter als auch aus medial vermittelter Erfahrung konstituiert.

Die Mediapolis muß, wie ich oben gezeigt habe, als Erscheinungsraum verstanden werden, in dem die Welt repräsentiert, reflektiert und damit auch konstituiert wird. Wenn ich jetzt eine andere Metaphorik vorschlage und vom Gesichtssinn zum Gehör wechsle, vom Visuellen zum Auditiven, nimmt die Dynamik medialer Vermittlung eine neue Richtung an, in der es um Kulturen im Plural geht. Wenn wir die verschiedenen Manifestationen und Ausdrucksformen unterschiedlicher Kulturen, die in der Mediapolis repräsentiert werden, hören statt sehen, bemerken wir sofort, daß sie sich miteinander mischen und gleichsam durcheinander sprechen, daß sie an- und abschwellen, hörbar werden oder verstummen, daß sich das Verhältnis von Haupt- und Nebenstimmen ständig ändert. Mit anderen Worten: die Stimmen der Kulturen in den Medien der Welt sind kontrapunktisch aufeinander bezogen, sie bilden eine Polyphonie.

Sowohl Saids Biographie als auch meine empirische Forschung erhellen eine grundlegende Dimension des Lebens im 21. Jahrhundert, die zwar nicht ganz neu ist, aber dennoch zunehmend wichtig für das Verständnis des sozialen Wandels und, was meine Untersuchungen betrifft, für das Verständnis einer sich wandelnden Medienlandschaft. Diese Dimension ist die der Migration.

Migration ist mehr als nur die körperliche und räumliche Bewegung von Bevölkerungsgruppen, so bedeutsam dieser Aspekt auch ist. Migration gehört seit langem zum menschlichen Leben. Zu jeder Zeit sind einzelne, Gruppen und Kulturen aufgrund ökonomischer, politischer, religiöser und umweltbedingter Veränderungen aufgebrochen, gezwungenermaßen oder freiwillig, Reiche wie Arme, und haben sich auf die Suche nach besseren oder zumindest weniger schlechten Lebensbedingungen begeben. Migration ist ein widersprüchliches und in hohem Maße konfliktreiches Phänomen. Migranten werden vertrieben und angesiedelt, sie suchen nach Permanenz und haben mit Instabilität zu tun, ihre Ankunft wird ersehnt und begrüßt oder stößt auf schärfsten Widerstand. Migranten brechen auf, kommen an, bleiben und ziehen weiter. Sie leben oft in einem Zustand der Rechtsunsicherheit oder gar Rechtlosigkeit. Ihre Um- oder Ansiedlung hinterläßt im Laufe der Generationen Spuren in sämtlichen betroffenen Kulturen.

Daß die Migranten eine Herausforderung für die sie aufnehmenden Gesellschaften ebenso wie für jene darstellen, die sie hinter sich lassen, wird besonders in Zeiten wirtschaftlich motivierter Migration deutlich. Die Gebildeten ziehen aus den unterentwickelten Ländern fort und bieten ihre Fertigkeiten dort an, wo sie besser entlohnt werden. Die Armen fliehen vor der Armut, politische Flüchtlinge aus politischen Motiven. Ihre Ankunft in den neuen Gesellschaften wirft Fragen nach ihrer Identität und ihrer Zugehörigkeit zu einer Gemeinschaft auf. Sie befinden sich im Zwiespalt, so George Marcus (1998), zwischen ihren Wurzeln und den offenen Fernen, zwischen Übergängen und Fixierungen. Heimat und Fremde, Sehnsucht und Zugehörigkeit stehen in einem dialektischen Verhältnis zueinander. Die aufnehmenden Gesellschaften wünschen in der Regel, daß sich die Migranten ihrer Kultur anpassen. Den neu entstehenden Gemeinschaften der Migranten, die oft als Diasporen bezeichnet werden, geht es um Sicherheit und die

Bewahrung ihrer Identität und Lebensweise (vor allem wenn die Migration nicht freiwillig erfolgte), wobei diese Wünsche im Laufe der Generationen unterschiedliche Formen und Intensitäten annehmen können. Die Einwanderungspolitik ist international wie national ein hoch kontroverses Thema, mit dem jede Gesellschaft anders umgeht. Daraus entstehen unterschiedliche Probleme, die wiederum unterschiedlich behandelt werden, wie sich etwa 2005 an den Ausschreitungen in Paris und den Bombenanschlägen in London zeigte. Der Diskurs über diese Probleme kreist häufig um Gefühle der Furcht und der Bedrohung, was in Zeiten globalen Terrors verständlich sein mag, aber letztlich kontraproduktiv ist, weil die Probleme der Differenz dadurch eher verschärft werden und den zumindest im Westen nicht unvertrauten paranoiden Wahnvorstellungen Auftrieb geben, die sich aus der Präsenz eines unverstandenen Fremden in unserer Mitte ergeben können.

Migration und Einwanderung gehören daher zu den großen gesellschaftlichen Problemen in Europa und anderswo. Ihre Folgen gehen über die Themen, die den öffentlichen Diskurs dominieren, hinaus. Denn Migration steht für einen wahrnehmbaren, aber noch nicht abgeschlossenen Wandel des Wesens nationaler Kulturen und ihrer Fähigkeit, traditionelle Grenzen und Identitäten zu bewahren. Auch wenn wir noch nicht in der flüchtigen Gesellschaft leben, von der manche zeitgenössischen Soziologen sprechen, sind die durch die neueren Entwicklungen erzeugten politischen Spannungen real und Herausforderung genug. Und auch wenn der Nationalstaat im Zuge der Globalisierung noch keineswegs entmachtet wurde, werden die Kämpfe um Gemeinschaft, um Identität und einen Platz in der regionalen, nationalen und kontinentalen Kultur zu den zentralen Auseinandersetzungen unseres Jahrhunderts gehören. Meiner Ansicht nach werden die Medien einer der wichtigsten Schauplätze dieser Auseinandersetzungen sein, und die Art und Weise, in der sie dort, in der Mediapolis, ausgetragen werden, wird die öffentliche Kultur und den öffentlichen Raum der Zukunft bestimmen. Diese Kultur wird, ob es uns gefällt oder nicht, von Vielfalt und Differenz geprägt sein. Darum wird der Umgang mit diesen Spannungen innerhalb der Mediapolis erhebliche Folgen für unsere Moral und Ethik haben.

Bereits heute wird mit Nachdruck eine andere Politik gegenüber den Medien von Minderheiten gefordert.[1] Es geht um die Anerkennung des – durchaus umstrittenen – Anspruchs ethnischer Minderheiten auf muttersprachliche Medien und um deren Förderung als – weniger umstritten – Vermittler zwischen den Kulturen der Mehrheit und der Minderheiten, die einen spürbaren Beitrag zu einer multiethnischen Zivilgesellschaft in den Gastgeberländern leisten.[2] Meines Erachtens beruht die Erfahrung der Europäer mit Vielfalt und Diversität in signifikantem Maß auf dem, was in den Medien darüber berichtet wurde und wird. Eine Untersuchung der Situation der Minderheitenmedien eröffnet hier interessante und provokante Perspektiven für unser Verständnis der Medienlandschaft als Ganzes und als Mediapolis.

Die Idee des Kontrapunkts, der Polyphonie, hat mit Vielstimmigkeit, mit Verschiedenheit, mit einer Vielfalt von Verschiedenheiten zu tun. In Europa, aber auch darüber hinaus, begegnet uns eine enorme Vielfalt von in sich wiederum vielfältig aufgefächerten Kulturen, Sprachen und Ethnien. Daneben gibt es die Vielfalt dominierender und untergeordneter Medieninstitutionen, die Vielfalt ihrer Beziehungen zueinander; die Vielfalt von Technologien und Plattformen; die Vielfalt der

---

1 Vgl. etwa das unter der Ägide von »On Line/ More Colour in the Media« (OLMCM) verfaßte Manifest unter www.multicultural.net/manifesto/index.htm.

2 Das sind natürlich genuin politische Fragen, die darum kreisen, welchem der beiden konkurrierenden Modelle des Umgangs mit Migranten- und Minderheitengemeinschaften, dem Multikulturalismus oder der Assimilation, man den Vorzug geben soll. Im sechsten Kapitel werde ich zeigen, wie sehr es darauf ankommt, den Stimmen der Anderen ein mediales Gastrecht einzuräumen, das heißt, es als Verpflichtung zu begreifen, ihnen Gehör zu schenken. Eine solche Verpflichtung zur und das korrespondierende Recht auf mediale Gastfreundschaft würden für alle Medien gelten, unabhängig von ihrer Größe und Dominanz.

Zuschauer und der Medienproduzenten an unterschiedlichen Standorten; die vielfältigen Formen der Einbeziehung und Ausschließung in der Innen- und Außenpolitik der Nationalstaaten, die Vielfalt unterschiedlicher kultur- und wirtschaftspolitischer Maßnahmen gegenüber bereits etablierten und neuen Migranten. In der Polyphonie geht es jedoch zugleich um die Integrität der Vielfalt unterschiedlicher Stimmen, was in unserem Fall bedeutet, daß wir die unterschiedlichen Formen und Inhalte der Berichterstattung, des Erzählens und Darstellens als Teil derselben Medienlandschaft begreifen müssen, die mancher als Medienbiotop bezeichnen würde. Obwohl innerhalb dieses Biotops Spannungen, Widersprüche und Konflikte herrschen, es eine Vielfalt einander überlappender Netzwerke lokaler, nationaler und globaler Kommunikation gibt und manifeste und nachhaltige Machtunterschiede bestehen, läßt sich die Medienlandschaft aufgrund ihrer schieren Präsenz und dem zunehmend leichteren Zugriff auf alle ihre Teile als eine zusammenhängende Entität begreifen. Das Problem, um das es mir in diesem Zusammenhang geht, ist die Integrität der medialen Kommunikations- und Vermittlungsprozesse, die Integrität der einzelnen Stimmen und der Reaktionen auf ihre Äußerungen, und die Frage, inwiefern unsere Kommunikation mit anderen und deren Kommunikation mit uns von Toleranz, Reziprozität und Verantwortung geprägt ist oder doch sein könnte. Auf die Integrität der Medien komme ich am Ende dieses Kapitels zurück.

In analytischer Hinsicht geht es also um das Verhältnis zwischen einem Ganzen und seinen Teilen. Den Hintergrund bildet die Überzeugung, daß es in unserer Verantwortung liegt, die komplexe, vielfältige Welt zu verstehen und richtig zu deuten, die wir mit anderen teilen und in der medial vermittelte Kommunikation eine unerläßliche Bedingung unseres Soziallebens geworden ist. In politischer Hinsicht geht es darum, wie sich in einer Welt, die ironischerweise vom Scheitern von Kommunikation, zugleich aber auch von deren Erfolg geprägt ist, eine nachhaltige mediale Öffentlichkeit schaffen läßt. Und schließ-

lich geht es um die moralischen und ethischen Kriterien, die für
eine solche Öffentlichkeit, die pluralistische Öffentlichkeit der
Mediapolis, zu gelten hätten.

Auch hier können wir uns an Hannah Arendts Überlegungen orientieren:

> In der Welt zusammenleben heißt wesentlich, daß eine Welt
> von Dingen zwischen denen liegt, deren gemeinsamer Wohn-
> ort sie ist, und zwar in dem gleichen Sinne, in dem etwa ein
> Tisch zwischen denen steht, die um ihn herum sitzen; wie jedes
> Zwischen verbindet und trennt die Welt diejenigen, denen sie
> jeweils gemeinsam ist.
>
> Der öffentliche Raum wie die uns gemeinsame Welt versam-
> melt Menschen und verhindert gleichzeitig, daß sie gleichsam
> über- und ineinanderfallen.   (Arendt 1960, S. 52)

Im Zentrum dieser Dialektik des Verbindens und Trennens
steht, als die Achse, um die sich die gesamte medial vermittelte Kommunikation dreht, der Fremde: jener Andere, dessen
Präsenz oder Ausblendung entscheidende Folgen für unser
Selbstverständnis hat und dessen Konstruktion eine Voraussetzung der Schaffung und Aufrechterhaltung von Identität und
Gemeinschaft ist. Wie Arendt zeigt, bietet die Öffentlichkeit
die Möglichkeit, Differenzen und Unterschiede miteinander
zu teilen. Insofern ist sie der Raum einer Integration auf der
Basis von Gemeinsamkeiten (der Welt, in der wir leben) und
Unterschieden (unserer jeweiligen Position in dieser Welt). Auf
den Bereich der Medien übertragen, entsprechen dem die unterschiedlichen individuellen und kollektiven Stimmen, die sich in
den Medien äußern, und die Harmonien und Dissonanzen, die
aus ihrem Zusammenklang unvermeidlich entstehen müssen.

Der Kontrapunkt

Edward Said (1994; 2001) verwendet die Metapher des Kontrapunkts in zwei unterschiedlichen Kontexten: zum einen zur Beschreibung seiner Erfahrungen als Exilant, zum anderen zur Analyse von Romanen, die im imperialen Frankreich und Großbritannien des 19. Jahrhunderts entstanden. Eine Metapher, in der sich Alltagserfahrung und Kunstbetrachtung vereinen, erscheint auch für meine Untersuchung nützlich, da sie beide Dimensionen der Mediapolis betrifft. Mit der Vorstellung des Kontrapunkts läßt sich das unvermeidliche, fortlaufende und sinnstiftende Nebeneinander verschiedener Elemente und Strukturen im Leben, in Texten und historischen Entwicklungen beschreiben und zugleich deutlich machen, daß sich jede Analyse diesem Nebeneinander stellen und es dekonstruieren und entwirren muß.

In einer musiktheoretischen Abhandlung aus dem 15. Jahrhundert wird der Kontrapunkt wie folgt definiert:

> Der Kontrapunkt ist ein maßvoller und beabsichtigter Zusammenklang, der sich ergibt, wenn ein Ton einem anderen, einer Gegenstimme, gegenübergestellt wird, wovon auch der Ausdruck *contrapunctus*, das heißt »Note gegen Note«, abgeleitet wird. Der Kontrapunkt ist folglich eine Kombination von Tönen bzw. Stimmen. Wenn diese Kombination den Ohren schmeichelt, bezeichnet man sie als *harmonisch*; wenn sie hingegen streng und unangenehm klingt, bezeichnet man sie als *dissonant*. (Tinctoris, Liber de Arte Contrapuncti, 1477, http://www.contrapunctus.com/contrapunctus.htm)

Da sich diese Überlegungen offenbar auf westliche Musik beziehen, könnten sie für andere Kulturen bedeutungslos sein. Die entscheidende Idee ist allerdings, daß ein kontrapunktischer oder polyphoner Diskurs aus mehr als einer Stimme besteht. Jeder Ton und jede Stimme beziehen ihre Bedeutung allein aus dem Miteinander mit anderen Tönen und Stimmen.

Die Beziehung zwischen diesen Stimmen (oder musikalischen
Texten) ist offen, dynamisch und fließend, es gibt also nie eine
einzelne, feststehende Hauptstimme, vielmehr treten alle Stimmen im Verlauf des Stückes abwechselnd in den Vorder- bzw.
Hintergrund. Unter Umständen sind die subdominanten Stimmen selbst dann präsent, wenn man sie nicht hören kann, da
sie den Gesamteindruck der Musik beeinflussen – also eine Art
Herrschaft durch Abwesenheit ausüben. Die einzelnen Stimmen stehen zueinander in einem musikalischen Spannungsverhältnis. Das Ganze, also die Gesamtkomposition, setzt ihre Ko-
Präsenz voraus, jede Melodie trägt zu diesem Ganzen bei und
bezieht ihre spezifische Bedeutung allein aus der Beziehung zu
den anderen Themen und Melodien. Ihr Nebeneinander kann
sowohl harmonisch als auch dissonant sein, wobei natürlich
das Empfinden des Zuhörers eine Rolle spielt und eine Disso-
nanz durchaus beabsichtigt sein und auch als schön empfunden
werden kann (Nicholls 1990).

Entscheidend ist, daß jedes Thema ein anderes benötigt,
um seine Bedeutung zu entfalten, und daß durch die Beziehung
zwischen diesen Themen die »Musik« des Ganzen, die Polyphonie, entsteht. Im soziologischen oder philosophischen Zusammenhang verweist der Begriff der Polyphonie mithin auf
die Existenz des Anderen, des Fremden in zeitlicher und/oder
räumlicher Entfernung, der ein unverzichtbarer Bezugspunkt
für die Bestimmung des Gegenwärtigen, des Hier und Jetzt und
des Selbst ist. Daraus ergibt sich die Notwendigkeit der (tatsächlich ja auch bestehenden) Stimmenvielfalt, der Polyphonie
der Mediapolis, ihrer Pluralität. Die Beziehung zwischen den
einzelnen Themen in einem polyphonen Text ist stets eminent
politisch. Denn es geht um Dominanz und Unterordnung und
die jederzeit mögliche Umkehr der Verhältnisse; der Klang entwickelt sich erst aus dem Spiel von Thema und Variation. In
der politischen Kultur der Mediapolis werden die Themen und
Variationen, im Rahmen der herrschenden ökonomischen und
politischen Machtverhältnisse, durch die Medien zugänglich
gemacht und weitgehend (aber nicht ausschließlich) durch die

Partizipation der Zuschauer und Benutzer bestimmt, die der einen oder anderen Stimme den Vorzug geben. Ihre Entscheidungen beeinflussen die Balance von dominanten und subdominanten Stimmen zusammen mit dem technologischen und kulturellen Wandel.

Das Polyphone spielt in Saids Werk eine derart bedeutende Rolle, daß man trotz aller dabei auftretenden Widersprüche (Said verwendet den Begriff in mindestens fünf oder sechs unterschiedlichen Bedeutungen) von einer fixen Idee des Gesamtwerks sprechen kann. Dabei entsteht ein höchst fruchtbares Spannungsverhältnis, da Said einerseits die materielle Realität des Exils als polyphon beschreibt, diese Metapher zugleich aber auch in bezug auf die symbolischen Realitäten der Literatur verwendet, nämlich für ein bestimmtes Verfahren der Analyse und Kritik. In beiden Fällen geht es um die Dialektik von Präsenz und Abwesenheit, von Erscheinen und Nichterscheinen, die uns im Kontext der Mediapolis beschäftigt hat, sowie um das dialektische Verhältnis zwischen dem Teil und dem Ganzen, dem Singulären und der Pluralität.

Sehen wir uns zunächst an, wie Said das Leben im Exil schildert. Das Leid des Exils wird ihm zufolge durch besondere Erfahrungen und Wahrnehmungen kompensiert. Der Exilant erlebt »die ganze Welt als Ausland«. Er nimmt stets eine sozusagen pluralistische Perspektive ein, die sein Bewußtsein für die unterschiedlichen Aspekte der Kulturen schärft. Saids erste Definition der Polyphonie beruht also auf einer empirischen Grundlage:

Der Exilant vergleicht alle Gewohnheiten, Ausdrucksformen und Verhaltensweisen in der neuen Umwelt mit seinen Erinnerungen an eine andere Umwelt. Beide Umwelten sind ihm gegenwärtig, sie erscheinen kontrapunktisch nebeneinander. Darin liegt ein einzigartiges Vergnügen, besonders wenn der Exilant über mehrere solcher polyphonen Wahrnehmungen verfügt, die herkömmliche Sichtweisen aufheben und seine Fähigkeit zur Einfühlung erweitern. Auch ist es eine nicht un-

erhebliche Leistung, sich überall, wo man hinkommt, so zu
verhalten, als ob man zu Hause wäre. (...)
Das Leben im Exil findet außerhalb der gewohnten Ordnung
statt. Es ist nomadisch, dezentral, polyphon; und sobald man
sich daran gewöhnt zu haben glaubt, bricht die Unruhe aufs
neue hervor.   (Said 2001, S. 186)

Das Exil ist ein Zustand ständiger Abwechslung, des Eintau-
chens in verschiedene Kulturen und die Polyphonie gleichsam
der natürliche Ausdruck für diese Unregelmäßigkeit und Ver-
dopplung der Bezüge. Said benutzt die Metapher der Polyphonie darüber hinaus jedoch auch für die analytische Auseinandersetzung mit Kulturen und Texten, und zwar in mehreren
Aspekten, wie sich vor allem in seinem Buch *Kultur und Imperialismus* zeigt. (Said 1994)

Zunächst ist da die Kultur selbst, deren Identität und Geschichte sich unter dem Aspekt der Polyphonie als aus unterschiedlichen Bestandteilen zusammengesetzt verstehen lassen.
Keine Identität, betont Said, kann je für sich allein und ohne
Bezug auf andere, gegenteilige Identitäten existieren. Dasselbe
gilt für die Geschichte, deren Akteure sich wechselseitig beeinflussen und die immer nur als Koexistenz verschiedener Geschichten zu verstehen ist. Am fruchtbarsten ist das Konzept
der Polyphonie, das Said als Metapher für die Realität der Welt
und das Verfahren ihrer Betrachtung dient, jedoch in seinen
Textanalysen.

Ich zitiere ihn daher ein weiteres Mal:

Beginnen wir damit, das kulturelle Archiv nicht als univokes
Phänomen neu zu lesen, sondern *kontrapunktisch*, mit dem
Bewußtsein der Gleichzeitigkeit der metropolitanischen Geschichte, die erzählt wird, und jener anderen Geschichten,
gegen die (und im Verein mit denen) der Herrschaftsdiskurs
agiert. Im Kontrapunkt der klassischen Musik des Westens
werden verschiedene Themen gegeneinander ausgespielt, wobei jedes einzelne ein zeitweiliges Privileg zugesprochen erhält;

in der daraus resultierenden Polyphonie aber herrscht Einklang und Ordnung, ein organisiertes Wechselspiel, das aus den Themen erwächst, nicht aus einem strengen melodischen oder formalen Prinzip außerhalb des Werkes. Auf dieselbe Weise können wir, wie ich glaube, beispielsweise englische Romane lesen und interpretieren, deren (gewöhnlich unterschlagene) Auseinandersetzung etwa mit West-Indien oder Indien durch die spezifische Geschichte von Kolonisierung, Widerstand und schließlich Eingeborenen-Nationalismus geformt, ja vielleicht sogar bestimmt ist. An diesem Punkt tauchen abweichende oder neue Erzählungen auf und werden zu institutionalisierten oder in Diskursen stabilisierten Einheiten. (Said 1994, S. 92f.)

Literarische Texte sind demnach grundsätzlich polyphon, vielstimmig, und müssen deshalb auch so gelesen werden. Tatsächlich ist es für den Leser aufgrund seiner größeren Distanz zuweilen sogar leichter als für den Autor, sich die Hintergründe bewußtzumachen, die für den Text und seine Wirkung eine Rolle spielen.[3]

Zu diesen Hintergründen, die gleichsam den Kontrapunkt des Textes bilden, auch wenn sie nicht eigens erwähnt werden, gehören die gesellschaftlichen und politischen Bedingungen, unter denen er entstand. So untersucht Said, der sich vor allem mit der Rolle des Imperialismus in den Werken von Jane Austen, Joseph Conrad und Albert Camus befaßt, beispielsweise die kolonialistischen Handelsbeziehungen, denen die Figuren in Jane Austens Romanen *Mansfield Park* oder *Persuasion* ihren Wohlstand verdanken, was in den Romanen selbst weder problematisiert noch verschwiegen wird.[4] Einen weite-

---

3 Ich bin mir durchaus bewußt, daß diese These grundlegende Fragen des Lesens und Schreibens berührt, die allerdings den Rahmen des vorliegenden Buches sprengen würden.

4 »Praktisch bedeutet ›kontrapunktisches Lesen‹ die Lektüre eines Textes mit wachem Verständnis für das, was im Spiele ist, wenn ein Autor beispielsweise darlegt, daß eine koloniale Zuckerplantage wichtig für die Aufrechterhaltung eines besonderen Lebensstiles in England ist.« (Said 1994, S. 112)

ren Kontrapunkt bilden für Said jene Werke, die sich in den
Zeiten von Kolonialismus und Postkolonialismus gegen den
literarischen Mainstream wandten oder von diesem marginalisiert wurden.[5] Der dritte Kontrapunkt schließlich betrifft den
Prozeß des Lesens selbst, insofern die Texte im Laufe der Zeit
und der sich verändernden kulturellen Bedingungen (etwa einem entstehenden Bewußtsein für die Probleme des Imperialismus und Kolonialismus) neu und anders gelesen werden. Saids
»polyphone Lektüre« sorgt mithin für eine Verdoppelung oder
Vervielfachung der Bezüge, Perspektiven und Bedeutungen, die
wiederum einen neuen, vielfach gebrochenen und zugleich ein-
heitlichen Zusammenhang entstehen läßt.

Insofern der Leser nie einen »einstimmigen«, sondern stets
einen polyphonen Text lesen und mithin berücksichtigen muß,
was im manifesten Text ausgeschlossen oder nicht gesagt wird,
aber dennoch eine Rolle spielt, besitzt jeder Akt des Lesens eine
politische Dimension. Das gilt natürlich genauso für die Texte
der Medien, in denen uns – ob als Nachrichten, Gameshows oder
Reality-Formate in Mainstream-, Nischen- oder Alternativmedi-
en – eine Vielzahl mehr oder weniger ernsthafter konkurrieren-
der Darstellungen der Welt angeboten werden. Die Mediapolis,
die sich im Zusammenspiel dieser Texte und unserer Reaktionen
auf sie konstituiert, ist aufgrund der Notwendigkeit einer polyphonen Lektüre auf ein Publikum angewiesen, das über die entsprechende Lese-, sprich: Medienkompetenz verfügt. Auf diesen
Aspekt komme ich im letzten Kapitel zurück.

Das Konzept der Polyphonie ist also eine Erkenntnisform.
Sie richtet sich gegen die Anmaßung des Essentialismus und
beruht unter anderem auf der Beobachtung, daß es keinen
»archimedischen Punkt« (Said 1994) gibt, von dem aus sich
das Geschehen objektiv, ohne Beeinflussung durch die eigenen

5   »Entscheidend ist, daß eine kontrapunktische Lektüre beides in Rech-
    nung stellen muß, den Imperialismus und den Widerstand gegen ihn,
    und zwar indem wir die Lektüre der Texte so erweitern, daß sie ein-
    schließt, was einst gewaltsam ausgeschlossen worden war.« (Said 1994,
    S. 112)

kulturellen Hintergründe bewerten ließe. Das ist zwar nichts Neues (auch Hannah Arendt weist darauf hin), aber dennoch von besonderer Relevanz im Kontext einer Medienlandschaft, der sich niemand entziehen kann. Am wichtigsten ist jedoch, daß uns das Konzept der Polyphonie ermöglicht, kulturelle Differenzen und die Entwicklung der Kulturen neu zu beurteilen – und die Theorie der Hybridisierung der Kulturen ebenso hinter uns zu lassen wie das dialektische Postulat einer unvermeidbaren Synthese aller kulturellen Widersprüche.

Diesen Überlegungen ist gemeinsam, daß sie die Existenz von Differenzen und Widersprüchen sowohl im Alltag wie in der Literatur, Kunst und Musik (bei Hegel und Marx sogar in der Dynamik der Geschichte und des sozioökonomischen Systems insgesamt) anerkennen. Sie halten also Mehrstimmigkeit zwar für notwendig, postulieren jedoch zugleich deren Ende: sei es durch die Entstehung einer neuen, hybriden kulturellen Entität, in der die unterschiedlichen Kulturen verschmelzen, oder durch eine Synthese, die sich aus den Widersprüchen der alten Kulturen erhebt.[6]

Dagegen kommt Mikhail Bakhtin (1984), der die Kultur zur Zeit Rabelais' und die soziale Funktion des Karnevals als Dialog der Differenzen untersucht, der Idee der Polyphonie recht nahe, da er weder der Auflösung kultureller Differenzen und Konflikte noch der Herausbildung einer neuen Hybridkultur das Wort redet. Auch er postuliert eine Art Erscheinungsraum, in dem komplexe kulturelle Interaktionen stattfinden, die sich sowohl in den »Texten« als auch in ihren »Lesarten« ausdrükken. Er betrachtet die Kultur ähnlich wie Said die Literatur, er beharrt wie dieser auf der Notwendigkeit des Dialogs zwischen dem Text und dem Leser und der konstanten Auseinandersetzung mit der Polyphonie dessen, was in kulturellen Manifestationen und deren Interpretationen zur Erscheinung kommt bzw. ausgeblendet wird.

6 Eine Kritik des Konzepts der Hybridisierung von Kulturen findet sich bei Harootunian 2000 sowie bei Werbner und Modood 1997. Zu Bakhtin s. Bakhtin 1981 und Bakhtin 1984.

Wenn wir die polyphone Struktur unserer Kultur und Medien begreifen wollen, müssen wir berücksichtigen, daß Repräsentation und Rezeption sowohl singuläre wie auch pluralistische Phänomene sind. Wer also den Pluralismus bei der Produktion und dem Konsum von Medien ignoriert, wird der Realität unserer Medienlandschaften nicht gerecht. Wer hingegen die Einzigartigkeit medialer Äußerungen ignoriert, dem entgeht ihre Bedeutsamkeit. Daß Hunderte und Tausende individueller Stimmen in einem sozialen oder kulturellen Raum präsent sind, heißt noch lange nicht, daß ein Dialog zwischen ihnen stattfindet. Wie wir wissen, ermöglicht die Mediapolis sowohl die monologische (ein Sender, viele Empfänger) als auch die dialogische und interaktive Verbreitung von Informationen (Peters 1999). Wie wir ebenfalls wissen, ist sie von Ungleichheit und Ungerechtigkeit geprägt, da einer großen Zahl von Menschen das Recht auf freie Meinungsäußerung und vor allem das Recht, Gehör zu finden, versagt wird. Zugleich jedoch muß jede vernünftige Untersuchung der globalen Medienlandschaft anerkennen, daß es eine wachsende Zahl von Kommunikationskanälen (Rundfunkprogrammen, Websites, Homepages) gibt, die immer leichter zugänglich sind und immer größere Bedeutung für unser privates und öffentliches Leben haben.

Konkrete Belege für diese Überlegungen finden sich in einer unter meiner Beteiligung durchgeführten Studie über die Medien ethnischer Minderheiten in Europa.[7]

---

7 Das Forschungsprojekt und das dafür gegründete Netzwerk wurden innerhalb des »Fünften Rahmenprogramms der Europäischen Gemeinschaft im Bereich der Forschung, technologischen Entwicklung und Demonstration (1998-2002)« unter der Subventionsnummer HPRN-CT-2000-00063 von der EU finanziert. Meine mit der Feldforschung betraute Mitarbeiterin war dabei Dr. Myria Georgiou.

Medien und Minderheiten in Europa

Die Studie setzt sich empirisch mit medialen Vermittlungsprozessen auseinander, in denen Presse, Rundfunk, Computer und verschiedene Netzwerktechnologien die individuelle und institutionelle Kommunikation beeinflussen und als Vehikel für die Ausstrahlung und Rezeption von Inhalten und Bedeutungen fungieren, die sich im Privatleben und der Öffentlichkeit im lokalen, nationalen und globalen Rahmen auswirken (Silverstone 1999; Silverstone 2005). Berücksichtigt wurde ebenfalls, daß mediale Kommunikation notwendig zwei Seiten hat, nämlich Produktion und Rezeption. Zutage gefördert wurden einige hoffentlich neue Erkenntnisse über die Partizipation der – in diesem Fall zu Migranten- und Minderheitsgruppierungen gehörenden – Zuschauer und Benutzer, die im endlosen Strom von Bildern und Texten, der einen bedeutenden Teil ihres Alltags ausmacht, selber Inhalte und Botschaften erzeugen und kommunizieren.

Die Studie kreist um die Frage, wie sich die Angehörigen vornehmlich ethnischer Minderheiten in Europa in ihrem Alltag produktiv und rezeptiv mit lokalen, nationalen und transnationalen Medien beschäftigen und welche Rolle dabei die Minderheitenpolitik der betreffenden Staaten spielt (Georgiou 2005).

Es wurden 75 Minderheitengruppen und -gemeinschaften mit mehr als 1000 Mitgliedern in den 15 Mitgliedsstaaten der EU identifiziert, von denen einige erst kürzlich entstanden, andere bereits seit langem etabliert waren.[8] Zwischen den Gruppen bestanden erhebliche Unterschiede in bezug auf ihre Größe und Zusammensetzung sowie ihre kulturellen und geschichtlichen Hintergründe. Im Mittelpunkt der Studie standen die Präsenz spezifischer Minderheitenmedien im Alltag dieser Gruppen sowie die Folgen, die ihr Umgang mit diesen und mit

---

8 Die Untersuchung wurde zwischen 2001 und 2003 durchgeführt, also vor der EU-Erweiterung im Jahr 2004.

den konventionellen nationalen und globalen Medien für ihre Integration im Gastland hat. Untersucht wurde darüber hinaus die Frage, inwiefern der Zugang zu Medien (zu ihren eigenen Zeitungen und Radiosendern, zu landesweiten Fernsehsendern des Gastlandes und Satellitenprogrammen aus der gerade erst oder vor längerer Zeit verlassenen Heimat, zum World Wide Web) bei ihren Bemühungen um den Aufbau einer Identität und einer Gemeinschaft innerhalb der und über die Grenzen der nationalen Kultur des Gastlandes hinaus hilfreich war und inwiefern er den Eindruck des Ausgeschlossenseins verstärkte oder milderte.

Das wohl wichtigste Ergebnis ist, daß die Mediennutzung von Minderheiten in hohem Maße kontextabhängig ist und insofern komplexer und vielschichtiger, als man vielleicht vermuten würde. Denn die Minderheiten, die außerhalb des sozialen und kulturellen Mainstreams stehen, nutzen Medien nicht nur in nationalen, sondern auch in lokalen und transnationalen Kontexten.[9]

Zu den *lokalen* Kontexten der Mediennutzung gehören Telefonberatungen, der Zugang zum Internet sowie Videotheken. Diese Einrichtungen des urbanen Umfelds, die zuweilen von ethnischen Gruppen betrieben werden (wie manche Internetcafés) oder kommunale Einrichtungen sind, die vor allem von Minderheiten frequentiert werden (wie die Internetrechner in öffentlichen Bibliotheken oder Gemeindezentren), ermöglichen persönliche Begegnungen und stellen medial vermittelte soziale und kulturelle Ressourcen zur Verfügung, die ansonsten unerreichbar wären (und für viele wohl trotzdem immer noch sind).

Einen zweiten lokalen Medienkontext bilden Medienunternehmen und -projekte, die sich an spezifische Sprachen und Kulturen wenden oder multikulturell ausgerichtet sind. Dazu gehören Zeitungen und Zeitschriften, die häufig nur kurze Zeit und in geringer Auflage erscheinen, und manchmal auch Ra-

9 Siehe dazu auch Georgiou 2005.

dio- und Kabelfernsehsender. Solche multikulturell ausgelegten Lokal-Programme sind allerdings meist das Produkt nationaler, von »oben« angeordneter Initiativen. Sie stellen eine Art öffentlich-rechtlichen Service für ein breites Spektrum von Minderheiten dar. Beispiele dafür sind Couleur Locale in Belgien, Radio Multikulti in Deutschland, Colourful Radio in den Niederlanden und Sesam in Schweden. In diesen Fällen sind die lokalen Medienkontexte direkt mit den nationalen verknüpft.

Die Existenz solcher integrierter, minderheitenorientierter Rundfunkprogramme ist in hohem Maße davon abhängig, daß die nationale Politik die Präsenz von Minderheiten anerkennt und ihr Bedürfnis nach kulturellem Ausdruck in den Medien unterstützt. Die politische Unterstützung für solche Projekte ist von Land zu Land unterschiedlich und spiegelt sich in der Anzahl und Bedeutung der Minderheitenmedien im jeweiligen Land wider, wobei natürlich auch die ökonomische, politische und numerische Stärke der jeweiligen Minderheit eine Rolle spielt. Zur Zeit der Studie wiesen mit den Niederlanden und Schweden die beiden Länder das reichhaltigste Angebot an Minderheitenmedien auf, die einen dezidierten Rahmen für die mediale Repräsentation des Multikulturalismus entwickelt hatten. Da die finanziellen Ressourcen und der politische Einfluß von Minderheiten heute stets begrenzt sind, ist das keine Überraschung. Es muß auch angemerkt werden, daß viele der jüngeren Flüchtlingsgemeinschaften in Europa überhaupt nicht über eigene Medien verfügen, wobei ihre mediale Unsichtbarkeit ihre Marginalität beziehungsweise ihren Ausschluß aus den Gesellschaften, die sie aufnehmen, widerspiegelt und verstärkt.

Einen weiteren nationalen Kontext bilden die Mainstream-Medien, in denen die Minderheiten zumeist weder als Thema noch als Teilnehmer eine nennenswerte Rolle spielen. Deshalb bemühen sie sich einerseits um mehr Beachtung im Mainstream und fordern andererseits eine stärkere Förderung ihrer Medien durch die Politik. Das Ziel dieser Bemühungen ist eine landesweite Präsenz und Sichtbarkeit, die sich auf verschiedene Arten erreichen läßt.

Erstens, indem Angehörige ethnischer Gruppen direkt in den konventionellen Medien erscheinen, sei es als Journalisten oder Soap-opera-Figuren oder indem zum Beispiel Sitcoms ins Programm aufgenommen werden, die unter Mitgliedern einer ethnischen Minderheit spielen und deren Probleme im Alltag beleuchten, oder indem kulturspezifische Programme und Projekte einen Platz in den Mainstream-Medien erhalten, wie es die *taz* im Jahr 2000 mit ihrer wöchentlichen Beilage *Per embe* vorgemacht hat. Zweitens durch eigene Medien wie die von der äthiopischen Gemeinschaft in Großbritannien betriebene Website New Vision (die es inzwischen offenbar nicht mehr gibt), die sich nach dem Bottom-up-Prinzip nicht nur an Äthiopier, sondern an alle Flüchtlinge und Migrationsaktivisten im ganzen Land richtete und somit über die durch die Ethnizität ihrer Produzenten definierte Zielgruppe hinausging. Eine weitere Form eines hybrid lokalen und nationalen Medienkontexts ist das Greek Radio in London, das seine griechischen Zuhörer in ihrer Muttersprache über Rechte und soziale Dienstleistungen informiert, die ihnen (und anderen) in Großbritannien zur Verfügung stehen. Auch das Asian Network der BBC strahlt derzeit ein 24stündiges Radioprogramm in Großbritannien aus, in dem zwar vorwiegend Englisch, aber auch Bengale, Gujarati, Hindi, Urdu, Pandschabi und Mirpuri gesprochen wird.

Zweifellos wirken die Minderheitenmedien jedoch über die lokalen und nationalen Kontexte hinaus. Tatsächlich ist der Kontext der Mediennutzung von Minderheiten zunehmend transnational bestimmt, besonders bei relativ jungen Gemeinschaften. Dabei spielen jene Satellitensender eine Hauptrolle, deren Programme im Herkunftsland der Migranten produziert werden. Wie viele solcher Sender verfügbar sind und welche Bedeutung sie für die Migranten haben, ist von Kultur zu Kultur verschieden.[10] So konnten zur Zeit der Untersuchung in Europa über dreißig arabische und etwa sechsunddreißig tür-

---

10 Da wir keine Reichweitenuntersuchungen vornahmen, können wir keine Daten darüber vorlegen, in welchem Maß die verschiedenen Minderheitengruppen Satellitenfernsehkanäle und andere Medien nutzen.

kische Satellitenkanäle empfangen werden, dazu eine wachsende Zahl von Sendern aus Rußland, Polen und den Staaten der ehemaligen Sowjetunion, weiter etwa acht hinduistische, zwanzig südamerikanische, ein geringe Anzahl westeuropäischer Sender, doch nur ganz wenige afrikanische. Allerdings nutzen vor allem Gemeinschaften mit beschränkten Ressourcen, die aus wirtschaftlich schwachen Ländern ohne transnationales Fernsehen stammen, offensichtlich zunehmend das Internet als Medium, um mit der Heimat oder anderen global verstreuten Gemeinschaften in Verbindung zu treten.

Tatsächlich wird das Internet immer mehr zu einer signifikanten Alternative für die Kommunikation innerhalb diasporischer Gemeinschaften. Niedrige Zugangs- und Betriebskosten ermöglichen das rasche Wachstum entsprechender Nachrichten- und Informationsseiten im Netz, die sowohl von den Gastländern als auch von den Heimatländern aus betrieben werden. Ergänzt werden sie durch spezifische Suchmaschinen wie jene, die sich auf in Belgien gehostete lateinamerikanische Websites spezialisiert hat. Die zumeist zweisprachig angebotenen Informations- und Nachrichtenseiten sind sich über die verschiedenen Kulturen hinweg bemerkenswert ähnlich. Zuweilen verstehen sie sich als Foren der Opposition – nicht gegen die konventionellen Medien des Gastlandes, sondern gegen die etablierten Medien des Heimatlandes oder der Herkunftsregion. Dies gilt unter anderem für eine Reihe arabischer Internetangebote.

All diese Ergebnisse der Studie zeitigen eine Reihe von Folgerungen.

Zunächst ist da die, wie ich hoffentlich deutlich machen konnte, unausweichliche Erkenntnis, daß es eine Vielzahl von speziell für Minderheiten in Europa produzierte Medien gibt, zwischen denen natürlich erhebliche Unterschiede bestehen. Auch sind sie abhängig von politischer und sei es auch noch so minimaler finanzieller Unterstützung, die keineswegs gewährleistet sind, sondern jederzeit wegbrechen können. Ihr Überleben und ihre Reichweite hängen in hohem Maß von ihrer Fähigkeit

ab, Geldgeber und politische Unterstützer zu rekrutieren, und
damit auch von ihrem Zutrauen in die eigene Kultur.

Es versteht sich außerdem von selbst, daß die Verfügbarkeit eigener Medien nicht bedeutet, daß die Angehörigen von
Minderheiten nur auf diese zugreifen. Vielmehr bedienen sie
sich ständig und gerade in Zeiten nationaler oder kultureller
Krisen ebenso der konventionellen Medien (Matar 2005). Diese schwankende Mediennutzung wird natürlich von sprachlichen und kulturellen Grenzen eingeschränkt. Darüber hinaus
sind die individuellen Muster der Mediennutzung auch von der
Geschlechts- und Generationszugehörigkeit bedingt. In vielen
Minderheitenkulturen sind die Frauen nach wie vor aufgrund
kultureller und sprachlicher Einschränkungen stärker an den
häuslichen Bereich gebunden und haben folglich eine stärkere
Bindung an die traditionelle Kultur und daher an alles, was
sie an eigenen Medien erreichen können. In nahezu allen Minderheitengemeinschaften steht jedoch zu erwarten, daß die Angehörigen der jüngeren Generation, die im Gastland geboren
wurden und den Zwiespalt zwischen der Kultur ihrer Eltern
und der des Gastlandes erleben, ganz andere Formen der Mediennutzung zeigen werden. Vermutlich werden sie sich verstärkt
an den Medien des Mainstreams orientieren, was zu einer Hybridisierung oder einer Polyphonie der Kulturen führen kann.

Deshalb kommt den Mainstream-Medien des Gastlandes
eine große Bedeutung zu. Sie definieren durch ihre Wirkung
im Alltag eines Minderheitenpublikums den empirischen und
diskursiven Kontext, in dem die Minderheitenmedien agieren.
Dabei haben Minderheiten mit eigener Sprache und Kultur, Geschichte und Gegenwart Zugang zu einem breiteren Spektrum
von Medien als andere Gruppen. Sie werden nicht nur von
ihren eigenen Medien und vom Mainstream-Rundfunk angesprochen, sondern auch von den Auslandssendern ehemaliger
Imperien wie dem BBC World Service, der Deutschen Welle
und der Voice of America oder auch von Al Jazeera oder Al
Hurra (einem im Nahen Osten aktiven amerikanischen Sender,
der Programme in den Landessprachen ausstrahlt).

Zugleich bilden wiederum die Minderheitenmedien einen wenn auch offensichtlich weniger mächtigen Kontext, der für das Verständnis des Mainstreams bedeutsam ist, auch wenn sich manche Zuschauer und Anstalten der Präsenz von Minderheitenmedien in ihren nationalen (oder transnationalen) Medienlandschaften oder ihrer eigenen Mediennutzung nicht bewußt sind. Und auch wenn Minderheitenmedien innerhalb einer nationalen Medienlandschaft ähnlich selten sichtbar werden wie die Minderheiten selbst auf den Monitoren des Mainstreams (häufig abgesehen von negativen Darstellungen), ändert dies nichts an ihrer Präsenz und Existenz. Beide bilden einen fortlaufenden Kontext, der gelegentlich im Mainstream aufscheint und Beachtung findet, der diesen Mainstream zuweilen in Frage stellt, ihn manchmal beeinflußt und manchmal transzendiert: angesichts der gegenwärtigen Auseinandersetzungen mit dem Islam sind Al Jazeera und andere arabische Sender das beste Beispiel dafür. Die Präsenz von Minderheitenmedien und ihren Zuschauern und Benutzern ist Ausdruck der signifikanten Diversität der aktuellen Medienlandschaft auf lokaler, nationaler und globaler Ebene.

Zwei weitere Überlegungen folgen aus diesen Beobachtungen. Die erste betrifft die Bedeutung der Medien für die Erfahrung der Diaspora, die zweite unser Verständnis der europäischen Medienlandschaft bzw. der unterschiedlichen Medienlandschaften der europäischen Staaten.[11]

Wir sollten die Rolle der Medien im Leben von Migranten nicht romantisieren und uns vor den klischeehaften Vorstellungen der Diaspora hüten (Anthias 1998). Der Alltag migrantischer Minderheiten ist vom Leid der Vertreibung und den Belastungen durch eine erzwungene oder mehr oder we-

11 Philip Schlesinger (1993) und Kevin Robins (1994) formulieren Zweifel an der Möglichkeit einer europäischen Kultur, und die meisten ihrer Argumente sind nach wie vor gültig. Jedenfalls in der Kultur des Mainstreams. Andererseits scheinen sich europaweite Kulturen gerade in den Aktivitäten verschiedener Diasporen herauszubilden, die über die Mitgliedsstaaten der EU verteilt sind.

niger freiwillige Mobilität bestimmt. Dabei treten erhebliche
Unterschiede zutage, nicht nur zwischen etablierten und neu
angekommenen, reichen und armen, politisch freien und politisch unterdrückten Migranten, sondern auch innerhalb dieser Gruppen zwischen Traditionalisten und Modernen sowie
zwischen den Geschlechtern und den Generationen. Angesichts
der materiellen Probleme der Suche nach Wohnung, Arbeit und
Bildungsmöglichkeiten ist die Bedeutung der Medien oftmals
limitiert (auch wenn sie besonders für Frauen der ersten Immi-
grantengeneration oft eine wichtige Rolle spielen).

Die Medien sind jedoch insofern von Bedeutung, als sie dia-
sporischen Gruppen Zugang zu anderen kulturellen Räumen
und alternativen Vorstellungswelten gewähren, die sowohl zum
Gastland als auch in den meisten Fällen zum Herkunftsland in
Beziehung stehen.[12] Es wäre jedoch wohl übertrieben, davon zu
sprechen, daß die Medien auf diese Weise zur Identitäts- und
Gemeinschaftsbildung beitragen, da ersteres ein langwieriger,
komplizierter und zwischen den Geschlechtern und den Generationen höchst umstrittener Prozeß ist und letztere zumeist im
Bereich des Imaginären verbleibt.[13]

Minderheitenmedien, ob eigenständig oder in den Mainstream integriert, sind alternative Ressourcen für die Mitteilung
von Erfahrungen über Zeit und Raum hinweg. Sie vermitteln
so etwas wie einen Halt in der Entwurzelung und verbinden
die Herausforderungen der Gegenwart mit den Erinnerungen
an die Vergangenheit und den Träumen von der Zukunft. Vor
allem die Medien des Gastlandes stellen eine fortlaufende Her-

---

12 Demgegenüber bezeichnet Mirca Madianou (2004) die türkische Minderheit in Griechenland als »gestrandete Diaspora«, da für ihre »von
jeher« in Griechenland lebenden Angehörigen kein Heimatland mehr
existiert, das von Bedeutung wäre.

13 Die imaginierten Gemeinschaften von Migranten verdanken den für sie
produzierten und von ihnen konsumierten Medien zwar einiges, sind
aber viel komplexer und verfügen über weit geringere Bindungskraft als
ihre nationalstaatlichen Vorbilder, da sie nicht über die Macht verfügen,
ihre symbolischen und materiellen Grenzen festzulegen. Vgl. Anderson
2005.

ausforderung für die Integrität von Minderheitenkulturen dar, weil sie diese oft negativ darstellen, selten Mitarbeiter aus ihren Reihen rekrutieren oder sie in jeder Hinsicht ignorieren. Andererseits stellen die Mainstream-Medien im Rundfunk wie im Web auch viele praktische Ressourcen für die Alltagsbewältigung in einem fremden Land zur Verfügung, sei es in Form von Informationen, Hilfsangeboten oder zutreffenden Darstellungen in den Nachrichten, Serien oder Talkshows.

Es lohnt sich, über die Folgen dieser Beobachtungen für Gegenwart und Zukunft des öffentlich-rechtlichen Rundfunks in Großbritannien und anderswo nachzudenken. Zweifellos werden sich die Bedingungen, unter denen diese Medien arbeiten, ändern. Die sozialen und die technologischen Entwicklungen, die dafür entscheidend sind, weisen erhebliche Konvergenzen auf. Sie werden es zukünftig mit einem Mehr an geographischer Mobilität, sozialer Differenzierung und Medienkonnektivität zu tun haben, mit einer zunehmenden Polarisierung der Religionen, einer wachsenden Verflüssigung von Kultur und Identität, der steigenden Entfremdung von dominierenden Institutionen, einem Mehr an Individualität und einem Fortschreiten der Globalisierung und der Abgrenzungsbemühungen. Diese Entwicklungen führen unter anderem dazu, daß die einstige nationale Komponente des britischen Rundfunks ihre Vormachtstellung einbüßte. In Zukunft wird jede Vorstellung einer englischen oder britischen nationalen Identität im Zusammenhang mit ihrem Kontrapunkt, den nicht-britischen Identitäten, gesehen werden müssen, weil sie ohne diese nicht mehr verstanden werden kann.

Dabei sind Diversität, Differenz und Mobilität nichts Neues. Bereits in ihren Anfangsjahren und im gesamten 20. Jahrhundert sah die BBC ihre Aufgabe wie andere öffentliche Rundfunkanstalten auch darin, einen kulturellen, zivilen und politischen Raum zu schaffen, in dem die Diversitäten vor allem der Klassen und der Regionen in eine national einheitliche Kultur verschmolzen werden konnten. Sie bot der Nation so etwas wie einen Regenschirm, unter dem die Bürger Schutz fanden vor den Unwettern der innerbritischen Differenzen, Schutz auch, vor allem im Krieg, vor anderen Gesellschaften und ihren Wertordnungen. Unter diesem Schirm wurden sich die britischen Bürger ihrer Gemeinsamkeiten und ihrer Gemeinschaft bewußt und legten wenigstens theoretisch (aber in gewissem Maß auch in der Praxis) viele ihrer Differenzen bei.

Einen solchen Schutz kann es meiner Ansicht nach heute nicht mehr geben. Die heftigen Stürme des sozialen, kulturellen und technologischen Wandels haben den Schirm davongeweht, die BBC kann den Regen nicht mehr abhalten. Benötigt wird heute eher so etwas wie ein Floß, das auf stürmischer See ein gewisses Maß an Sicherheit und Verbundenheit schafft, das sich mit den politischen und ökonomischen Gezeiten und Strömungen bewegt und das vor allem (in Form seiner verschiedenen Bestandteile) die Ressourcen zur Verfügung stellt, die die Passagiere benötigen, um überleben und kulturell, bürgerlich und zivil prosperieren zu können. Daß sie sich nicht mehr unter einem Schirm, sondern auf einem Floß befinden, zwingt die Betroffenen, ihre gemeinsame Gefährdung zu erkennen und mit den Unterschieden und Ähnlichkeiten zwischen ihnen und ihren Gefährten zu Rande zu kommen. Die Verantwortung dafür liegt jedoch viel mehr als früher in ihren eigenen Händen.

Die Herausforderung für die BBC und andere auf ein nationales Publikum ausgerichtete Medien liegt darin, dieses Floß zu konstruieren. Britische Mediennutzer und nicht nur die Angehörigen ethnischer Minderheiten haben als Konsumenten und Bürger längst damit begonnen, ihre eigene Auswahl aus einem immer breiter werdenden Angebot zu treffen. Sie sind nicht mehr von einigen wenigen Medienanbietern abhängig, wobei ihre Abhängigkeit von den Medien insgesamt zugleich wohl eher zunimmt. Diese kulturelle, aber nicht technologische Unabhängigkeit mindert zwangsläufig die Bindung des Einzelnen an das Ganze. Was Zuschauer und Mediennutzer deshalb brauchen (auch wenn sie es genausowenig wissen, wie die Bürger Großbritanniens im Jahr 1922 wußten, daß und wofür sie die BBC brauchten), ist eine mediale Unterstützung ihrer Kulturen und vor allem Ressourcen, die ihnen wieder eine aktive Partizipation an einer Gesellschaft ermöglichen, die heute nicht mehr an der englischen Küste endet, die wir aber benötigen, um die Gemeinsamkeit unserer Lebensverhältnisse erkennen zu können und zu begreifen, daß wir die Zukunft nur gemeinsam bewältigen können.[14] Derzeit gibt es erhebliche Differenzen zwischen dem, was uns gemein ist, und dem, was wir miteinander teilen, die auch die Frage betreffen, ob wir uns an der Vergangenheit oder an der Zukunft orientieren wollen. Eine bessere Grundlage für die zivile Kultur, die wir benötigen, und auch für die Mediapolis, wäre wohl die Orientierung an der gemeinsamen Zukunft.

Polyphonie in den Medien

Damit sind wir wieder bei der Frage der Polyphonie.

Beginnen wir mit der Migrationserfahrung, die auch Said als Ausgangspunkt dient. Migration spielt sich zunächst im Raum ab. Jede räumliche Verortung setzt dabei ein Anderswo voraus, andere Räume und Orte, vor allem den Bezug zum Heimatland, das man verlassen hat. Insofern ist die diasporische Raumerfahrung offenbar polyphon, nämlich auf mehrere Räume bezogen. Migration spielt sich aber auch in der Zeit ab. Die Gegenwart wird bedeutungsvoll nur durch die Präsenz anderer Zeiten. Das kann für die erste Migrantengeneration vor allem die Vergangenheit im Heimatland sein, dann aber zunehmend auch die Zukunft. Daher ist auch die diasporische Zeiterfahrung polyphon. Der Sinn meines Lebens als Immigrant der ersten, zweiten oder dritten Generation und meiner Beziehungen zu anderen, denen ich persönlich oder via Medien in meiner

---

14 Die BBC bietet heute via Internet eine Reihe von Ressourcen an, die die herkömmliche Funktion des Senders teilweise aufrechterhalten, teilweise untergraben werden, zum Beispiel digitale Archive und lokale Services, Video-on-demand und Bildungsmaterialien zum Download (vgl. www.bbc.co.uk/thefuture).

neuen Umgebung begegne, wird im Verhältnis zu meinen beiden Kulturen bestimmt: der, die ich verlassen habe, und der, der ich mich vielleicht anschließen möchte. Meine persönliche Biographie und die allgemeine Geschichte stehen in einem oft ungemütlichen polyphonen Verhältnis zueinander.[15] Die Kulturen der Diaspora lassen sich nur in Beziehung zu einer Vielzahl kultureller Kontexte verstehen, die in ihnen zugleich präsent und abwesend sind (Ganguly 2001).

Diese Ambivalenz von Integrität und Differenz wird jedoch auch im Bereich der medial vermittelten Kultur sichtbar und, insofern diese eine unverzichtbare Voraussetzung von Kultur ist, auch in unserer zeitgenössischen Kultur insgesamt. Am deutlichsten zeigt sich dies in der Beziehung zwischen Mainstream- und Minderheitenmedien (es zeigt sich aber auch in der Beziehung zwischen unterschiedlichen Minderheitenmedien). Auch hier gilt ein einfaches Prinzip: beide lassen sich nicht unabhängig voneinander verstehen. So wie sich Funktion und Bedeutung von Minderheitenmedien nur im Vergleich mit den Medien des Mainstreams bestimmen lassen, müssen sich diese zunehmend politisch, ökonomisch und kulturell mit den Minderheitenmedien auseinandersetzen.

Dabei spielen auch die neuen Medientechnologien eine Rolle. Sie eröffnen vielfältige andere und sogar alternative mediale Räume, etwa durch die Weitergabe von Reden, Texten, Fotos und Videos per Internet oder Mobiltelefon. Sie ermöglichen ein neues Maß individueller Mobilität nicht nur zwischen Ländern, sondern auch zwischen Territorien.

Abseits der alten Grenzziehungen und dem solitären häuslichen Fernsehgerät entsteht eine hochgradig fragmentierte Medienkultur, die sich vom singulären Mainstream distanziert, zugleich aber auch neue, nämlich interaktive Wege findet, ihn zu nutzen: sei es durch bewußtere Programmauswahl, durch online getätigte Einkäufe oder durch die Weitergabe von mit dem Mobiltelefon aufgenommenen Videos und Fotos an Nach-

---

15 Bei C. Wright Mills (1959) spielt dieses Verhältnis eine zentrale Rolle.

richtenagenturen und Sender, die sie ihrerseits weiterverbreiten. Natürlich hat diese Fragmentierung und Diversifikation auch politische und ökonomische Dimensionen. So ist die Konvergenz des Persönlichen und des Politischen, einst eine Forderung des Feminismus, heute zu einer Realität geworden und wird von vielen Kommentatoren als Niedergang der institutionalisierten Politik, als Rückzug aus den etablierten und nach wie vor relativ potenten Räumen des öffentlichen Diskurses interpretiert. Und die etablierten Medien verlieren ihre im 20. Jahrhundert unerschütterlich scheinende marktbeherrschende Stellung angesichts der Vielzahl neuer Marktteilnehmer (dies gilt für den etablierten Mainstream in Presse und Rundfunk wie auch für die etablierten transnationalen Unternehmen der neuen Medienmärkte).

Diese Entwicklungen begegnen weltweit, besonders konsistent jedoch in Europa. Deshalb ist die Medienlandschaft, wie sie sich in Europa konstituiert, meines Erachtens tatsächlich polyphon. Sie besteht aus den distinkten und den homogenen Stimmen und Präsenzen europäischer Medien, die zusammen ein nicht genau umrissenes, aber umkämpftes Territorium definieren, auf dem Dominanz und Unterordnung zumeist eindeutig festgelegt scheinen. Doch in Wahrheit sind sie einem ständigen Wandel unterworfen, und in diesem Wandel – ihrer Hörbarkeit und Sichtbarkeit und ihres Publikums – bilden sie ein Ganzes.[16]

Für medienwissenschaftliche Untersuchungen folgt daraus, daß sich die Bedeutung bestimmter Minderheitenmedien nur in dem Verhältnis bestimmen läßt, in dem sie zu anderen Medien und medialen Äußerungen stehen, auf die sie sich beziehen, indem sie ihnen widersprechen oder sie zu ignorieren suchen. Entsprechend lassen sich auch die Medien des Mainstreams nur in ihrer kontrapunktischen Beziehung zu den Erfahrungen,

---

16 Man kann einwenden, daß der Kontrapunkt nicht immer vom Zuhörer wahrgenommen wird; so ist die Integrität einer Fuge zuweilen nur in der Komposition und nicht unbedingt im Klang nachweisbar. Vgl. Cook 1990, S. 35.

Äußerungen und Praktiken integrierter und ausgeschlossener Minderheiten beurteilen. Diese beziehen sich in ihren medialen Äußerungen auf Töne, Bilder und Werte, die von außerhalb der nationalen Grenzen stammen. Sie verweisen also, selbst wenn sie ihn zu ignorieren versuchen, auf einen anderen Mainstream. Die entstehende Mediapolis Europas ist daher ein von Diversität dominierter, aber integrierter Raum dissonanter und harmonischer Vielstimmigkeit, in dem manche Äußerungen nach wie vor unterdrückt oder ignoriert werden. Allerdings hat in den letzten zwanzig Jahren eine rasante Entwicklung stattgefunden. Das Konzept der Polyphonie macht diese Veränderungen deutlich und hat insofern politische Konsequenzen, als die Notwendigkeit belegt, neue Formen der Medienkompetenz und der Medienregulierung zu entwickeln, damit mehr Stimmen zu Wort kommen und Gehör finden können.

Abschließend ist zweierlei zu den nationalen und europäischen Medienlandschaften zu sagen. Erstens, daß sie sich ständig verändern und sehr umkämpft sind. Auch wenn die dominierenden Medien sie weitgehend für sich beanspruchen, sind sie doch Allmenden, öffentliche Bereiche der Gemeinschaft. Sie bilden sogar potentiell eine globale, kosmopolitische Allmende, die nicht mehr über eindeutige Grenzen verfügt, auch wenn sie weder allen gleichermaßen zugänglich ist noch auch nur gerecht verteilt wird.

Auf dieser Allmende können Stimmen hörbar werden, und so fällt auch das Schweigen auf, wenn gewisse Stimmen konsistent und inakzeptablerweise unterdrückt werden. Minderheitenmedien sind, selbst in ihrer gegenwärtigen Marginalität, von wachsender Bedeutung für diese Allmende, und ihre Fähigkeit (und Bereitschaft), über ihre eigenen Gemeinschaften hinaus auch die Mehrheit anzusprechen, ist eine zentrale und zunehmend unverzichtbare Grundlage einer gemeinsamen Kultur. Doch ebenso unverzichtbar ist es, daß die Mainstream-Medien die Verantwortung erkennen, die aus ihrer Fähigkeit erwächst, kulturelle Differenzen bewußtzumachen und Räume zur Verfügung zu stellen, in denen sie sich Gehör verschaffen können.

Diese Verantwortung umfaßt, wenn sie irgendeine Bedeutung
haben soll, die Verpflichtung, dem Fremden ein mediales Gastrecht zuzuerkennen, das heißt, ihm Zeit und Reichweite zur
Verfügung zu stellen, damit er sich äußern kann. Auf diesen
Aspekt komme ich im sechsten Kapitel zurück.

Zweitens möchte ich noch einmal auf die potentielle
Fruchtbarkeit auditiver (statt visueller) Metaphern für die Me-
diendebatte hinweisen. Wenn ich hier von polyphonen Klängen
und kontrapunktischer Musik spreche, wird damit keineswegs
Harmonie unterstellt. Die Polyphonie fordert uns vielmehr auf,
anders und genauer zuzuhören, uns wohlwollend und kritisch
mit einer Vielzahl unterschiedlicher Stimmen auseinanderzusetzen, die im simultanen Nebeneinander des medial vermittelten
Klangraums ein Spiel stets unaufgelöster Diskurse, Erzählungen
und Ausdrucksformen darbieten. Dabei entstehen Harmonien
und Dissonanzen, und wir brauchen beide, auch wenn wir uns
nur nach ersteren sehnen und letztere am liebsten ausblenden
würden. Auf die Frage des Rechts, gehört zu werden, komme
ich im sechsten Kapitel zurück.

Die Auseinandersetzung mit dieser Thematik geht natürlich über die Erkenntnis der medialen Vielstimmigkeit hinaus.
Sie läßt sich nicht von politischen Diskussionen trennen, von
der Frage nach den Machtverhältnissen zwischen den diversen
institutionalisierten oder halbinstitutionalisierten Medien. Medien sind nur bedeutsam, insofern sie Sinn produzieren. Das
tun sie, indem sie innerhalb des Erscheinungsraums bestimmte
Bilder und Schilderungen repräsentieren oder ausblenden. Mit
diesen Bildern und Schilderungen – oder ihrer Unterdrückung
– nehmen die Medien am Kampf um kulturelle Hegemonie teil,
der möglicherweise der entscheidende Punkt, die Grundlage der
Polyphonie und gewiß ein unverzichtbarer Bestandteil jeglicher
Kultur ist. Zugleich konstruieren sie mit diesen Bildern und Erzählungen das Bild des Anderen, der in unserer Medienkultur
die Rolle eines definierenden Bezugspunkts spielt. Im folgenden
gehe ich auf diesen Aspekt und einige Folgerungen aus meiner
Untersuchung der Minderheitenmedien näher ein.

Die moralische Agenda der Mediapolis

Das Konzept der Polyphonie entspricht sowohl einer empirischen Realität, nämlich daß in einem gegebenen soziokultu-
rellen Raum eine Vielzahl unterschiedlicher Stimmen präsent
ist, als auch einer epistemologischen Haltung, nämlich daß die
Welt durch die Beziehung zwischen dem Selbst und dem Anderen, zwischen Ähnlichkeit und Differenz bestimmt ist und
nur unter diesem Aspekt verstanden werden kann. Saids Begriff
besetzt also ein ähnliches intellektuelles Terrain wie die weniger bildkräftige, aber ebenso nachdrückliche Befürwortung des
Pluralismus, die am Anfang dieses Buchs steht.

Im Mittelpunkt beider Konzepte steht also die Existenz eines präsenten oder ausgeblendeten spezifisch Anderen. Aber
der Kontrapunkt als Bild und Maßstab für die Analyse der zeitgenössischen Medienlandschaft sowie als Voraussetzung einer
sinnvollen Mediapolis hat noch eine weitere Bedeutung jenseits
von Empirie und Epistemologie. Unser Verhältnis zum Anderen,
zum Fremden, ist die wichtigste Determinante unserer moralischen Wertordnung und unseres Menschseins. Wenn die Medi-
en in einer zunehmend globalen Gesellschaft den wichtigsten
und mächtigsten Rahmen bilden, in dem wir unser Verhältnis
zum Anderen darstellen, mit Sinn unterfüttern, definieren und
wahrnehmen; wenn mediale Repräsentationen andere Darstellungsformen aufgrund ihrer Konsistenz und Mächtigkeit mar-
ginalisieren und delegitimieren können und insofern die Asymmetrien und Hierarchien des Erscheinens und Nichterscheinens
im öffentlichen Raum wesentlich bestimmen, dann werden die
polyphonen Beziehungen zwischen Selbst und Anderem, Minderheit und Mehrheit, Minderheiten- und Mainstream-Medien
sowie zwischen Nahem und Fernem zunehmend zur Grundlage
der heutigen Öffentlichkeit und damit auch der Artikulation
ihrer moralischen Ordnung.

In einem gewissen Maß spiegeln und repräsentieren die
Medien auch die im ersten Kapitel erwähnte kosmopolitische
Sichtweise, die das Andere und Andersartige nicht mehr nur

in weiter Entfernung, sondern in unmittelbarer Nachbarschaft und sogar in uns selbst entdeckt. Unter diesem Aspekt, in dem Ulrich Beck einigen Grund zum Optimismus sieht, erscheint Europa als Vorhut einer neuen Weltordnung:

> Zunächst einmal [ist es unmöglich], die Realität der etwa siebzehn Millionen Menschen in der EU zu leugnen, für die eine ethnokulturelle Definition des Europäertums inakzeptabel wäre, weil sie Muslime und/oder anderer Hautfarbe sind, die sich aber nichtsdestoweniger kulturell und politisch als Europäer verstehen und organisieren. Außerdem kann man unmöglich Europa als den Mikrokosmos einer globalen Gesellschaft verkennen [...] In Anbetracht wachsender transnationaler Verbindungen und Verpflichtungen verwandelt sich Europa in ein offenes Netzwerk mit verschwimmenden Grenzen, in dem das Außen immer schon drinnen ist. (Beck 2003, S. 238)

Das klingt verlockend. Und vielleicht trifft Becks Erwartung sogar ein. Aber seiner Vision mangelt es am Bewußtsein der Gefahren, die sich aus Vorurteilen oder einem eingeschränkten Kosmopolitismus ergeben können (Silverstone 1999). Außerdem muß sich das Konzept in der Mediapolis noch durchsetzen. Der in diesem Kapitel erörterte polyphone Pluralismus jedoch ist meines Erachtens bereits heute eine Realität, wenn auch gewissermaßen im embryonalen Zustand. Dennoch ist er die Voraussetzung für die Zukunft der Mediapolis und der europäischen Zivilgesellschaft.

Die Formen der Darstellung und Repräsentation des Anderen in den Medien sind heute von entscheidender Bedeutung für unsere Moral. Sie bestimmen über unsere zukünftige Lebensweise. In nächtlichen Nachrichtensendungen, in der Werbung und vor allem in den Berichten aus Kriegs- und Katastrophengebieten ist das Andere regelmäßig präsent (und wird ebenso häufig ausgeblendet). Seine Präsenz wird gefördert und gefordert in den nationalen und internationalen Medienkonventionen und den politischen Debatten, die um Minderheitenmedien und die Repräsentation von Minderheiten in Mainstream-Medien kreisen. Hierbei wird die Polyphonie zu einem normativen Kriterium, und wir sind aufgefordert zu beurteilen, wie und mit welchen Folgen das Andere und der Fremde in den zeitgenössischen Medien erscheinen oder nicht erscheinen.

Doch es geht nicht nur um das Erscheinen und Sichtbarwerden. Es geht darum, Gehör zu finden. Und zwar nicht nur als Klangquelle, sondern auch inhaltlich. Es geht also um Verständnis.

Das meint auch Charles Husband (2000), der auf Grundlage des Liberalismus die Auffassung vertritt, daß wir den Begriff der Staatsangehörigkeit differenzieren und erweitern müssen und sollen. Er geht dabei über Habermas hinaus und fordert eine multikulturelle Öffentlichkeit, in der das Recht, mit anderen zu kommunizieren, ersetzt wird durch *das Recht, verstanden zu werden.* Dabei verwendet Husband den von Stuart Hall entwickelten Begriff der *différance*, der die Gesellschaft als ein sich ständig veränderndes Gewebe kultureller Ähnlichkeiten und Unterschiede beschreibt, das ohne singulären Ursprung ist und nur in den sich gegenseitig definierenden und verändernden Beziehungen zwischen dem Selbst und dem Anderen erkennbar wird. Seiner Ansicht nach ist eine solche Pluralität von Stimmen substantiell bedeutungslos, solange sie nicht gehört und verstanden werden.

Husband bestimmt auch eine Reihe zusätzlicher Verpflichtungen und Verantwortungen, die Bürger und Staaten in einer komplexen Medienlandschaft akzeptieren müssen. Mit den neuen Medien und den öffentlichen Rundfunkanstalten verbindet er die Hoffnung, daß sich ethnische Minderheiten in Zukunft in der medialen Öffentlichkeit äußern können, auch wenn der Übergang von einer singulären Nationalkultur zur Anerkennung der Verschiedenheit und der damit einhergehenden Ablehnung von Universalismus und Multikulturalismus schwierig bleibe. Die von ihm vorgeschlagene multiethnische Öffentlichkeit sei vielleicht eine Utopie, aber eben eine sinnvolle und umsetzbare. Seine Argumentation entbehrt allerdings einer klaren Vorstellung der Strukturen dieser Öffentlichkeit. Auch bestimmt er nicht, wie eine die Gräben der Differenz überschreitende Kommunikation funktionieren könnte und inwiefern ein solcher öffentlicher Raum über den bloßen Liberalismus oder Postliberalismus hinaus zum Abbau der Spannungen zwischen globalem und lokalem Handeln, ethnischer und nationaler Identität und ihrer Repräsentation in lokalen, nationalen, regionalen und globalen Medien beitragen kann.

Diese Fragen werde ich in den kommenden drei Kapiteln behandeln. Dabei untersuche ich zunächst die Bedeutung der Medien im Alltag und die Möglichkeiten der Zuschauer und Benutzer, aktiv auf ihre Inhalte zu reagieren. Anschließend frage ich nach Gerechtigkeit und Gastfreundschaft in den Medien. Abschließend behandle ich die Bedeutung, die Regulierungsmaßnahmen und Medienkompetenz für die Herausbildung der Mediapolis haben.

Die im Entstehen begriffene Mediapolis erscheint dabei als ein komplexer moralischer Raum, in dem es um Präsenz und Absenz, Nähe und Distanz, aber auch um Verantwortung, Reziprozität, Achtung und Vertrauen geht. Dies sind die für das Verständnis der Bedeutung und der Macht medialer Kommunikationsprozesse in der späten Moderne zentralen Aspekte.

Es ist natürlich riskant, wenn ich die entstehende Mediapolis hier nicht nur zu beschreiben, sondern auch Normen für sie zu entwickeln versuche. Es scheint mir jedoch unvermeidlich angesichts der zunehmenden Globalisierung medialer Repräsentationen und ihrer zunehmend grundlegenden Bedeutung für den Alltag all derer (und das sind die meisten von uns), die lediglich oder hauptsächlich über die Medien mit Anderen in Kontakt kommen.

Darum noch einmal zu der am Anfang dieses Kapitels zitierten Passage aus Hannah Arendts *Vita activa*. Dort heißt es weiter:

Was die Verhältnisse in einer Massengesellschaft für alle Beteiligten so schwer erträglich macht, liegt nicht eigentlich, jedenfalls nicht primär, in der Massenhaftigkeit selbst; es handelt sich vielmehr darum, daß in ihr die Welt die Kraft verloren hat, zu versammeln, das heißt, zu trennen und zu verbinden. Diese Situation ähnelt in ihrer Unheimlichkeit einer spiritistischen Séance, bei der eine um einen Tisch versammelte Anzahl von Menschen plötzlich durch irgendeinen magischen Trick den Tisch aus ihrer Mitte verschwinden sieht, so daß nun zwei sich gegenüber sitzende Personen durch nichts mehr getrennt, aber auch durch nichts Greifbares mehr verbunden sind.

(Arendt 1960, S. 52)

Durch das Verschwinden dieses Tischs wird die Distanz aufgehoben, die eine notwendige Voraussetzung für unsere Begegnung mit dem Anderen ist (Silverstone 2003). Der Tisch ist, auch wenn Arendt ihn nicht explizit so nennt, ein Medium (wie ja überhaupt spiritistische Sitzungen eines »Mediums« bedürfen). Die Polyphonie des Verbindenden und Trennenden, die Voraussetzung für eine effektive und humane Öffentlichkeit, ist bei Arendt abhängig von der Präsenz eines materiellen und objektiven Gegenstands, wenn man so will: einer Technologie. Sie bildet den Rahmen des Öffentlichen, das allen offensteht, an dem aber effektiv nur jene partizipieren können, die die Unterschiede zwischen sich und den Anderen anerkennen und respektieren. Eine solche Öffentlichkeit muß nach Arendts Ansicht auf Dauer angelegt sein. Insofern sind wir herausgefordert, die gegenwärtige Medienlandschaft mit der Konzeption einer wenn nicht idealen, so doch besseren Welt zu konfrontieren, in der diese Dauerhaftigkeit gewährleistet wäre. Dazu müssen wir uns noch einmal eingehender mit der uns womöglich bekannt vorkommenden Frage beschäftigen, auf welche Weise die Medien Kommunikation ermöglichen bzw. verhindern können.

Das Konzept der Polyphonie ermöglicht einen neuen Zugang zur Struktur der entstehenden Mediapolis. Diese wird von parallelen, miteinander verbundenen Kanälen der Expression und Identitätsbestimmung dominiert, die einen gemeinschaftlichen Raum besetzen und damit zumindest einige der Voraussetzungen des Erscheinungsraums, der ultimativen globalen zivilen Öffentlichkeit, erfüllen. Der mediale Erscheinungsraum wird und muß ein Ort der Anhörung sein, an dem man anderen Gehör schenkt und gleichermaßen in der Öffentlichkeit Gehör findet. Diese Öffentlichkeit stellt die polyphon organisierte Mediapolis zur Verfügung oder kann dies wenigstens in Zukunft tun.

Unter diesem Aspekt stellt sich auch die Frage nach der Integrität, nach einem Ganzen, das mehr ist als die Summe seiner Teile. Ohne die Vorstellung eines Ganzen läßt sich die Beziehung seiner Komponenten nicht bestimmen, und ohne eine Einigung über die Funktion der Öffentlichkeit als Ganzes gibt es keine Möglichkeit zu erkennen, welche Dynamiken der Kommunikation die Medien möglich machen, aber auch verhindern könnten. Der Begriff Integrität hat jedoch noch eine andere Bedeutung, die für die Mediapolis relevant ist: Aufrichtigkeit, Wahrhaftigkeit, Abwesenheit von Korruption.

In den folgenden Kapiteln werde ich diesen Aspekten nachgehen.

V
Die Mediapolis und der Alltag

Am 2.11. waren wir nachmittags bei Wenglers. Es machte mir
wieder den ungemeinsten Eindruck, wie sie den Radioapparat
anstellten und von London nach Rom, von Rom nach Moskau
usw. übersprangen. Zeit- und Raumbegriff sind vernichtet. Man
muß zum Mystiker werden. Für mich zerstört das Radio jede
Religionsform und gibt gleichzeitig Religion. Gibt sie doppelt:
(a) daß solch Wunder besteht; (b) daß der menschliche Geist es
findet, erklärt, benutzt. Aber dieser selbe menschliche Geist läßt
sich die Regierung Hitler gefallen.   Victor Klemperer,
Ich will Zeugnis ablegen bis zum letzten.
Tagebücher 1933-1941[1]

Victor Klemperer schildert in seiner bemerkenswerten Darstellung des Alltags unter dem Nationalsozialismus, in dem er aufgrund seiner jüdischen Herkunft und trotz seiner früheren Kon-
version zum Christentum verfolgt wurde, welche Bedeutung
das Radio unter dem Hitler-Regime hatte: als Propagandamit-
tel (das gezielt eingesetzt wurde und dem man sowohl in der
Öffentlichkeit als auch in privater Umgebung lauschte) und
als moralisches Phänomen. Das Radio zerstört jede Religion,
wie er beobachtet, und schafft zugleich eine neue. Es übersteigt
und erweitert die Grenzen der Alltagserfahrung und ist insofern eine verblüffende Erscheinung in einer Gesellschaft, deren

---

1 Klemperer 1995, Samstag, 9. November 1935, S. 228. Klemperer wurde
aufgrund seiner jüdischen Herkunft 1935 aus seiner Professur für Ro-
manische Sprachen an der TH Dresden entlassen. Wie durch ein Wunder überlebte er die Verfolgung durch die Nationalsozialisten und die
britischen Bombenangriffe auf die Stadt. In seinem Tagebuch schildert
er vom Standpunkt seiner Alltagserfahrung aus nicht nur seine eigene
Entrechtung und Verfolgung, sondern auch den Aufstieg und Untergang
Hitlerdeutschlands insgesamt.

Entwicklungsstand zwar ein solch außergewöhnliches Medium möglich macht, die aber zugleich mit einem verbrecherischen Regime konspiriert, das sich gegen alles wendet, was durch das Radio ermöglicht würde. Die Auflösung der herkömmlichen Vorstellungen von Zeit und Raum und die Transzendierung des Unmittelbaren stellen die Moralordnung in Frage. Das Radio entzaubert die Welt und mystifiziert sie zugleich. Bei Klemperer erfahren wir etwas über die Beziehung von Massenmedien und Alltag: über die Wechselwirkung und die Widersprüche zwischen beiden, über die Fähigkeit der Massenmedien, die Wahrheit zu enthüllen und der Lüge Vorschub zu leisten, und darüber, wie das neuartige und mächtige Medium eigentlich intelligente und gebildete Menschen beeinflußt und zu Komplizen einer mörderischen Diktatur macht.

Klemperers scharfsichtige Beobachtungen bilden die Grundlage für meine Überlegungen in diesem Kapitel. Ich orientiere mich in erster Linie an der Perspektive des Publikums, der Medienbenutzer und ihrer alltäglichen individuellen Auseinandersetzung mit der steigenden Flut über die Medien vermittelter Töne, Bilder und Geschichten. Es geht darum, die entstehende Mediapolis aus der Perspektive des Alltags in den Blick zu nehmen, gewissermaßen von unten. Im Mittelpunkt steht dabei die Frage, welche Moral den Beziehungen zugrunde liegt, die die Benutzer zu den rund um die Uhr zugänglichen medialen Angeboten einerseits und der in dieser dargestellten Welt andererseits eingehen.

Zunächst ist jedoch eine Ausgangsfrage zu klären. Dabei geht es um eine Bezeichnung, aber auch um etwas Substantielles. Wer ist eigentlich das Individuum, das die Vielzahl medialer Angebote wahrnimmt (oder ignoriert), das zuhört und zusieht, E-Mails und Texte liest und schreibt, Informationen im Web sucht und seinerseits mit anderen über das Gesehene und Gehörte, seine Erfahrungen und Schlußfolgerungen spricht? Ein Zuschauer, ein Benutzer, ein Kommunizierender? Ein Konsument, ein Produzent oder beides? Ein Bürger, ein »Akteur« oder ein Spieler? Und welchen Einfluß hat diese Figur innerhalb der Medienlandschaft? Ist sie als passiver, ohnmächtiger Empfänger des fortlaufenden Kommunikationsstroms eine vernachlässigbare Größe oder ist sie ein aktiver Mitwirkender, ein Manager ihrer individuellen Medienkultur?

Man ist versucht, spontan zu antworten, daß der Einzelne in der Mediapolis alles zugleich ist. Und vielleicht sollten wir der Versuchung der Pauschalierung hier nicht widerstehen, denn tatsächlich treffen all diese Bezeichnungen auf jeden von uns zu. Es geht darum, einen Begriff zu finden, der uns daran erinnert, daß die Mediapolis ständig unsere Aufmerksamkeit einfordert und in die Strukturen unseres Alltags eingreift. Deshalb werde ich, auch wenn es banal oder schwerfällig scheint, von *Zuschauern und Benutzern als Mitwirkenden* sprechen.[2] Und damit meine ich all jene, die in einer Welt leben, in der die Medien von zentraler Bedeutung sind, und die im Alltag ständig in wechselnder Form mit der Mediapolis in ihren verschiedenen (aktiven, passiven, gut- oder bösemeinenden, hinterfragenden und affirmativen) Manifestationen verbunden sind. Denn es bleibt uns nichts übrig, als an der Welt medial vermittelter Erscheinungen zu partizipieren, teilzunehmen und mitzuwirken und dabei selbst ein Teil dieser Welt zu werden.

Der Begriff hat jedoch einen Haken, da er noch etwas anderes impliziert. Jede Art von Partizipation und Mitwirkung setzt ein Tätigwerden voraus, eine eigene Aktivität. Wir müssen unterstellen, daß jeder, der die Medien »nutzt«, eine und sei es auch noch so geringfügige Entscheidung trifft, und sei es nur das Einschalten des Fernsehapparats. Wenn Partizipation eine Aktivität ist, und das ist von entscheidender Bedeutung und der rote Faden dieses Kapitels, dann impliziert sie eine Form von Verantwortung. Als Mitwirkende der Medienkultur (was jeder

---

2 Der Begriff Zuschauer bezieht sich ursprünglich auf die Rundfunkmedien; der Begriff Benutzer, User, auf die interaktiven Technologien vor allem des Internets. Allerdings konvergieren beide Technologien im Zuge der digitalen Revolution, und so konvergieren auch die Formen des Gebrauchs, den der Einzelne von seinen diversen Medien im Alltag macht.

Mensch zumindest gelegentlich ist, die meisten Menschen aber ständig) sind wir für unser Tätigsein in dieser Kultur verantwortlich. Andernfalls bliebe dem Einzelnen in der Mediapolis nur die Rolle eines Zombies. Und das scheint mir, auch wenn man allenthalben leichthin von *Couch-potatoes* spricht, eine unmögliche Sicht der Dinge – auch wenn sie gelegentlich zutreffen mag. Denn auch das Ablehnen jeder Verantwortung ist eine Handlung, für die man verantwortlich ist. Das ist eine der Grundlagen unserer Humanität.

Daher setzt die Existenz der Mediapolis unsere Partizipation voraus. Und die Vermittlungstätigkeit der Medien endet nicht in dem Moment, in dem die Welt auf dem Schirm erscheint. Sie beruht vielmehr in entscheidendem Maß auf dem Tätigwerden, dem Mitwirken der Zuschauer und User. Diese Mitwirkung umfaßt zumindest die mehr oder weniger konsistente oder widersprüchliche Auswahl von Medien und Programmen, die Produktion eigener Medieninhalte in der einen oder anderen Form und die sozialen oder politischen Reaktionen auf das Gesehene oder Gehörte – also die Tatsache, daß sich die Mitwirkenden an der Mediapolis sprechend und handelnd nicht nur mit den medial vermittelten Bildern beschäftigen, sondern mit der Welt, die diese repräsentieren sollen.

Betrachten wir also nun die Mediapolis aus der Perspektive des Alltags, und den Alltag aus der Perspektive seiner medialen Vermittlung.

Die Medien und der Alltag

Der Alltag ist der Bereich, in dem wir unsere Erfahrungen machen. Hier führen wir unser Leben, werden geboren und sterben, und hier wird anhand von Identität, Gemeinschaft, Verbundenheit und dem Verhältnis zum Anderen unser Menschsein konstruiert. Der Alltag ist die allen gemeinsame Grundlage. Auf seinem Boden entsteht das Soziale, werden moralische Werte entwickelt und wird um Überzeugungen gekämpft. Der Alltag

ist der Raum, in dem wir handeln. Hier kämpfen wir um die
materiellen und symbolischen Grundlagen unserer Existenz,
suchen nach Gewißheit und Sicherheit. Hier wimmelt es von
individuellen und kollektiven Erinnerungen und Hoffnungen.
Es gibt Gleichheit und Differenz, Gemeinsamkeiten und Unterschiede. Hier werden Geschichten erzählt, Bilder entworfen,
Mitteilungen formuliert und gehört. Der Alltag ist der Hort
der Normalität, des Gewöhnlichen und Selbstverständlichen,
die jedoch stets von Krisen, Katastrophen, Enttäuschungen
und Desillusionierungen bedroht sind. Der Alltag besteht aus
Sinneswahrnehmungen und Auseinandersetzungen über ihre
Interpretation. Alles ist hier mehrdeutig, und es entzieht sich
unserer Verfügung. Wir sind im Alltag vielfältig eingeschränkt:
durch die Interessen und die Macht anderer, durch widerstän-
dige physische und soziale Strukturen. Der Alltag ermöglicht
Freiheit und Kreativität, aber auch Ausbeutung, Ausschließung
und Unterdrückung. Es gibt keinen anderen Ort. Der Alltag ist
auch ein moralischer Raum. Ohne Vertrauen und Aufrichtigkeit, Gegenseitigkeit und die Anerkennung unserer Verantwortung für Andere läßt er sich nicht aufrechterhalten.

Zu diesem Alltag gehören heute die Medien. Und ihre Präsenz im Alltag ist, wie ich bereits betont habe, alles andere als
neutral. In der Moderne sind verschiedene Technologien in den
Alltag vorgedrungen und bestimmen diesen zunehmend, zuletzt
und wohl mit den weitreichendsten Folgen die Medientechnologien. Von der Erfindung des Rundfunks im vergangenen
Jahrhundert an bis zum Internet und zum Mobiltelefon heute
hat ihre Bedeutung für den Alltag des Einzelnen immer nur
zugenommen: mit ihren Programmplänen und Genres schaffen
sie einen alltäglichen Orientierungsrahmen, sie ermöglichen
unverzügliche Kommunikation und Informationsbeschaffung
und stellen die symbolischen Ressourcen und Werkzeuge zur
Verfügung, die wir zum Verständnis komplexer Alltagsphäno-
mene benötigen.

Diese technologiebasierten Ereignisse der Kommunikation
und Sinnkonstruktion fasse ich unter dem Begriff der medialen

Vermittlung zusammen. Damit soll ein zwar grundsätzlich dialektischer, aber auch von erheblichen Machtunterschieden geprägter Prozeß beschrieben werden, in dem institutionalisierte Kommunikationsmedien an der Zirkulation von Symbolen in der Gesellschaft partizipieren. Die Medien sorgen dafür, daß diese Zirkulation auch ohne unmittelbare persönliche Begegnungen stattfindet, schließen diese jedoch keineswegs aus (Silverstone 1999).

Mediale Vermittlung ist insofern ein dialektischer Prozeß, als man zwar ohne weiteres unterstellen könnte, daß die digitalen Massenmedien die gesellschaftliche Sinnproduktion stark beeinflussen oder gar beherrschen, dabei jedoch die ständige und häufig sehr kreative Auseinandersetzung der Zuschauer und User mit deren Programmen übersehen würde. Zugleich ist dieser Prozeß aber von offensichtlich erheblichen Machtunterschieden geprägt, weil die Möglichkeiten, über die Medien Einfluß auf dominierende oder tief verwurzelte Meinungen zu nehmen, innerhalb der Gesellschaft und zwischen den Gesellschaften ungleich verteilt sind.

Überdies ist mediale Vermittlung ein technologischer und ein sozialer Prozeß. Er umfaßt immer mehr Bereiche der Gesellschaft, da deren Angehörige bei dem Versuch, ihr Leben zu verstehen und ihm einen Sinn zu geben, zunehmend von der medialen Versorgung mit öffentlichen Meinungen und Berichten über das Weltgeschehen abhängig sind. Auch hat die mediale Vermittlung an sich schon erhebliche Folgen dafür, wie die Außenwelt in unserem Alltag erscheint und wahrgenommen wird. Bereits daß uns die Welt über Medien vermittelt wird, bestimmt den Rahmen für die Definition unseres Verhältnisses und Verhaltens gegenüber dem Anderen, besonders wenn er in weit entfernten Weltgegenden lebt und wir ihm nur in den Medien begegnen. All das ist aus den vorangegangenen Kapiteln hoffentlich klargeworden.

Ich möchte nun tiefer in den Alltag eindringen und diese Aspekte aus der Perspektive derer betrachten, die an massenmedialen Kommunikationsprozessen überwiegend als Empfänger mitwirken. Ich möchte zeigen, daß die mediale Vermittlung im Alltag profunde moralische und ethische Fragen aufwirft, die um die Frage des Handelns und der Verantwortung kreisen. Was fordern die Medien von ihren Nutzern und was können oder sollten diese von den Medien fordern? Welche Formen des Handelns sind möglich in einer medial vermittelten Welt, in der wir mit Bildern und Schilderungen von Ereignissen konfrontiert werden, die in weiter Entfernung stattfinden; welche Art von Verantwortung können oder sollten Nutzer und Zuschauer für jene Welt übernehmen, der sie nur in Zeitungen und auf Monitoren begegnen, und welche die Medien, die diese Bilder und Geschichten liefern?

Ich halte hierbei die Medien und den Alltag nebeneinander, während ich zugleich behaupte, daß sie untrennbar miteinander verwoben sind. Ich setze voraus, daß man sich den Alltag nicht mehr ohne den Einfluß der elektronischen Medien (aber auch der Bücher und Zeitungen) auf die ihn bestimmenden Sicht-, Seins- und Handlungsweisen vorstellen kann. Ich setze auch voraus, daß die alltägliche Lebenswelt des Publikums, der Leser und Benutzer, für die Medien die oberste Instanz darstellt, an der sie sich orientieren müssen und die sie ja auch erst ermöglicht und legitimiert. Dabei sind weder die Medien noch der Alltag einheitliche Phänomene, und ihr Verhältnis zueinander ist alles andere als eindimensional. Trotz der unterschiedlichen Praxis von Institutionen und Individuen, trotz der unterschiedlichen Möglichkeiten zu Widerstand und Transzendenz bilden die Medien so etwas wie eine oberste Instanz zweiter Ordnung. Sie werden zu einem Äquivalent dessen, was früher der Welt persönlicher Begegnungen angehörte.

Dabei tritt diese oberste Instanz zweiter Ordnung, die ich als Mediapolis bezeichne, keineswegs an die Stelle der lebendigen empirischen Welt, wie Jean Baudrillard (1983) mit dem Konzept des Simulacrums andeutet, sondern durchzieht sie und geht eine unauflösliche Verbindung mit ihr ein. Das unmittelbar Erlebte und das in den Medien Dargestellte sind gleichsam Kette und Schuß im Gewebe des Alltags. Jede Untersuchung ihres Verhältnisses zielt auf die so entstehende, historisch und soziologisch spezifische Textur, ihre Stärken und Schwächen, Koinzidenzen und Widersprüche: auf die »Atmosphäre« einer bestimmten Kultur, die Ethik und Ästhetik der in ihr zu machenden Erfahrungen. Aus diesem Blickwinkel erscheinen die Medien als zentrale Konstituenten des Alltags. Und dieser als ein Gewebe aus Realem und Symbolischem, aus unmittelbarer und medial vermittelter Erfahrung. Man kann das eine nicht ohne das andere untersuchen.

Die Mediapolis fungiert im Alltag also tatsächlich und potentiell als jener medial vermittelte Erscheinungsraum, in dem wir uns als Mitwirkende mit der Welt und als Bürger mit unseren Mitbürgern auseinandersetzen. Dabei kommt es mir gerade darauf an, daß der Mitwirkende zum Bürger und der mediale Erscheinungsraum zum Schauplatz zivilgesellschaftlicher Auseinandersetzungen wird. Es ist keineswegs vorherbestimmt, daß es so kommen wird. Aber es ist, wie ich zeigen werde, zunehmend notwendig, darüber nachzudenken, wie eine solche Entwicklung realisiert werden könnte.

Der Alltag hat seine eigene, wenn auch meistens verdeckt bleibende Geschichte. Er hat auch seine eigene Soziologie. Der Begriff stammt aus empirischen Untersuchungen, die sich mit den Lebensverhältnissen der Armen (im England des 19. Jahrhunderts) und der Stadtbewohner (Chicagos bzw. des von den Mitarbeitern von Mass-Observation[3] beobachteten Großbritanniens Mitte des 20. Jahrhunderts) beschäftigten. Zumindest der Alltag unterprivilegierter Klassen erschien als lohnendes Studienobjekt. Viele Beobachter entdeckten in ihm Authentizität, Kreativität und Transzendenz, dokumentierten allerdings auch deren zunehmende Gefährdung und Unterdrückung (durch den Kapitalismus und totalitäre Regime).

Mit diesen Spannungen und Paradoxien erscheint der All-

---

3 Mass-Observation: Eine 1937 von zwei jungen Männern ins Leben gerufene Organisation, deren mehrere tausend Mitglieder als Freizeitsoziologen das Alltagsverhalten der Briten studierten (vgl. auch Silverstone 2007). (A.d.Ü.)

tag als kaleidoskopisches Phänomen, in dem täglich und ewig mit großer Intensität um materielle, soziale und ethische Werte gekämpft wird. Die Medien nehmen in jedem dieser Bereiche an diesem Kampf teil, sie beeinflussen die Erwartungen und Hoffnungen, sie erleichtern und erschweren die Bewältigung des Alltags.

Das Alltagsleben ist also von Auseinandersetzungen und Paradoxien bestimmt. Neuere Untersuchungen sehen im Paradox gar das entscheidende Merkmal eines Alltags im Spannungsfeld von Kreativität, Spiel und politischer Beteiligung einerseits und wachsenden Einschränkungen durch technische Rationalität, administrative Ordnung und kapitalistische Kommerzialisierung andererseits. Aus dieser romantisierenden Perspektive erscheint der Alltag als ein Ort voller Ambivalenzen, unvorhersehbarer Entwicklungen und unspontanen, strategischen Verhaltens. Das mag zwar von außen oder oben betrachtet so sein, sieht aber aus der Perspektive der Betroffenen vermutlich ganz anders aus.

Tatsächlich ist das reale Leben eher weniger von der Unterwerfung unter Paradoxien geprägt als vom Kampf gegen die Ungewißheiten und Störungen, die man als Folge der Paradoxien verstehen könnte. Paradoxien sind, wie die Geschichte, ein Luxus der Eliten. Sie entstehen in der Theorie, nicht im Leben.[4] Für die meisten Menschen sind Mehrdeutigkeiten und Ambivalenzen angesichts der materiellen Mühen des Alltags etwas Bedrohliches, also alles andere als ein Trost. Tatsächlich besteht der Alltag in der Moderne, wie schon zuvor, vor allem aus dem fortlaufenden Kampf gegen die Ungewißheit, dem Streben nach Eindeutigkeit und der Suche nach etwas, worauf man bei der täglichen Lebensführung vertrauen kann. Selbst der Karneval, der die singulären Ordnungen der herrschenden Kultur zurück-

---

4 Die Rede von Paradoxien setzt einen Beobachterstandpunkt voraus. Wir erkennen sie von außen im Leben anderer. Insofern kann man mir zurecht vorwerfen, eine elitäre Position einzunehmen, da ich zwar weiß, daß die Betroffenen sich der Paradoxien ihres Alltags entledigen möchten, den Begriff aber trotzdem als analytische Kategorie weiternutze.

weist und die Unordnung, das Spiel und das Volkstümliche fei-
ert, verdankt seine Bedeutsamkeit einer genauen und verläßli-
chen Ordnung (Bakhtin 1984). Auch er kann auf die Nutzung
ritueller Rahmen nicht verzichten, die in der populären Kultur
vermutlich noch wichtiger sind als in der Hochkultur. Wenn
die lebendige Alltagskultur im Gegensatz zu ihrer ästhetisierten
Repräsentation von Paradoxien und Ambivalenzen geprägt ist,
drückt sich darin ein gewisses Scheitern aus: das Scheitern des
Versuchs, die widersprüchlichen Anforderungen des modernen
Alltags zu bewältigen.

Die Medien sind substantiell an der Unterschlagung dieser
Paradoxien beteiligt, weil sie mit ihren eigenen Ordnungsformen,
ihren Erzählverfahren und Programmschemata, einen Rahmen
zur Verfügung stellen, der dazu beiträgt, Mehrdeutigkeiten aufzulösen und Ungewißheiten zu mildern und der so ein gewisses
Quantum an Trost und Beruhigung schenkt. Dabei erfüllen die
dominanten Genres und Darstellungsformen der Rundfunkmedi-
en (Nachrichtensendungen, nachmittägliche Talkshows, Serien)
den Wunsch nach einer Ordnung des Alltags und nach Ordnung
im Alltag. Selbst über jene Bereiche der Medienproduktion und
-konsumtion, in denen es Spielraum für Widerstand, Ambivalenz
und den Ausdruck von Individualität gäbe (in der Popmusik, in
Weblogs, im Instant Messaging, im Filesharing und in manchen
Online-Netzwerken), läßt sich sagen, daß sie sich weniger der
Feier von Ambivalenz und Paradoxie widmen als der vielleicht
auf immer unabgeschlossenen Suche nach neuen Formen der
Ordnung und dem Kampf um die materielle und symbolische
Vorherrschaft über Raum und Zeit des Einzelnen.

In der Ordnung des Alltags wird das Gewöhnliche und
Selbstverständliche ständig von persönlichen oder politischen
Krisen unterbrochen. Im Kontext der Medialisierung des Alltags versuchen die Medien, den daraus resultierenden Rhyth-
mus zu bestimmen, und stellen in der Tat in hohem Maß die
Ressourcen zur Verfügung, die der Benutzer und Zuschauer,
der Mitwirkende der Mediapolis, zur Bewältigung seines Alltags braucht. Dem Alltag werden die Strukturen medialer

Sprech- und Darstellungsweisen aufgezwungen, in Magazinen, Dokumentationen oder fiktionalen Reflexionen über die materielle Welt genauso wie in der unablässigen, mehr oder weniger gut informierten Kommentierung des Weltgeschehens in den Nachrichtensendern, und so entsteht eine Art allgegenwärtige Schmusedecke (ein trostspendendes Übergangsobjekt im Sinne Winnicotts), die bei der Bewältigung des Alltags hilft. Diese Schmusedecke wird uns zwar durch Berichte über Terrorakte oder Naturkatastrophen, Hungersnöte oder Verbrechen regelmäßig entzogen, doch fallen diese potentiell drastischen Unterbrechungen durch die vertrauten Erzählformen, die Genrekonventionen und die chronisch kurze Aufmerksamkeitsspanne der Medien relativ milde aus (Silverstone 1988).

Die mediale Strukturierung unseres Wissens und unserer Erfahrungen setzt sich fort, wenn bei größeren Katastrophen die Zugriffszahlen auf Onlinemedien und Mobiltelefone explodieren. All diesen Kommunikationsformen ist gemein, daß sie, wenn nicht die Risiken, so doch deren Wahrnehmung und Darstellung vermittelnd mildern. Trotzdem der Alltag der meisten Menschen zumeist durch das Spannungsverhältnis von Kreativität und Unterdrückung, Ambivalenz und Gewißheit, Normalität und Außergewöhnlichem bestimmt wird, stellen die Medien einen Ordnungsrahmen zur Verfügung, der das stillschweigende Einverständnis mit den dominierenden Darstellungsweisen und Meinungen ermöglicht und fördert.

Die Ordnung des Alltags orientiert sich nach wie vor am Physischen, am Körper. Das tägliche Leben basiert auf der unmittelbaren Gegenwart und der physischen Präsenz. In unserem Alltag sind körperliche Dinge wie unser Geschlecht, unsere Sexualität und unser Alter entscheidend, ebenso wie materielle Ressourcen, Gegebenheiten und Möglichkeiten. Der Alltag hat seine eigenen Gerüche und seine eigenen Bedürfnisse, und da er die aseptischen Ordnungen der Hochkultur zurückweist, entzieht er sich auch dem kartesischen Dualismus der Trennung von Körper und Geist, die ersterem eine Nebenrolle bei der Schaffung sozialer Werte zuweist.

Die Qualität unseres Alltags hängt davon ab, ob wir physisch, intellektuell und moralisch in der Lage sind, mit dem umzugehen, was uns die Systeme vorsetzen, in denen wir leben, und ob es uns trotz unserer strukturellen Ohnmacht gelingt, unsere eigene Realität zu konstruieren. So versuchen wir etwa, den abstrakten Strukturen der Sprache authentische Äußerungen abzugewinnen oder uns die entfremdeten Räume und Zeiten des urbanen Lebens heimisch zu machen (de Certeau 1984). Wir versuchen, die Welt, mit der wir uns in jeder Minute des Tages auseinanderzusetzen haben, irgendwie in den Griff zu bekommen. Dabei ist diese Alltagswelt vor allem etwas intensiv Lebendiges, also schwer zu Kontrollierendes. Diese Lebendigkeit aber gründet in unseren körperlichen Erfahrungen und Empfindungen. Deshalb lassen sich sinnvolle und robuste soziale Beziehungen nur durch regelmäßig wiederholte unmittelbare Begegnungen über Räume und Zeiten hinweg bewahren. Und dabei kommt es vor allem auf Körperlichkeit an.

Der Körper jedoch benötigt Ruhe und Sicherheit, sowohl in materieller als auch in symbolischer Hinsicht. Gerade in der vertrauten und vorhersagbaren Alltagsroutine wollen wir diese Sicherheit finden. So halten wie vieles für selbstverständlich, was doch alles andere als garantiert ist. Die Moderne hat neue Gefährdungen für unsere Körper gebracht. Sie sind wachsenden und oft schreckenerregenden Risiken ausgesetzt. Technologien erobern unsere Körper und verwandeln uns in eine Art Android oder Cyborg, was nach Meinung vieler Autoren Folgen für unser Verständnis der Welt hat. Und schließlich erscheint der Körper auch als Objekt staatlicher Machtstrategien, wie Nikolas Rose (1990; 1999) in seinen Büchern über das Eindringen der Politik in den Bereich des Privaten gezeigt hat. All dies, die Gefährdung durch Risiken, die Abhängigkeit von Technologien und das Eindringen des Staats und seiner Agenten in die Poren des Alltags, manifestiert sich durch die Medien und zugleich in zunehmender Abhängigkeit von ihnen. Die Mediapolis ist nicht nur der Erscheinungsraum, sondern auch ein Ort der Machtausübung und des Widerstands.

Daher ist der Alltag offensichtlich nicht mehr auf den physischen Raum beschränkt, wenn er es denn je war. Die Medien bilden eine immer leichter verfügbare und zunehmend insistente Alternative, die uns sowohl den Alltag bewältigen hilft, als auch durch die Identifikation mit mehr oder weniger fiktiven Figuren in ihren Erzählungen, Spielen oder Chatrooms die Möglichkeit bietet, die Beschränkungen unseres Körpers zu transzendieren. Dies hat allerdings seinen Preis. Durch die Entmaterialisierung der Körper, unseres eigenen, aber auch der der Anderen, schaffen die Medien einen Raum, in dem der Mangel an körperlichem Kontakt das Verständnis für die sinngebende Differenz zwischen den Körpern untergräbt. Dies gilt zwar zunächst für alle Formen imaginativer und ästhetischer Erfahrung. Doch geschieht es in den elektronischen Medien auf verdeckte Weise, weil der Andere in ihnen ja ständig präsent ist und repräsentiert wird. Die Unmittelbarkeit und der Live-Charakter vieler Angebote des Fernsehens und des Internets, der verzugslose Austausch von Aussagen und Bildern via Mobiltelefon, lassen nur allzu leicht die Illusion einer unmittelbaren Begegnung entstehen.

Diese neugeschaffenen Verbindungen (und Trennungen) haben Folgen für die soziale Dynamik des Alltags, gerade auch für die Art, in der Menschen jeden Tag miteinander umgehen. Und auch hier werden wir abermals mit widersprüchlichen Impulsen und Zwängen konfrontiert, an denen auf die eine oder andere Weise stets die Medien beteiligt sind.

Die neuen Kommunikationsweisen, die unseren Alltag zunehmend bestimmen, sind zu Voraussetzungen der Moderne selbst geworden. Das stellen die Medien selbst so dar, und das erfahren wir täglich anhand unserer diversen medial vermittelten Begegnungen mit anderen – Familienangehörigen, Nachbarn und Fremden. Wir haben erlebt, welche enormen Veränderungen Medientechnologien im Alltag von Gesellschaften und Bevölkerungen bewirken, und es ist nicht gerade kühn zu behaupten, daß auch neue Technologien sich direkt und indirekt auf den Alltag auswirken werden: das Mobiltelefon, das darin

dem Internet folgte, ist nur das jüngste Beispiel einer Kommu-
nikationstechnik, deren neuentstehende Nutzungsformen das
Verhältnis von Öffentlichkeit und Privatsphäre verändern und
durch ständige Erreichbarkeit den Status des Individuums im
sozialen und virtuellen Raum auf eine neue Grundlage stellen
(Katz und Aakhus 2002).

Sozialer und technologischer Wandel gehen Hand in Hand,
insbesondere im Bereich Medien und Kommunikation. Damit
sollen weder die Spannungen und Ungleichzeitigkeiten zwischen beiden Bereichen geleugnet, noch soll impliziert werden,
daß dieser Wandel ausschließlich positive Folgen hat. Im Gegenteil. Sowohl Raymond Williams (Williams 2003) als auch
Manuel Castells (Castells 2000) haben die wechselseitige Beeinflussung von Gesellschaft und Technologie nachgewiesen.
Williams zeigt, daß das zunächst als interaktives Medium beid-
seitiger Kommunikation konzipierte Radio als reines Sendeme-
dium in der Lage war, eine sich in die Vorstädte zerstreuende
Bevölkerung in eine gemeinsame nationale Kultur einzubinden.
Und Castells macht klar, daß das Internet in Zeiten des wachsenden Individualismus und der diesmal globalen Zerstreuung
eine ganz ähnliche Funktion erfüllt.

Castells zufolge sind in diesem Netz Knoten und Mitwirkende getrennt und zugleich in intensiven Gemeinschaftsbil-
dungen verbunden. Er spricht einerseits vom Triumph des Individualismus, hält es zugleich aber für möglich, daß dieser mit
Hilfe zukünftiger Medientechnologien zur Entstehung einer
neuen Form von vernetzter Gesellschaft führt. Allerdings fragt
er nicht nach der Qualität, den Stärken und Schwächen dieser neuen Art von Gemeinschaftsbildung und untersucht auch
nicht, inwiefern es möglich ist, für die Lebensbedingungen in
solchen Gemeinschaften Verantwortung zu übernehmen, in denen die Unterschiede zwischen Anwesenheit und Abwesenheit,
Abstand und Nähe aufgehoben sind und technologische Konnektivität nicht unbedingt soziale Verbundenheit heißt.

Die Modernisierung wird zumeist als Bedrohung des Alltags
begriffen, vor allem insofern sie mit einem in Theorie und Pra-

xis rücksichtslosen Individualismus einhergeht. Man nimmt an,
daß Kapitalismus und Industrialisierung die Auflösung der einst
wichtigsten sozialen Gruppen herbeigeführt haben: der Familie,
der Kirchengemeinde und der Kommune. Damit seien auch die
von diesen Gruppen ermöglichten Formen der Solidarität und
Gemeinsamkeit verschwunden oder vom Verschwinden bedroht. Diese Institutionen und Gruppierungen haben demnach
einst die Entwicklung gemeinsamer Überzeugungen ermöglicht
(und deren Infragestellung bekämpft), durch die wiederum die
traditionellen Formen des Gemeinschaftslebens, der (heute all-
zugern verklärten) gegenseitigen Fürsorge und Verantwortung
erst möglich und tradierbar wurden. Die Soziologie befaßt sich
mit den Unterschieden und Konflikten zwischen prämodernen
und modernen Lebensweisen. Es ist nicht übermäßig kühn zu
behaupten, daß sich die Medien- und Kommunikationswissen-
schaft mit ähnlichen Unterschieden und Konflikten zu befassen
hat, da die gesellschaftliche und kulturelle Entwicklung in eine
Richtung geht, die wir mit wachsendem Recht als postmodern
bezeichnen können. Diese Postmoderne wäre ohne die Befrei-
ungen und Beschränkungen, die mit den neuen Medien einhergehen, undenkbar.

Meiner Ansicht nach hat jedoch diese von Medien domi-
nierte Spätmoderne die Bedingungen geschaffen, unter denen
wir eine Vielzahl von Perspektiven und Positionen miteinander
teilen und einander mit-teilen können, wodurch wiederum zumindest dem Potential nach eine neue Form von Öffentlichkeit
möglich wird, nämlich die Mediapolis. Sie beruht auf dem nur
auf den ersten Blick paradoxen Phänomen, daß wir heute alle
etwas gemeinsam haben, nämlich unsere Individualität. Wenn
wir uns diese Gemeinsamkeit bewußtmachen, die uns die Mediapolis täglich vor Augen führt, gewinnen wir ein Verständnis
für die bereits stattfindenden Veränderungen des Alltags und
können anfangen darüber nachzudenken, wie diese Veränderungen zu einer besseren Welt beitragen könnten.

Es drängt sich auf, an dieser Stelle auf Hannah Arendt zu-
rückzukommen, für die der Wert der Öffentlichkeit darin liegt,

daß sie der Begegnung mit dem Anderen und der Differenz weitaus mehr Raum gibt, als es das Privatleben vermag. Diese Erkenntnis ist von erheblicher Bedeutung:

Denn wiewohl die gemeinsame Welt den allen gemeinsamen Versammlungsort bereitstellt, so nehmen doch alle, die hier zusammenkommen, jeweils verschiedene Plätze in ihr ein, und die Position des einen kann mit der eines anderen in ihr so wenig zusammenfallen wie die Position zweier Gegenstände. Das von Anderen Gesehen- und Gehörtwerden erhält seine Bedeutsamkeit von der Tatsache, daß ein jeder von einer anderen Position aus sieht und hört. Dies eben ist der Sinn eines öffentlichen Zusammenseins, mit dem verglichen auch das reichste und befriedigendste Familienleben nur eine Ausdehnung und Vervielfältigung der eigenen Position bieten kann und der ihr inhärenten Aspekte und Perspektiven. (Arendt 1960, S. 56)

Arendt beklagt das Verschwinden des öffentlichen Lebens. Ich sehe in ihren Überlegungen allerdings einen Anhaltspunkt für dessen mögliche Wiederkehr. Diese erscheint vor dem Hintergrund einer zunehmenden Privatisierung des Alltags gerade deshalb möglich, weil die Präsenz einer medial vermittelten Öffentlichkeit auf dem Fernsehschirm in unseren Wohnzimmern die Grenzen zwischen Öffentlichkeit und Privatleben aufzuheben beginnt. Einerseits wird die Welt durch ihr Erscheinen auf den Bildschirmen behaglicher Reihenhauswohnzimmer zwar in deren Privatheit hineingezogen und dort domestiziert, zugleich aber wird sie ebendort zur Erscheinung gebracht, wird sichtbar, stellt gelegentlich Forderungen und ist jedenfalls nicht mehr von dort wegzudenken.

Dies verändert unsere Vorstellung von Gemeinschaftlichkeit und Konnektivität im heraufdämmernden Zeitalter der Vernetzung. Auch müssen wir nach den moralischen und ethischen Konsequenzen dieses zentralen Aspekts medialer Vermittlung fragen. Tatsächlich wollen neuere wissenschaftliche Arbeiten zeigen, daß Onlinemedien wie etwa Chatrooms, deren Mitwir-

kende sich für dieselben Dinge begeistern oder über dieselben
Probleme Gedanken machen, sinnvolle Formen der Konnektivität und des Kontakts ermöglichen. Die Mitwirkenden fühlen
sich einbezogen und unterstützt, sie finden Freunde und setzen
ihre virtuelle Kooperation unter Umständen in der materiellen
Welt fort (vgl. Baym 2000). Zuweilen wird behauptet, diese
neuen Verbindungen kompensierten die schwächer werdenden
Infrastrukturen des Alltags, sie füllten gleichsam die Löcher
in der Ozonschicht der alltäglichen Soziabilität. Andererseits
unterliegen solche Onlinegesellschaften jedoch den Einschränkungen der Singularität, der Einförmigkeit der in ihnen zu Wort
kommenden Lebensstile und Interessen, und es mangelt ihnen
an Dauerhaftigkeit und Haltbarkeit, da die gegenseitige Identifikation der Mitwirkenden nur eine schmale Grundlage hat
(Calhoun 1998). Onlinebeziehungen gelten daher als proviso-
rische Formen der Gemeinschaftsbildung, weil sie im Grunde
allein auf Freiwilligkeit beruhen und bei den geringsten Schwierigkeiten zusammenbrechen oder sich auflösen können.

Solche Netzwerke lassen sich also am besten als privatisier-
te Gemeinschaftsbildung beschreiben, deren Grundlage nicht
Selbstverständlichkeit, sondern Vorläufigkeit ist. Genau diese
Form der Privatisierung beklagte Arendt in anderem Zusammenhang als einen der größten Nachteile der Moderne. Und
auch wenn man ihre seltsame Weigerung, dem Privatleben (zum
Verdruß ihrer damaligen und heutigen feministischen Kritiker)
irgendeinen Wert zuzugestehen, nicht nachvollziehen mag, läßt
sich kaum bezweifeln, daß der Rückzug in den privaten Bereich, der sich heute wohl zumeist im eigentlich öffentlichen
Cyberspace abspielt, Folgen hat.

Aber ist er auch unvermeidlich?

Die Netzgesellschaft, wenn wir die online entstehenden Formen der Soziabilität so nennen wollen, ist ebensowenig eine singuläre Entität wie jede andere soziale Formation. Sie ist nicht nur
von Konflikten, Ungleichheiten und Ausbeutungsverhältnissen
gekennzeichnet, sondern bringt auch ihre eigenen Widersprüche
hervor, die bis ins Zentrum des Alltagslebens wenigstens der

Gesellschaften reichen, in denen digitale Medien weit verbreitet sind. Mindestens zwei dieser Widersprüche interessieren mich hier. Erstens der Widerspruch zwischen der Freiwilligkeit, die die Grundlage der jederzeit aufkündbaren Konnektivität der Mediapolis bildet, und der Angst vor dem Verlust von Verbindungen, vor der Einsamkeit. Diese Angst speist sich ebenso aus der Abhängigkeit von Technologien wie aus dem Horror, der mit dem Alleinsein in einer Welt einhergehen muß, in der Identität auf Vernetzung und Verbundenheit beruht. Zweitens ist es widersprüchlich, daß vor allem die von den Rundfunkmedien hergestellten Verbindungen nicht auf Freiwilligkeit beruhen, man sich der durch sie herbeigeführten Präsenz des Anderen aber dennoch widersetzen, sie leugnen oder sich ihr entziehen kann. Im Mittelpunkt beider Widersprüche steht die problematische Möglichkeit des Einschaltens und Ausschaltens elektronischer Geräte, des Ausblendens und Ausgeblendetwerdens.

Meines Erachtens können wir die Moral des Alltags nur anhand des Zustands der zwischenmenschlichen Beziehungen untersuchen. Diese Beziehungen müssen auf der Anerkennung von Differenz, der Anerkennung der legitimen und unauslöschlichen Unterschiede zwischen einzelnen Menschen, beruhen. Differenz ist die Grundlage dessen, was wir gemein haben. *Was wir gemein haben, ist unsere Differenz.* Dieser Überzeugung verleiht Arendt in der oben zitierten Passage Ausdruck, und sie liegt auch der Ethik von Emmanuel Levinas zugrunde.[5]

5 »Das absolut Andere ist *der* Andere. Er bildet keine Mehrzahl mit mir. Die Gemeinsamkeit, in der ich ›Du‹ oder ›Wir‹ sage, ist nicht ein Plural von ›Ich‹. Ich, Du sind nicht Individuen eines gemeinsamen Begriffs. An den Anderen bindet mich weder der Besitz noch die Einheit der Zahl noch auch die Einheit des Begriffs. Es ist das Fehlen eines gemeinsamen Vaterlandes, das aus dem Anderen den Fremden macht, den Fremden, der das Bei-mir-zu-Hause stört. Aber Fremder, das bedeutet auch der Freie. Über ihn vermag mein Vermögen nichts. Eine wesentliche Seite an ihm entkommt meinem Zugriff, selbst wenn ich über ihn verfüge. Er ist nicht ganz an meinem Ort. Aber ich, der ich mit dem Fremden keinen gemeinsamen Begriff habe, ich bin, wie er, ohne genus. Wir sind der Selbe und der Andere.« (Levinas 2002, S. 44)

In philosophischer Hinsicht geht es also um das Problem des Andersseins als Ausgangspunkt einer singulären und verpflichtenden Moral. In soziologischer Hinsicht geht es um die eher empirische Frage nach unserem Verhältnis zu jenen, die mit uns in der Welt leben und von denen wir aufgrund ihrer mehr oder weniger häufigen medialen Präsenz Kenntnis zu nehmen aufgefordert und zuweilen gezwungen sind. Was sind die Voraussetzungen dieser Kenntnisnahme, dieses Kontakts mit Anderen, was ihre Folgen? Bedarf eine sinnvolle und moralisch verantwortliche Lebensführung im Alltag nicht einer Ethik, die uns verpflichtet, uns um unseren Nächsten, um unsere räumlich weit entfernten Nächsten und um die Angehörigen kommender Generationen zu kümmern, ihre Interessen zu berücksichtigen und über die Folgen unseres Handelns für sie nachzudenken? Und welche Rolle könnten die Medien, die Mediapolis, in diesem ebenso einschüchternden wie unverzichtbaren Unternehmen spielen?

Um diesen Fragen nachzugehen, werde ich die Rolle der Medien im Alltag anhand der folgenden vier Aspekte untersuchen: Distanz, Vertrauen, Komplizenschaft und Verantwortung.

Distanz

Mit Kommunikationsgeräten und Medien überwinden wir Distanz. Der Abstand, der zwei Menschen in einer unmittelbaren Begegnung trennt, ist vermutlich ebenso tief und letztlich unüberbrückbar wie der zwischen zwei Kulturen, die an verschiedenen Orten bestehen und unterschiedlichen Überzeugungen anhängen. Dennoch wollen wir nur allzu gern glauben, daß sich diese Abstände überwinden lassen und daß in persönlichen wie in medial vermittelten Begegnungen reale und genuine Verbindungen entstehen. Und wenn wir das glauben, ist es auch so.

Dieser Glaube hat jedoch im Kontext der Mediapolis signifikante Folgen für unser Verständnis der Welt, die uns durch die Medien vermittelt erscheint, und für unsere Haltung gegenüber den Repräsentationsformen und Realitäten, mit denen sie uns konfrontieren.

Auch in einem von Medien dominierten Alltag bleibt Distanz ein Problem, das erhebliche moralische Implikationen hat. Kevin Robins untersucht die psychologische Wirkung der Bilder des Golfkriegs und schreibt: »Der Bildschirm konfrontiert den gewöhnlichen Zuschauer mit einer unbehaglichen Realität und schirmt ihn zugleich von dieser ab. Seinen Bilder geht jedes moralische Gewicht ab: sie bieten Sensationen, ohne uns zur Verantwortung zu ziehen, sie machen uns zu Zeugen eines Spektakels, ohne uns mit dessen komplexen Hintergründen zu belästigen« (Robins 1994, S. 313). Diese Erfahrung hat einen vertrauten und einen neuen Aspekt. Ersteres, insofern wir spätestens seit Guy Debord (1977) wissen, daß das Spektakel ein Kernbestandteil der totalitären Okkupation der Alltagsräume durch die Medien ist; letzteres, insofern darin die Grundlage für eine ethische Haltung liegt, die sich mit den Folgen medialer Distanz für die Moral des Alltags auseinandersetzt.

Demgegenüber habe ich im zweiten Kapitel behauptet, daß die globalen Medien idealerweise und auch tatsächlich Ressourcen für unsere Urteilsbildung zur Verfügung stellen. Sie laden uns – vornehmlich in Nachrichtensendungen und aktueller Berichterstattung, aber auch in Weblogs und Chatrooms – zur Auseinandersetzung mit der Welt ein. Eingeladen sind alle, die als Mitwirkende, Benutzer und Zuschauer auf Medien zugreifen, um Information, Ideen oder Phantasien zu suchen oder zufällig auf Dinge zu stoßen, die ihnen bei der Bewältigung ihres Alltags helfen könnten. Darüber hinaus laden uns die Medien jedoch auch, und das ist problematischer, dazu ein, etwas anderes oder jemand anderen, und sei es nur für kurze Zeit, in unser Leben zu integrieren, etwas Andersartiges, das sonst jenseits unserer Reichweite läge, zu einem Teil unseres Lebens zu machen. Die Mediapolis stellt jeden an ihr Mitwirkenden ständig vor die Herausforderung, die richtige Distanz zu finden, seine eigene Perspektive zu erweitern und den Anderen in seiner Gleichheit und Andersartigkeit anzuerkennen.

Tatsächlich ergeht diese Einladung zur Auseinandersetzung mit dem Andersartigen aber in einer höchst ambivalenten Rhetorik, bei der Wahrheit und Lüge eng nebeneinanderliegen. So werden an die aktuelle Berichterstattung höchste Anforderungen in punkto Wahrhaftigkeit und Interesselosigkeit gestellt. Zugleich begegnen wir aber nicht selten einer kaum verborgenen Unaufrichtigkeit, der Unterschlagung von Zusammenhängen, einem kurzsichtigen Beharren auf dem Aktuellen, einer an herrschenden Meinungen orientierten Simplifizierung komplexer Hintergründe. Daher müssen die zu unserer Urteilsbildung angebotenen Ressourcen ihrerseits beurteilt werden (darauf komme ich im letzten Kapitel zurück). Eine weitere, vielleicht offensichtliche, Komplikation besteht darin, daß das Genre der Nachrichten, das einen besonders kategorischen Wahrheitsanspruch vertritt, über die bloße Mitteilung von Tatsachen hinausgeht. Die Nachrichten wollen ihre Leser, Hörer und Zuschauer mobilisieren, sie zufriedenstellen oder schockieren: sie erzählen Geschichten und bieten Erklärungen an. Die dabei angewendeten Verfahren werden ständig weiterentwickelt und zur Zeit, wie etwa das Konzept des »Infotainments«, eher kontrovers diskutiert: ihnen liegt eine Vorstellung des gesellschaftlichen Diskurses zugrunde, die einerseits auf dem Anspruch der Objektivität und Wahrhaftigkeit beharrt (und diesen zugleich untergräbt), sich andererseits aber an den Konventionen öffentlicher Kommunikation in der populären Kultur orientiert. Und wer wollte behaupten, daß letztere nicht ebenso zur Glaubwürdigkeit beitragen können wie ein nüchterner Bericht? Zur Mediapolis gehört nun mal die Boulevardpresse *und* die seriöse Wochenzeitung; der öffentliche Rundfunk und die Werbewirtschaft; die marktbeherrschenden Browser und Suchmaschinen und die autochthonen Weblogs: tausende Quellen, die jeden Tag im Internet entspringen und versiegen. Auch die skeptischen und die leichtgläubigen Teile der Öffentlichkeit sind Bestandteil der Mediapolis.

Hinter dem Nachrichtenbeitrag, der einfach nur von Ereignissen in der Welt zu berichten scheint, verbirgt sich also eine erhebliche Komplexität. Sie betrifft nicht nur das Verhältnis des

Beitrags zu den dargestellten Ereignissen und dem der Darstellung zugrunde liegenden Weltbild, sondern auch die Haltung, die er den Zuschauern und Benutzern gegenüber einnimmt, ohne die kein Kommunikationsakt stattfände. Die scheinbare Einfachheit verdeckt nicht selten auch eine mehr oder minder beabsichtigte anamorphe Mahnung, die uns die Verletzbarkeit und Gefährdetheit der die Welt aufrechterhaltenden Institutionen und Ideologien vor Augen führt, also das Prekäre der für selbstverständlich gehaltenen Grundlagen unserer Existenz.

All dies sind Aspekte des komplexen Appells, den die aktuelle Berichterstattung an die Zuschauer und Benutzer richtet. In ihnen spiegelt sich die enorme Schwierigkeit, die richtige Distanz zwischen Gegenstand und Berichterstatter, zwischen Berichterstatter und Publikum herzustellen, die es letzterem ermöglicht, sich mit den Problemen und seltener auch den Freuden weit entfernt lebender Menschen auseinanderzusetzen.

Zur Illustrierung dieser Überlegungen könnte man zahlreiche Beispiele aus der globalen Berichterstattung heranziehen. Mir scheinen drei Fälle aus den Jahren 2004 und 2005 im Kontext dieser Diskussionen besonders bedeutsam zu sein.

Das ist zuerst die Veröffentlichung des Videomaterials, das die Geiselnehmer von Beslan aufgenommen hatten, während sie im September 2004 über eintausendzweihundert Kinder und Eltern in einer Schule festhielten und mit dem Tode bedrohten. Mit dem Video wollten sie, wie es hieß, die Behörden über die Lage innerhalb des Gebäudes und vor allem über die reale Gefahr für die Geiseln informieren. In diversen britischen Medien wurden mehr oder weniger ausführliche Ausschnitte des Videos gezeigt. Zu fragen ist, welchem Zweck die Ausstrahlung solcher Bilder diente und ob es noch den Regeln des Anstands (dieses Wort muß man hier wohl verwenden) gehorcht, die Distanz zwischen Zuschauern und Abgebildeten derart zu verringern. Die mit den Bildern verbundene Aufforderung mußte die Zuschauer überfordern, gerade weil sie ein nahezu gleichzeitiges (und nicht wie etwa die Bilder des Holocaust ein länger zurückliegendes) Geschehen zeigten, die Körper und

Gesichter von Menschen, die sich unmittelbar in einer entwürdigenden Notlage befanden und mit dem Tode bedroht bzw. in der kurzen Zeit zwischen der Erstürmung der Schule und dem Erscheinen der Bilder auf den Schirmen ums Leben gekommen waren. Kinder vor allem, Eltern und Lehrer. Dreihunderteinunddreißig Menschen. Diese Bilder glichen denen von Insassen der Todeszelle: sie drangen in die Privatsphäre von Menschen ein, denen der Tod bevorstand. Unter dem Druck der Aktualität gerät die Frage nach der Würde der Betroffenen allzuleicht in den Hintergrund.

Und dennoch ist hier kein eindeutiges Urteil möglich. Diese Bilder sind in ihrer Einmaligkeit und als Vorschein einer Tragödie schockierend, doch zugleich werden sie im vertrauten Kontext ihrer Darbietung gleichsam abgestumpft: als Erscheinungen auf dem Fernseher oder in der Zeitung sind sie momentan, singulär und werden rasch von etwas anderem abgelöst. Andererseits zeigten sie Menschen, mit denen man sich identifizieren konnte: Leute wie dich und mich, Kinder, die unsere hätten sein können, und Feinde, von denen wir schon gehört hatten und die man zumindest in Großbritannien und den USA zunehmend zu fürchten angehalten wurde. Was sollten wir von diesen Ereignissen halten? Was konnten wir tun?

Die Einnahme des richtigen Abstands setzt die Kenntnis der Zusammenhänge sowie Phantasie und Einfühlungsvermögen voraus. Die Zusammenhänge, die in diesem Fall eine Rolle spielten, waren der internationale Terrorismus und unsere Ohnmacht ihm gegenüber, die Tatsache, daß die Geiselnahme an einem weit entfernten Ort stattfand, daß man etwas Derartiges soeben noch für undenkbar gehalten hätte und daß wir als britische Mediennutzer dem Geschehen völlig hilflos gegenüberstanden. Darüber hinaus spielten natürlich auch politische Polarisierungen eine Rolle, die dafür sorgten, daß die Ereignisse weit überwiegend unter dem Aspekt des Terrorismus geschildert und mögliche andere Darstellungen oder Erklärungen ausgeblendet wurden. Außerdem spielte natürlich das Medium selbst eine Rolle, der Bildschirm. Von ihm ging zweifellos die

Aufforderung aus, sich über die Distanz hinweg, die das Medium darstellt, mit den Opfern zu identifizieren, sie als Menschen zu erkennen, die uns gleichen und sich von uns unterscheiden. Ist so etwas möglich?

Wir müssen versuchen, den spezifischen und grundsätzlichen Aufforderungscharakter solcher Bildfolgen und Erzählungen zu verstehen, um auf irgendeine Weise denkend, urteilend oder handelnd auf sie reagieren zu können. Die Medien können uns das nicht abnehmen, sie können es nur erleichtern oder erschweren. Vielleicht war es vor dem konkreten Hintergrund dieser Geiselnahme gerechtfertigt, derart krasse und schokkierende Bilder in der Mediapolis erscheinen zu lassen, aber eigentlich ist es schwer vorstellbar, inwiefern damit ein konstruktiver Beitrag geleistet werden sollte.

Mein zweites Beispiel ist ebenso dramatisch. Es geht um jene Fotos und Videoaufnahmen, die am Abend des 28. April 2004 in der vom US-Fernsehsender CBS ausgestrahlten Nachrichtensendung *60 Minutes II* veröffentlicht wurden. Sie zeigen, wie amerikanische Soldaten ihre irakischen Gefangenen in dem schon unter Saddam Hussein berüchtigten Gefängnis Abu Ghraib foltern und quälen. Die Bilder lösten einen Skandal aus. Vermutlich werden sie als die wichtigsten Bilder von der Invasion und Besetzung des Iraks im Gedächtnis bleiben. Der auf ihre Veröffentlichung folgende Sturm der Entrüstung war komplex und von Polarisierungen geprägt. In diesem Fall ging es um Bilder, die zumindest im Westen und vor allem in den USA nicht zur Identifikation, sondern zu Empörung und Ablehnung einluden: sie zeigten Menschen wie uns, mit denen wir uns jedoch kaum oder überhaupt nicht identifizieren konnten. Die Bilder vergrößerten also die Distanz zwischen ihnen und uns.[6]

6 Hier zeigt sich die Problematik der Pronomina »wir« und »uns« wieder, die ich im ersten Kapitel angesprochen habe. Natürlich ist es nicht nur unzutreffend, sondern auch unfair, die Vielzahl möglicher Reaktionen auf diese Bilder in eine singuläre Kategorie zu fassen. Eine solche Unterstellung ist stets von einer spezifischen Perspektive (in diesem Fall: meiner) und von der sozialen, ethnischen, sexuellen und nationalen Zu-

Sie machen private (und sehr sinistre) Entgleisungen öffentlich. Die Geheimhaltung wurde durchbrochen, und die Verderbtheit der westlichen Weltmacht kam zum Vorschein.

Die Parameter sind andere als im Fall der Bilder aus Beslan, sie lassen sich aber auf derselben Achse von Nähe und Abstand eintragen. Im Fall Abu Ghraib mußte der Zuschauer mit der unmittelbaren Nähe zu den Tätern klarkommen, wenn er die Frage seiner Verantwortung für das Geschehen klären wollte. Die Soldaten, die sich an den Folterungen beteiligt hatten, waren namentlich bekannt. Sie stammten aus derselben Welt wie der Zuschauer. Und was war mit ihren kapuzenbedeckten, nackten, bedrohten, gedemütigten und vor allem namenlosen Opfern (Butler 2004)? Erschienen sie uns, ebenso wie ihren Peinigern, als Tiere? Wären sie nicht auf den Fernseh- und Computermonitoren des Westens erschienen, könnte man diese Frage nicht einmal stellen, geschweige denn beantworten. Doch auch so waren diese Bilder keineswegs eindeutig, sondern geradezu anamorph. Sie enthielten eine kaum verschlüsselte Mahnung an unsere eigene Anfälligkeit für das Böse, an unsere Fähigkeit, Böses zu tun. Sie erschreckten uns auch, weil sie uns so nah waren.

Mein drittes Beispiel ist einfacher. Es hatte erhebliche Folgen für die amerikanischen Medien und für die politische Kultur und soziale Struktur des Landes. In der Berichterstattung über die katastrophalen Zerstörungen, die der Hurrikan Katrina anrichtete, wurde nach übereinstimmender Meinung vieler Beobachter nicht nur die Unfähigkeit von Politikern und Behörden deutlich, sondern erwiesen sich auch große Teile des Selbstbildes der Amerikaner als Illusion. Während das Wasser stieg und das Thema ins Zentrum der nationalen und globalen Berichterstattung rückte, wurden die sonst verleugneten Ras-

gehörigkeit bestimmt. Daher liegt in der Verwendung des Pronomens »wir« eine gewisse Provokation: eine Aufforderung an die Leser dieses Buches, sich in bezug auf dieses Wir zu positionieren. Andererseits versteht es sich von selbst, daß manche Leser in den USA (und in Großbritannien) die Bilder aus Abu Ghraib ganz anders deuten als ich.

sen- und Klassenunterschiede und die Folgen der systembeding-
ten Armut und Ausbeutung deutlich. In Großbritannien griffen
die wichtigsten Sender das Thema rasch auf und beleuchteten
es ausführlich. In den USA dauerte es deutlich länger, bis diese
Themen zur Sprache kamen, weil es offenbar schwerer ist, sich
der Wunde zu stellen, die die Präsenz des Anderen, hier: einer
entsetzlichen Armut, mitten in der eigenen Gesellschaft bedeutet. Die Distanz zwischen dem Bild der USA und ihrer Realität
brach zusammen wie die Deiche von New Orleans. Die lokalen und nationalen Medien mußten zum ersten Mal seit Jahren
(zumindest seit dem 11. September 2001) von den fundamentalen Problemen im Zentrum der amerikanischen Gesellschaft
berichten und sich mit ihnen auseinandersetzen. Zumindest für
den Moment war keine Distanz mehr möglich.

Die Frage nach dem richtigen Abstand stellt sich bereits,
wenn es darum geht, die Bilder auszuwählen und einzurichten,
die auf Monitoren oder Zeitungsseiten erscheinen, sich also
durch die Mediapolis in der Welt materialisieren sollen. Beantwortet werden aber muß sie letztlich im Denken und Handeln
derer, die mit diesen Bildern konfrontiert werden. Es gibt nicht
die *eine* Position, von der aus die Welt gesehen und dargestellt
werden kann, und die richtige Distanz muß immer wieder neu
anhand des konkreten Falls bestimmt werden.

Hinsichtlich des Managements von Distanz besteht ein
ständiges Spannungsverhältnis zwischen der Mediapolis und
ihren Mitwirkenden. Dessen moralische Folgen zeigen sich im
Alltag der Zuschauer und Nutzer. Dort werden sie wiederum
beeinflußt vom Verhältnis des Einzelnen gegenüber den Medi-
en, die er benutzt. Dieses Verhältnis ist in erster Linie eine Frage
des Vertrauens.

Vertrauen

Vertrauen ermöglicht die Überwindung von Distanz. Luc Boltanski (1999), der sich mit der Repräsentation des Leidens in den Medien befaßt hat, führt die Entstehung von Distanz in der medialen Kommunikation darauf zurück, daß der Empfänger der Mitteilung weder Einblick in die Situation ihres Absenders habe noch dessen Intentionen hinterfragen könne:

> Da die mediale Kommunikationssituation Distanz nicht nur zwischen dem Zuschauer und dem Leidenden, sondern auch zwischen dem Zuschauer und dem schafft, der ihm die Leiden der Unglücklichen präsentiert (ohne unbedingt ihr Augenzeuge gewesen zu sein), ist es umso schwieriger, das notwendige Vertrauen herzustellen, das vielen experimentellen Studien zufolge weitgehend auf Präsenz beruht.   (Boltanski 1999, S. 151)

Vertrauen und Vertrauenswürdigkeit spielen im alltäglichen Umgang mit den Medien eine ebenso große Rolle wie in anderen Bereichen des gesellschaftlichen Lebens. Zuletzt wurde jedoch von vielen Beobachtern eine Krise des Vertrauens in die Medien diagnostiziert. Es ist klar, daß wir den Alltag in modernen und spätmodernen Gesellschaften nur bewältigen können, wenn wir auf abstrakte Systeme vertrauen. Die Medien, die eines dieser abstrakten Systeme sind, haben aber auch hier eine Doppelfunktion: nicht nur müssen wir ihnen Vertrauen schenken, sondern sie sind auch entscheidend für unser Vertrauen in die Welt. Die Glaubwürdigkeitskrise der Politik und der Demokratie sind, wie Onora O'Neill (2002) zeigt, zumindest zum Teil eine Folge des schwindenden Vertrauens in die Darstellung politischer Prozesse in den Medien.

Jedes auf Vertrauen basierende Verhältnis ist von Asymmetrien geprägt. Erstens lassen sich Vertrauensbrüche viel leichter nachweisen als ihr Ausbleiben, weil es grundsätzlich sehr viel schwieriger ist, zu beweisen, daß etwas *nicht* existiert. Zudem ist es unverhältnismäßig schwer, Vertrauen, das einmal gebrochen wurde, wieder aufzubauen. Zweitens ist das Vertrauensverhältnis zwischen Publikum und Medien nicht-reziprok. Die Medien sind auf das Vertrauen ihrer Adressaten angewiesen, wenn sie überleben wollen. Umgekehrt gilt das nicht. Vertrauen ist eine kitzlige Sache. Es ist stets an Bedingungen gebunden, es muß kontinuierlich gepflegt werden, und es löst Erwartungen aus, die erfüllt werden müssen. In der medialen Vermittlung von Vertrauen (in Erzählweisen, Institutionen, Ideologien usf.) verdoppeln sich diese Probleme durch die Ambivalenz unseres Vertrauen in die Medien selbst. Wie wir wissen, pflegen viele Medien einen eher taktischen oder gar offen ausbeuterischen Umgang mit Wahrheit und Realität (mehr dazu im nächsten Kapitel). Angeblich der Information dienende Sendungen werden mit unterhaltenden Elementen »aufgepeppt«. In vielen, auch bedeutenden Zeitungen schwindet die klassische journalistische Abgrenzung von Nachricht und Kommentar. In Reality-TV und Dokusoaps verwischen die Grenzen zwischen Realität und Fiktion. Interviews werden geschnitten, spontane Talkshows vorab geprobt, vermeintliche Direktübertragungen von den Brennpunkten der Welt vorab aufgezeichnet. Warum vertrauen wir solchen Fälschungen, obwohl wir wissen, daß sie Fälschungen sind? Die Frage ist nicht, warum die Medien und ihre Inhalte so oft wenig vertrauenswürdig sind, sondern warum wir dies hinnehmen, ohne es zu hinterfragen. Wie kommt es, daß uns diese Vertrauensbrüche nicht weiter stören? Warum ist die Einlösung dieses Versprechens (zumindest wenn man den Medien nicht grundsätzlich skeptisch gegenübersteht) offenbar irrelevant für unsere fortgesetzte Mitwirkung an der Medienkultur?

Am Ende ihrer Auseinandersetzung mit der Kulturindustrie konstatieren Max Horkheimer und Theodor W. Adorno eine »zwangshafte Mimesis der Konsumenten an die zugleich durchschauten Kulturwaren« (Horkheimer und Adorno 1988, S. 176). Demnach nützt es uns nichts, die Verlogenheit der Kulturindustrie oder der Werbung zu durchschauen, weil wir ihrer Omnipotenz ausgeliefert sind und uns nichts anderes übrigbleibt, als unsere Seele dem Teufel zu verkaufen.

So reizvoll dieser Pessimismus auch ist, ich bin in einem zentralen Aspekt anderer Meinung. Zwar bezweifle ich nicht den enormen Einfluß, den die Medien ausüben, glaube aber, daß wir unsere intellektuelle und politische Handlungsfähigkeit nur bewahren können, wenn wir zugestehen, daß die Macht der Medien in Frage gestellt werden kann und muß. Wenn wir aktiv Mitwirkende in der Medienkultur sein sollen und wollen, müssen wir auch davon ausgehen, daß diese Mitwirkung freiwillig erfolgt.

Deshalb ist die Frage, warum wir die Dominanz wenig vertrauenswürdiger Medienformate akzeptieren, alles andere als eine rhetorische Frage. Das Problem ist tatsächlich weit komplexer, als die Schlagworte von der Unverantwortlichkeit der Medien, die ihr Publikum für dumm verkaufen, ahnen lassen. Eine mögliche Antwort liegt vielleicht in der Tatsache, daß die medialen Darstellungen der Welt im Alltag und auch in der populären Kultur niemals ganz und gar für bare Münze genommen werden.

Die von ernsthafter Sorge getriebenen Kritiker der Mediapolis übersehen oft, welch profunde Bedeutung dem Spiel in der Medienkultur zukommt. Der Aspekt des Spielerischen wird auf beiden Seiten der medialen Kommunikationsprozesse akzeptiert und genossen: von Produzenten und Publikum. Im Spiel werden Vertrauen und Vertrauensbruch anhand ganz anderer Parameter bestimmt. Es geht nicht um Verstöße gegen die Wahrheit oder die Fakten, sondern um Verstöße gegen die Regeln. Es geht nicht um Lüge, sondern um Betrug. Die Konventionen und Regeln des Spiels definieren eine Reihe von Grenzen und Praktiken, die nur dann Fragen aufwerfen und Mißtrauen erwecken, wenn sie gebrochen werden. Die sogenannten populären Medien halten sich im großen und ganzen an die Spielregeln, auch wenn diese nicht immer ganz klar sind; sie sind nicht eindeutig fixiert, werden aber durchaus staatlich überwacht. Das spielerische Element der Volkskultur, deren Erbe die Medienkultur angetreten hat, ist von den Autoritäten stets mißverstanden worden und hat bei ihnen Mißtrauen und

oft auch Furcht geweckt. Im viktorianischen England fanden
erhebliche Auseinandersetzungen darum statt, den Spieltrieb
der volkstümlichen Kultur zu regulieren und ihre anarchischen
Neigungen zu zähmen und in die Beschränkungen einer zunehmend kommerzialisierten Kultur zu überführen. Doch viele dieser spielerischen Formen leben im populären Fernsehen und der
Boulevardpresse weiter. Das Spielerische der Medienkultur ist
daher nicht bloß eine postmoderne Erfindung. Es hat historische Hintergründe und folgt seiner eigenen Logik.[7]

Es besteht ein qualitativer Unterschied zwischen dem Vertrauen in die Wahrhaftigkeit einzelner Berichte und dem Vertrauen in die Medien an sich, für das Faktentreue selbst in der
Berichterstattung nur eine Nebenrolle gegenüber der Ästhetik
und der Autorität des Genres spielt. Im ersten Fall geht es um
Inhalte und singuläre Wahrheitsansprüche. In letzterem um die
Qualität und Zuverlässigkeit der zugrundeliegenden Strukturen und der Regeln, denen sie folgen. Also vielleicht eher um
Unterhaltung als um Wahrheit.

Zur Mediapolis gehören beide Aspekte und beide Formen
der Publikumsansprache, die sich oft genug im Widerspruch
zueinander befinden. Die Bemühung um akkurate Wirklich-
keitswiedergabe und die Lust am Spiel überlagern das Verhältnis von Fakten und Fiktionen und komplizieren es. Daß die
Zuschauer ihre eigenen Kenntnisse und Erfahrungen in ihren
Umgang mit den Medien einbringen, trägt entscheidend zum
zwischen ihnen und dem ihnen Dargebotenen entstehenden
Vertrauen bei. Allerdings sind Kenntnisse und Klugheit weder
gleichmäßig verteilt noch ein Patentrezept. Als Mitwirkende
der Mediapolis können sich Zuschauer und Benutzer jederzeit
irren, genau wie die Medien sie absichtlich oder unbeabsichtigt
in die Irre führen können. Darüber hinaus können die Zuschauer als Mitwirkende die Frage der Wahrhaftigkeit im Rahmen
der Spielregeln (die sie aufgrund ihrer Vertrautheit für vertrau-

---

7 Auch Hannah Arendt berücksichtigt das Spiel als Element der öffentlichen oder bürgerlichen Kultur des Erscheinungsraums. Vgl. dazu meine
Darstellung im zweiten Kapitel.

enswürdig halten) sogar ganz suspendieren. Dabei kommt es
weniger auf Vertrautheit als auf die allgemein bekannte und
weithin akzeptierte Tatsache an, daß es etwa bei der britischen
Boulevardzeitung *The Sun* (oder der deutschen *Bild-Zeitung*)
weniger um Fakten als um Dramen und Spektakel geht oder
daß die Fox News in den USA Sprachrohr einer bestimmten
politischen Überzeugung sind.[8] In diesem Zusammenhang bedeutet Vertrauen nicht, daß die Zeitung beziehungsweise der
Sender die Wahrheit sagen, sondern daß sie sind, was sie sind,
und das tun, was von ihnen zu erwarten ist. Solche Medien entziehen sich der Kritik und setzen auf gemeinsame Sichtweisen
und Vorurteile. Darauf komme ich gleich zurück.

Wenn das Spiel ein Aspekt des Umgangs mit Medien ist, hat
das Folgen für deren Ethik, weil die Verantwortung im Spiel
ganz anders verteilt ist. Zwar bedarf das Spiel unserer Mitwirkung, aber es sorgt auch dafür, daß wir Verantwortung nur für
das übernehmen, was innerhalb des Spiels geschieht. »Es ist ja
nur ein Spiel.« Wir vertrauen darauf, daß der Andere sich innerhalb des Spiels fair verhält, übernehmen aber keinerlei Verantwortung für das Spiel selbst und seine Folgen für den Rest
der Welt. Das überlassen wir anderen. Andererseits müssen wir
bei jedem Spiel darauf vertrauen, daß die anderen Spielteilneh-
mer, ohne die es das Spiel nicht gäbe, ebenfalls Verantwortung
übernehmen. Auch der mediale Vermittlungsprozeß setzt die
Mitwirkung anderer Teilnehmer und damit Gemeinsamkeit
und Gegenseitigkeit voraus, wenn auch in extrem ungleichem
Maß. Wenn wir, die Mitwirkenden, dem Spiel den Rücken kehren, kann es nicht weitergehen.

Vertrauen ist eine lästige Sache, weil es voraussetzt, daß
wir nach den Zwecken und Mitteln derjenigen fragen, denen
wir vertrauen sollen. Im Falle der Medien bleibt uns nichts anderes übrig, als ihnen, trotz ihrer manifesten Schwächen, zu
vertrauen, da nur so das Spiel des sozialen Lebens weitergehen

8 Es handelt sich hier also um Spiele im Sinne von Bühnendarbietungen
   oder Aufführungen (vgl. Silverstone 1999).

kann. Aber wir müssen ihnen ein skeptisches, ein informiertes Vertrauen entgegenbringen, kein blindes. Wir müssen von den Medien verlangen, daß sie sich verantwortlich und auch respektvoll verhalten, das ist Teil unserer Verantwortung im Alltag. Dabei darf die Sorge um das verantwortliche Verhalten der Medien nicht allein den Regulierungs- und Aufsichtsbehörden überlassen werden, so nötig diese auch sein mögen. Verantwortung muß vielmehr innerhalb des Systems verankert sein und bedarf der Mitwirkung von Zuschauern und Usern, die über ausreichende Medienkompetenz verfügen, um sich eine eigene Meinung zu bilden. Unsere Mitwirkung setzt Informiertheit voraus; die richtige Distanz bedarf des richtigen Maßes an Skepsis. Wir dürfen den Medien keinen unbegrenzten Vertrauensvorschuß gewähren, und wir müssen ihre Vertrauenswürdigkeit aktiv überprüfen. Medien sind Institutionen und Diskurse. In beiden Funktionen müssen sie vertrauenswürdig sein.

Es besteht ein Unterschied zwischen dem Vertrauen, das wir den Medien entgegenbringen müssen, und ihrer Vertrauenswürdigkeit. Die Medien müssen gewisse Bedingungen erfüllen, damit wir ihnen vertrauen können. Dieses Thema werde ich im nächsten Kapitel unter dem Aspekt der Gerechtigkeit und Wahrhaftigkeit, im letzten Kapitel anhand der Frage nach gesetzgeberischen Maßnahmen und Medienkompetenz erörtern.

Zuvor möchte ich mich jedoch mit einer anderen Frage befassen, die sich aus der Beobachtung ergibt, daß die Medien Eigenschaften eines Spiels aufweisen. Sie betrifft das Phänomen, das im Mittelpunkt dieses Buchs steht, nämlich die Fähigkeit der Medien, ihr Publikum mit dem Leben der Anderen in Berührung zu bringen, auch und gerade mit solchen, die in Not sind.

Komplizentum und Kollusion

Die jüngere Medienwissenschaft hat sich nachzuweisen bemüht, daß Zuschauer und -hörer von Rundfunkprogrammen aktiver an diesen mitwirken, als bislang angenommen wurde.

Das betrifft nicht nur die Programmwahl, die sie treffen, sondern auch die Tatsache, daß sie die medial übermittelten Texte nicht einfach eins zu eins glauben, sondern interpretieren und deuten, gegen den Strich lesen usf. Die Beziehung zwischen Rezipienten und Texten läßt sich nur verstehen, wenn man berücksichtigt, daß sich erstere sowohl unmittelbar während der Ausstrahlung wie auch in den anschließenden sozialen und kulturellen Diskursen aktiv mit Inhalten und Erzählformen auseinandersetzen, also nicht nur deren Empfänger sind, sondern an ihrer Konstruktion partizipieren. Im interaktiven Umgang mit Computern und Computernetzen findet eine solche Partizipation in noch höherem Maß statt.

Insofern Medienkonsum also eine Aktivität ist, läßt er sich wie jede andere Handlung moralisch beurteilen. Wenn der Zuschauer aktiv am Prozeß der Bedeutungserzeugung mitwirkt, trägt er auch Verantwortung. Lehnt er jegliche Verantwortung ab, muß er doch die Verantwortung für diese Weigerung übernehmen. Niemand kann sich dem entziehen, weil wir heute alle als Zuschauer und Benutzer am Prozeß medialer Vermittlung partizipieren.

Die teils strukturellen, teils durch das Umfeld bedingten Untugenden unserer Medien wirken sich nicht nur auf unser Alltagsleben aus, dessen Werten und Praktiken sie fremd sind, sie sind auch Bestandteil der allen gemeinsamen Kultur und werden als solcher akzeptiert. Wenn wir uns weigern, die Medien kritisch zu befragen und unserer Verantwortung für sie gerecht zu werden, können weder sie uns noch, was noch wichtiger ist, wir ihnen gerecht werden.

In seinem klugen und anspruchsvollen Essay über die Beziehung zwischen dem Anthropologen und seinem Forschungsgegenstand in einer postkolonialen globalen Welt entwickelt George Marcus (1998) den Begriff der Komplizenschaft, der das ethische Dilemma ethnographischer Feldforschung und zugleich ein Mittel bezeichnet, um über deren lokale Beschränktheit hinauszugelangen. Marcus zufolge agieren der Ethnograph und sein Forschungsgegenstand dann als Komplizen, wenn sie sich die materiellen Grundlagen und die unterschiedlichen kulturellen Hintergründe ihrer Beziehung nicht wirklich bewußtmachen oder hinterfragen. Jeder der beiden weiß insgeheim, daß sie die vor ihnen liegende Realität nur dann verstehen und erklären können, wenn sie Bezug auf andere Orten und Zeiten nehmen. Sie sind Komplizen bei der Erzeugung eines Wissens, dessen Unzulänglichkeit beide erkennen, aber zu akzeptieren bereit sind.

In gewisser Hinsicht macht diese Komplizenschaft das anthropologische Projekt ethisch und moralisch unmöglich. Marcus will die Ethnographie jedoch nicht zu Grabe tragen, sondern sieht in einem bewußtgemachten, also reflexiven Komplizentum den Königsweg zu einer neuen, translokalen Ethnographie. Diese verlangt vom Anthropologen, daß er viele Orte und Perspektiven berücksichtigt und der Bewegung von Menschen und Dingen in Raum und Zeit folgt. Nur so kann er dem Anderen, das er erforscht, gerecht werden.

Diese Auflösung eines anthropologischen Dilemmas durch Reflexivität läßt sich auf die Medien und den Alltag übertragen, auf Fragen der Distanz sowie der Repräsentation und Darstellung. Reflexives Komplizentum bewirkt hier eine ironische Haltung: keiner der Mitwirkenden am Repräsentationsprozeß (hier der Journalist und derjenige, über den er berichtet) weiß genug über den Anderen, um seine Fähigkeit zur Kooperation einschätzen zu können, dennoch kooperieren sie auf der Grundlage dessen, was sie wissen. Beide wissen um ihre mangelhafte Kenntnis, lassen sich aber innerhalb ihrer zeitlich beschränkten Kooperation darauf ein.

Die anthropologische Kritik greift allerdings zu kurz, weil sie aus verständlichen Gründen den dritten Teilnehmer der Interaktion nicht berücksichtigt, nämlich den Leser des anthropologischen Texts. Die Einbeziehung des Publikums und der Pluralität seiner alltäglichen Lebensverhältnisse macht den komplizenhaften Aspekt medialer Vermittlungsprozesse unendlich kompliziert. Denn sie betreffen nicht nur zwei, sondern stets drei Parteien: den Dargestellten, den Darstellenden und

den Rezipienten. Sie alle sind, ungeachtet ihrer Unterschiedlichkeit und unterschiedlichen Verantwortung, Mitwirkende
am Prozeß medialer Vermittlung.

Ob Dokumentarfilm oder Nachrichten, jeder Versuch, innerhalb der Medien eine Wirklichkeit wahrhaft darzustellen,
setzt ein solches stillschweigendes Einverständnis aller Beteiligten voraus: die Weigerung, die Widersprüchlichkeit und Unzulänglichkeit des Prozesses anzuerkennen, an dem sie – wenn
auch mit unterschiedlichen Einflußmöglichkeiten – beteiligt
sind. Das Publikum, die Produzenten und zunehmend auch die
Dargestellten werden gleichsam zu Verschwörern, wenn sie es
unterlassen, über jene Aspekte der Darstellungsverfahren nachzudenken, die grundsätzlich geeignet sind, ein falsches Bild der
Welt zu erzeugen. Die Dargestellten werden zu Verschwörern,
wenn sie sich an die Regeln und Beschränkungen des Genres
halten und so tun, als wüßten sie nicht, daß jede Repräsentation unzulänglich und parteilich ist.[9] Die Produzenten werden
zu Verschwörern, wenn sie versäumen, die Grenzen ihres Mediums zu reflektieren und dem Publikum und den Dargestellten
gegenüber deutlich zu machen. Zuschauer und Benutzer werden zu Verschwörern, wenn sie die Behauptungen der Medien
unkritisch akzeptieren, ihr Wissen um die Grenzen der Medien
also nicht äußern.

Unser alltäglicher Wunsch, den Anderen ganz genau zu
kennen, spiegelt sich in den Medien wider als das Bedürfnis,
an die Wirklichkeit und Autorität der Berichterstattung über
andere zu glauben. Als Mitwirkende der Medienkultur werden
wir zu Verschwörern, wenn wir glauben, die Medien seien für
unser Verständnis der Welt und unsere Wertschätzung gegenüber Anderen nicht nur notwendig (was sie sind), sondern auch
ausreichend, was sie nie sein können.

Unser Komplizentum beruht auf diesem Mißverständnis
und fördert es wiederum. Es tröstet uns, wenigstens bis ein rea-

9 Insbesondere wenn sie, wie es zunehmend geschieht, die Berichterstattung zu manipulieren und ihren eigenen Interessen dienstbar zu machen
   suchen.

les Ereignis den Wahrheitsanschein der Repräsentation überschattet, und schützt uns vor den Herausforderungen der Wirklichkeit und hindert uns daran, unserer Verantwortung für den
Anderen gerecht zu werden.

Vom stillschweigenden Einverständnis des Komplizentums
ist es nur ein Schritt zur Kollusion, zur »geheimen, betrügerischen Verabredung« (Fremdwörterduden). Während das Komplizentum eine Art Nährboden für unsere Beziehung zu Anderen und zu den Medien (und zu Anderen über die Medien) ist,
hat die Kollusion jedoch unmittelbare moralische Folgen. Und
zwar insbesondere dann, wenn es um Bilder und Schilderungen
des Leidens geht. Stan Cohen, der über mediale Vermittlungsprozesse und die Verweigerung des Mitgefühls angesichts lei-
dender Menschen nachdenkt, weist auf ein wichtiges Paradox
hin:

> Vor allem über das Fernsehen gelangen Bilder des Leidens weit
> entfernt lebender Anderer ins Bewußtsein derer, die ein privi-
> legierteres, sichereres und komfortableres Leben führen. [...]
> Diese Bilder gehören gleichsam einer Hyper-Realität an, einer
> fortlaufenden Reihe von Widersprüchen zwischen der Sicht des
> Zuschauers und dem, was »wirklich« geschieht. [...] Zugleich
> erzeugen sie jedoch eine unüberwindliche Distanz, die nicht nur
> von der räumlichen Distanz zum Ort des Geschehens, sondern
> auch daher rührt, daß es unvorstellbar erscheint, daß einem
> selbst oder der eigenen Familie dergleichen zustoßen könnte.
> [...] Durch den Anschein der Unmittelbarkeit, den die Fern-
> sehnachrichten erwecken, werden zwar die früheren Schranken
> des Wissens und des Mitgefühls überwunden und Hoffnung
> auf eine »Internationalisierung des Bewußtseins« geweckt. An-
> dererseits jedoch sorgen sie mit ihrer Selektivität, Promiskuität
> und kurzen Aufmerksamkeitsspanne dafür, daß die Zuschauer
> zu »Voyeuren des Leidens anderer, zu Touristen in den Land-
> schaften der Not« werden. (Cohen 2001, S. 168f.)[10]

10 Cohen zitiert Ignatieff 1998, S. 10f.

Auch wenn dieses Paradox also eine hoffnungsvolle Seite hat, und die wachsende internationale Bereitschaft zu Hilfsmaßnahmen tatsächlich Anlaß zur Hoffnung gibt, wäre es doch falsch, seine Kehrseite zu ignorieren. Denn die unüberwindliche Distanzierung und Flüchtigkeit solcher Programme schafft die Grundvoraussetzungen für die kollektive Leugnung dessen, was sie zeigen. Wenn einem die Tragödien und Katastrophen frei Haus geliefert werden, macht es einem das Als-ob der Repräsentation leicht, sie umstandslos wieder zu entsorgen.

Daher können wir von einer »geheimen, betrügerischen Verabredung« sprechen, deren Ziel es ist, sich über das Leiden auf anderen Kontinenten hinwegzutäuschen bzw. es zu ignorieren. Cohen weist darauf hin, daß sich diese kollektive Ignoranz und Beschwichtigung kulturell akzeptierter Formeln bedient, um überzeugend zu sein. Das gemeinsame Leugnen und Ignorieren der Tatsachen »funktioniert am besten, wenn wir uns seiner nicht bewußt sind« (Cohen 2001, S. 64). So wie in einer Familie die Alkoholabhängigkeit eines Familienmitglieds geleugnet werden kann, die sich einzugestehen zu schmerzhaft wäre, so kann in Gesellschaften die Existenz von Problemen und Traumata geleugnet werden, um der Auseinandersetzung mit ihnen aus dem Weg zu gehen. Die Bilder der Medien befördern die kollusive Illusion, das Erscheinen des leidenden Anderen auf dem Bildschirm beglaubige unsere hinreichende Auseinandersetzung mit ihm und seinem Leid. In den Berichten über die Auswirkungen des Hurrikans Katarina wurde diese Beschwichtigungspraxis zumindest für kurze Zeit durchbrochen, ebenso in der globalen Berichterstattung über den Tsunami im Indischen Ozean Ende 2004. Es ist also möglich.

In der Regel haben wir es in der gegenwärtigen Medienlandschaft jedoch, was die zentrale Frage unseres Verhältnisses zum Anderen und unseres Mitgefühls betrifft, mit zwei Arten von Konventionen zu tun, die das stillschweigende Einverständnis und den kollusiven Selbstbetrug befördern. Erstens sind da die Konventionen unserer Medienrezeption, der Diskurs der Repräsentation, des Erzählens, Darstellens und Berichtens. Zweitens spielen die Konventionen des Alltags eine Rolle: Wie wir miteinander über die Dinge sprechen, an was wir uns erinnern, wie wir sie uns vorstellen. Unser Komplizentum besteht darin, daß wir von vornherein bereit sind zu glauben, die Medien seien in der Lage, die Herausforderung, die der Andere und insbesondere der leidende Andere darstellt, in den Rahmen des Vertrauten einzufügen und sie dadurch zu mildern und zu bannen. Kollusive Leugnung beruht auf unserer Fähigkeit und unserem Wunsch, die alltägliche Realität und das Leid des Anderen zu ignorieren und zu vergessen.

Daraus ergeben sich Folgerungen für unser Verständnis von Mitgefühl und dessen Rolle in modernen Gesellschaften. Mitgefühl setzt Identifikation mit dem Leid des Anderen voraus. Es ist eine persönliche und individuelle Gefühlsregung, die zum Privatleben gehört. Erbarmen und Fürsorge hingegen sind öffentliche, politische und verallgemeinerbare Phänomene.

Susan Moeller spricht in diesem Zusammenhang von »Mitleidsmüdigkeit«, unserer Unfähigkeit, dem leidenden Anderen gerecht zu werden. Sie macht die Medien dafür verantwortlich, die Holzhammermethoden eines sensationslüsternen Journalismus, und meint, das Problem ließe sich durch besseren, aufrichtigeren, professionelleren und weniger kompromittierten Journalismus lösen (Moeller 1999, S. 322). Diese Schuldzuweisung ist jedoch zu singulär, zu eindimensional. Die mediale Repräsentation des Leidens Anderer in Kriegen, Krisen oder Umweltkatastrophen ist alles andere als homogen, wie Lilie Chouliaraki (2006) überzeugend gezeigt hat. Und es gibt eindeutige Belege dafür, daß die Medien nach wie vor in der Lage sind, Einzelne und Kollektive zu Hilfeleistungen zu animieren.

Meiner Ansicht nach ist es jedoch zweitrangig, inwiefern die Darstellung des Leidens in den Medien Mitgefühl weckt, das Hannah Arendt und anderen ohnehin als Privatangelegenheit gilt.[11] Wichtiger wäre, daß sie eine (selbstverständlich öf-

---

11 Arendt argumentiert mit Blick auf die Privatisierung des öffentlichen Lebens, daß genuine politische Tätigkeiten, »die vielfältigen Prozesse des Meinungsaustauschs, des Hörens und Gehörtwerdens« (Arendt

fentliche) Politik des Erbarmens und der Fürsorge fördern. Das Problem liegt also eher in der Privatisierung des öffentlichen Lebens. Und für diese sind, wie hier deutlich wird, in erheblichem Maße die Medien verantwortlich.

Diese Privatisierung führt zu einer Abwendung von den Problemen, so daß bestenfalls deren Symptome, nicht aber ihre strukturellen Voraussetzungen ins Blickfeld geraten. Doch das Problem der Distanz erscheint mir dringlicher. Luc Boltanski, der sich in seiner Untersuchung der medialen Repräsentation des fernen Leidens damit befaßt, glaubt im Gegensatz zu Arendt, daß Mitgefühl zu politischem Handeln motivieren kann. Für ihn kann dieses politische Handeln bereits in Meinungsäußerungen bestehen, die er für eingeschränkt wirksam, aber notwendig hält; überdies akzeptiert er, daß die Medien mit Emotionen arbeiten müssen, wenn sie Nähe schaffen wollen:

> [...] die von den Medien dargestellten Emotionen haben teilweise reale, teilweise fiktionale Hintergründe. Sie sind an reale Emotionen gebunden, insofern die Not der Opfer als real dargestellt wird und eine Form der Unterstützung auslöst, die aus existentieller Überzeugung entsteht. [...] Doch der Zuschauer ist geschützt. Er befindet sich nicht in derselben Situation wie die Opfer; er ist nicht an der Seite der Leidenden und Gefolterten. [...] Um das inakzeptable Abdriften der Emotionen ins Fiktionale zu verhindern, müssen wir unsere Handlungsmöglichkeiten im Blick behalten und bereit sein zu handeln, und sei es nur, indem wir in Wort und Schrift für die Leidenden eintreten. Zudem darf kein Zweifel an der realen Existenz des Leidenden und an den Zielen und Wünschen der Berichterstatter und Zuschauer bestehen.   (Boltanski 1999, S. 152f.)

2000, S. 96), durch Mitleid kompromittiert würden: »Weil nun aber das Mitleiden die Distanz zwischen Menschen auslöscht und mit ihr den weltlichen Zwischenraum, in dem sich politische Angelegenheiten [...] abspielen, ist es, politisch gesprochen, ohne Bedeutung und ohne Folgen. Dies meint Melville, wenn er sagt, er sei unfähig zur Errichtung ›dauerhafter Institutionen‹.« (ebd., S. 109f.)

Für Boltanski sind die Medien unverzichtbar als Übermittler der Bilder, die uns privat und öffentlich zu reagieren zwingen, aber er macht sich keine Illusionen darüber, daß sich diese Reaktionen nur schwer in politisches Handeln verwandeln lassen. Es ist jedoch klar, daß eine Politik des Mitgefühls, wenn sie überhaupt möglich ist, aus dem, was auf dem Bildschirm erscheint, konkrete Folgerungen ziehen muß. Individuelles Mitgefühl wird nur wirksam, wenn es zu einer Sache der Öffentlichkeit wird, es braucht Organisationen, die es mobilisieren und in die Tat umsetzen können, aber es beruht auf dem Vertrauen in den Überbringer der Botschaft.

Daher ist zum Thema Mitgefühl zweierlei festzustellen. Erstens unterliegt es einer Privatisierung, und zwar infolge der von den Medien herbeigeführten Auflösung der Grenzen zwischen Öffentlichkeit und privatem Bereich. Diese Privatisierung verringert die Chancen einer am Mitleid orientierten Politik. An ihre Stelle tritt eine auf Mitgefühl oder, schlimmer noch, auf Gleichgültigkeit setzende Ökonomie. Obwohl es schwierig ist, aus der Ferne Einfluß zu nehmen, sollten wir zweitens in Übereinstimmung mit Boltanski anerkennen, daß es notwendig ist, uns zum Leiden auf anderen Kontinenten wenigstens zu äußern. Dafür müssen wir auch über die Bilder und Vorstellungen nachdenken, die uns mit dem Leiden Anderer bekannt machen und uns zur Anerkennung unserer Verantwortung und möglicherweise zum Handeln bringen könnten.

Dabei müssen wir unser vom verständlichen Bedürfnis nach einem überschaubaren, ruhigen und geordneten Alltag geprägtes Verhalten in vielerlei Hinsicht rechtfertigen. Und auch die Medien, die sich an diesem Bedürfnis orientieren, müssen sich einige Fragen gefallen lassen. Aber unser Komplizentum geht noch darüber hinaus, es reicht bis ins Zentrum der medialen Vermittlung der Realität und des Als-ob der Repräsentationspraktiken. Es ist nicht so, daß wir in den symbolischen Raum der Medien eingesperrt sind. Wir haben uns historisch für bestimmte Darstellungsformen entschieden, tun das jeden Tag wieder und entscheiden uns gegen Alternativen. Wer aber Entscheidungen trifft, handelt. Wer handelt, kann Fragen stellen und sich anders entscheiden. Das heißt nicht, daß wir der Medienkultur einfach den Rücken kehren könnten. Offenkundig können wir das nicht. Aber wir können versuchen, sie besser zu verstehen und unsere Verantwortung für sie zu akzeptieren. Wir können sie kritisch betrachten und versuchen, sie zu verändern.

Die Medien versorgen uns mit Bildern, die den Anderen und seine Welt gestalten und repräsentieren. Dabei achten sie auf Distanz und fordern uns in der Regel nicht dazu auf, uns eingehend mit dem Anderen zu beschäftigen und uns mit der Herausforderung, die er darstellt, nachhaltig auseinanderzusetzen. Im Ergebnis, und das ist ihre größte Untugend, bieten sie uns im Alltag einen klar umrissenen Zufluchtsraum, in dem wir uns sicher und identisch fühlen können. Aber solche Schutzräume schützen nicht nur, sie fördern auch Vereinzelung und Isolierung.

Verantwortung

Wir haben es heute zweifellos mit einer Krise der Verantwortung zu tun. Das betrifft unsere Verantwortung gegenüber den Medien und unsere Verantwortung gegenüber der materiellen Welt, die die Medien repräsentieren. In beiden Fällen fällt es uns schwer zu akzeptieren, daß wir verantwortlich sind. Daß wir es sind, ist aber entscheidend für die Frage nach der Moral der Medien und ihrer Anwendung im Alltag.

Emmanuel Levinas (1969) und Zygmunt Bauman (1995) zufolge ist die Bereitschaft, Verantwortung zu übernehmen und verantwortlich zu handeln, eine Voraussetzung der Gesellschaftsbildung und unseres Menschseins. Unserer Verantwortung gerecht zu werden verlangt wiederum Nähe, Zärtlichkeit, die Erfüllung der Fürsorgepflicht und die Begegnung mit dem Anderen. Wenn Levinas dabei vom »Angesicht des Anderen« spricht, meint er nicht ein materielles Objekt, sondern die Prä-

senz des Anderen, ohne die wir seine Bedeutung für unsere Welt
weder verstehen noch akzeptieren können. Daher erschien es
mir auch erforderlich, die Medien unter dem Aspekt des richtigen Abstands zu betrachten und zu fragen, ob sie uns kognitiv und emotional – und daher auch moralisch – von denen distanzieren, die fern von uns leben und uns nur in den
Medien begegnen. Der Andere ist in den Medien präsent, ob
uns das gefällt oder nicht, ob wir es wissen und wahrnehmen
oder nicht. Und weil uns in der Welt derselbe Status zukommt
wie dem Anderen, können wir seine moralischen Ansprüche an
uns nicht von uns weisen. Trotzdem tun wir es. Und wir tun
es unter anderem, indem wir uns distanzieren, Abstand (oder
eine falsche Nähe) schaffen und aufrechterhalten. Das resultiert
unvermeidlich in Gleichgültigkeit.

Ein solcher abstrakter Verantwortungsbegriff läßt sich jedoch nicht ohne weiteres auf das reale Leben übertragen. Er
formuliert ein Grundprinzip, dessen Essentialismus jenseits
jeder praktischen Anwendung liegt, obwohl wir die damit ein-
hergehende Vorstellung nachvollziehen können. Doch ist eine
solche Vorstellung von Verantwortung ein primäres Wesens-
merkmal, eine Voraussetzung des Lebens selbst und auch des
Alltags. Sie abzulehnen hieße, die Möglichkeit jeglicher Moral
und Ethik zu leugnen. Das wäre der letzte Schritt im Niedergang der Menschlichkeit.

Natürlich kam man nicht erwarten, daß Zuschauer und
User als Mitwirkende der Mediapolis Verantwortung für alles
übernehmen, was sie im Fernsehen oder Internet sehen, hören
oder aufrufen. Das wäre absurd und führte zu nichts. Doch zu
glauben, daß sie *keinerlei* Verantwortung für das haben, was sie
in der Mediapolis sehen und hören, wäre gleichermaßen sinnlos. Die Nachrichten verkämen dann tatsächlich zum bloßen
Spektakel, und die Welt löste sich auf in lauter Fiktionen.

Jeder der Akteure des medialen Vermittlungsprozesses trägt
einen Teil dieser Verantwortung. Zunächst natürlich die Inhaber, Herausgeber, Produzenten und Journalisten, die die Bilder
und Schilderungen, die uns über die Welt ins Bild setzen, pro-

duzieren und ausstrahlen. Sie tragen die größte Verantwortung. Derzeit wird von ihnen vor allem Transparenz verlangt und auf ihre Rechenschaftspflicht gepocht: aber Transparenz ist ohne Bedeutung, wenn sie nicht ein Bekenntnis zur Wahrhaftigkeit, Aufrichtigkeit und Gerechtigkeit einschließt, und eine umfassende Rechenschaftspflicht könnte genau das untergraben, was sie eigentlich fördern soll – die individuelle Verantwortung für unser Handeln in bezug auf Andere. Beide Forderungen sind natürlich nicht unvernünftig und können daher auch nicht einfach verworfen werden, aber ohne ein Bekenntnis dazu, daß die Verantwortung letztlich beim Einzelnen liegt, und ohne eine Institutionalisierung dieser Verantwortung des Einzelnen haben beide wenig Sinn.

Verantwortung haben ebenfalls jene, die in den Medien erscheinen, auftreten oder von den Medien dargestellt werden. Zwar sind sie in ihrem Handeln weitgehend von den Produzenten und anderen Vermittlern bestimmt, aber das befreit sich nicht von der entsprechenden primären Verpflichtung, die Verantwortung für ihr Erscheinen, ihre Äußerungen und Darstellungen zu übernehmen. Auch wenn ich in den Medien auftrete oder befragt oder sonst repräsentiert werde, bleibe ich dem Anderen gegenüber verantwortlich, an den ich mich wende und der mich sehen und hören kann, selbst wenn ich abwesend bin.

Zuletzt zur Verantwortung der Zuschauer und Benutzer als Mitwirkende der Mediapolis. Ihr gerecht zu werden ist am schwierigsten. Wie kann der Zuschauer für etwas verantwortlich sein, dem er weitgehend machtlos gegenübersteht? Levinas argumentiert hier sehr klar. Wir sind verantwortlich, wir müssen uns dem beugen, wir haben keine Wahl. Aber in der Praxis sind wir, wie oben erwähnt, Komplizen; wir sind stillschweigend einverstanden oder kooperieren wider besseres Wissen, wir akzeptieren die »betrügerische Verabredung«, wir handeln, ohne uns dessen bewußt zu sein, und wir denken, ohne uns über die Folgen klar zu sein. Diese passive Haltung ist Teil des Deals, den wir mit unseren Medien abgeschlossen haben. Im Gegenzug stiften sie Ordnung und schenken uns Trost, sogar in Momenten höchster Dramatik und Katastrophe. Vielleicht müssen wir ihnen erklären, daß sie uns gelegentlich unbehaglich sein sollen, daß wir verlangen, gelegentlich mit Dingen behelligt zu werden, von denen wir eigentlich nichts wissen wollten. Doch vor allem müssen wir selbst kritischer und aufmerksamer sein. Denn unsere Verantwortung als Bürger umfaßt nicht nur die mediale Repräsentation der Welt: sie reicht bis in die materielle Welt hinein, die die Medien repräsentieren.

Mit diesem Aspekt werde ich mich in den folgenden Kapiteln ausführlicher beschäftigen.

VI
Gastfreundschaft und Gerechtigkeit

Wenn sich soziale Institutionen vor allem um Gerechtigkeit bemühen müssen, wie John Rawls sagt (1999, S. 3), und die wichtigste Tugend theoretischer Systeme die Wahrhaftigkeit ist, dann ist die Mediapolis meines Erachtens zuvörderst zur Gastfreundschaft verpflichtet. Zur Aufnahme und Duldung des Fremden also, die ihm nicht nur das Recht auf freie Meinungsäußerung zugesteht, sondern mit der Verpflichtung einhergeht, ihm Gehör zu schenken. Eine Hospitalität im Sinne Kants: »ein *Besuchsrecht*, welches allen Menschen zusteht, sich zur Gesellschaft anzubieten, vermöge des Rechts des gemeinschaftlichen Besitzes der Oberfläche der Erde, auf der, als Kugelfläche, sie sich nicht ins Unendliche zerstreuen können, sondern endlich sich doch neben einander dulden [...] müssen, ursprünglich aber niemand an einem Orte der Erde zu seyn, mehr Recht hat, als der Andere«[1] (Kant 1977, S. 214).

Dieses Recht auf und diese Verpflichtung zur Gastfreundschaft – was genau bedeuten sie in der Mediapolis? Wir sehen uns heute einer globalen Medienlandschaft von erheblicher Komplexität gegenüber, die zugleich einen tiefgreifenden Wan-

---

[1] Kants Begriff der Gastfreundschaft bezieht sich auf einen Besucher, der kommt, aber auch wieder geht. Unsere Verpflichtung ihm gegenüber ist also eine vorübergehende. Wenn wir Gastfreundschaft mit Toleranz gleichsetzen, ist das anders. Schließlich teilen wir die Welt nicht nur vorübergehend mit dem Fremden, dem Anderen. Daß ich dennoch lieber von Gastfreundschaft als von Toleranz spreche, liegt nicht nur daran, daß sich letztere als eingeschränkt, provisorisch und letztlich politisch motiviert erweist (vgl. die folgenden Abschnitte), sondern auch und vor allem daran, daß wir in der postmodernen »kosmopolitischen« und nomadischen Welt von heute keinerlei Dauerhaftigkeiten (etwa des Aufenthaltsorts oder der Identität) unterstellen können. Das Verhältnis der mit der Gastfreundschaft einhergehenden Rechte und Pflichten diskutiere ich weiter unten.

del durchläuft. Die technologische und kommerzielle Entwicklung verläuft in andere Richtungen als die politische und kulturelle. Die nationalen Rundfunksysteme verlieren an Bedeutung. Zum einen aufgrund der Fragmentierung ihres Publikums und der Auflösung nationaler Identitäten. Zum anderen durch die digitale Revolution und das Internet, das die singuläre Macht der Kommunikation eines einzigen Senders mit vielen Empfängern in Frage stellt. Außerdem werden sie durch den Terror beeinflußt und instrumentalisiert, dessen politische Wirkung in erheblichem Maß von den Medien abhängt.

In mehr als einer Hinsicht ist die Globalisierung der Kommunikation der Vorläufer und das Vorbild aller anderen Globalisierungsprozesse gewesen. Und wenn wir tatsächlich in einer globalen Welt leben sollten, dann nur insofern, als uns eine solche täglich auf unseren Bildschirmen und aus unseren Lautsprechen entgegentritt. Für die meisten Menschen existiert eine globale Welt allein im Rahmen medialer Vermittlung. Das globale Satellitenfernsehen und vor allem das Internet haben einen virtuellen Raum geschaffen, der theoretisch allen gehört und in dem wir praktisch alle leben.

Wir sollten uns nicht zu schnell von Kants utopischem Kosmopolitismus verführen lassen. Aber auch nicht zu schnell von ihm absehen. Das von ihm beschriebene Gastrecht läßt sich im Bereich der Medien als Recht auf Repräsentation verstehen. Im selben Abschnitt seines Essays »Zum ewigen Frieden« beharrt er auf einem »öffentlichen Menschenrecht« und unterstellt, »daß die Rechtsverletzung an *einem* Platz der Erde an *allen* gefühlt wird« (Kant 1977, S. 216) – dieser Appell an das Gefühl widerlegt übrigens all jene, die in ihm einen Erzrationalisten sehen wollen –, was sich kaum bestreiten läßt, wenn wir berücksichtigen, daß wir in einer Welt politischer und religiöser Polarisierungen leben, in der es von Haßpredigern und Zensurmaßnahmen wimmelt, in der private Mitteilungen via Mobiltelefon in öffentliche Bereiche vordringen und die öffentliche Kommunikation das Privatleben bestimmt und in der sich die Medien vor allem durch unverfrorene Distanzlosigkeit auszeichnen. Denn die Verpflichtung zur medialen Gastfreundschaft gegenüber Fremden und Besuchern – die auch verlangt, Störungen des Kommunikationssystems zu vermeiden, die verhindern, daß sich der Besucher Gehör verschaffen kann –, macht die gegenwärtige Verschmutzung unserer medialen Umwelt deutlich und eröffnet zumindest die Möglichkeit, sich den Verschmutzungsprozessen entgegenzustellen.

Meines Erachtens setzt mediale Gastfreundschaft daher Gerechtigkeit und Wahrhaftigkeit voraus. In ähnlicher Weise bildet die für die Schwachen und die Starken in der Mediapolis geltende Verpflichtung, dem Anderen zuzuhören und einen dafür geeigneten Kommunikationsraum zu schaffen, die Voraussetzung für eine Medienlandschaft, in der man dauerhaft frei miteinander kommunizieren kann.

Die Schwächen der gegenwärtigen Mediapolis sind leicht zu bestimmen. Die von Jürgen Habermas diagnostizierte Refeudalisierung der Öffentlichkeit zeigt sich in der Aneignung und Infiltration der dominierenden Massenmedien durch verschiedene politische und kommerzielle Interessen. Und angesichts der globalen Probleme, die uns wohl über den Anfang des neuen Jahrhunderts hinaus begleiten werden, ist das Verschwinden von Darstellungsformen, die eine selbstbestimmte mediale Repräsentation des Anderen ermöglichen, ebenso symptomatisch wie kontraproduktiv.

Auch die Möglichkeiten liegen auf der Hand. Wie immer gibt es auch hier eine Gegenbewegung, die allerdings weder gleichstark ist noch genau in die entgegengesetzte Richtung verläuft. Denn parallel zur Refeudalisierung der bestimmenden traditionellen Medien findet eine andere Entwicklung in der globalen Medienlandschaft statt, die auf den ersten Blick libertär wirkt, allerdings von denselben Versuchen der Aneignung und Infiltration bedroht wird wie die großen Medien und darüber hinaus weitere, für sie spezifische Gefahren läuft. Das Internet wird erwachsen und entwickelt sich trotz seiner schwierigen Adoleszenz zu einer wichtigen Alternative zu den etablierten Formen medialer Praxis, die nach einem eigenen Recht zu funktionieren beginnt und vor allem die Autorität und Integrität der dominierenden Medieninstitutionen und ihrer Plattformen bedroht.

Mit elektronischen Foren und Chatrooms existieren seit einiger Zeit halb öffentliche, halb private Orte, die bestimmte Formen der Nähe und der Politik ermöglichen und dem, was sonst unsichtbar und unhörbar bliebe, eine Öffentlichkeit verschaffen. Sie unterscheidet sich hinsichtlich ihrer Qualität, aber nicht unbedingt hinsichtlich ihrer Signifikanz von derjenigen der Talkshows und Boulevardmedien, in denen bekanntlich jeder für fünfzehn Minuten ein Star sein kann. Die Vorteile dieser elektronischen Räume, ihre leichte Zugänglichkeit und die Unverzüglichkeit, mit der sie intensive Verbindungen entstehen lassen, sind zugleich ihre Schwächen, da die in ihnen erzeugte Nähe stets fragil und flüchtig bleibt und sie dazu tendieren, Gleichgesinnte zu versammeln, anstatt die Pluralität der Meinungen zu repräsentieren. In ihnen tritt der Andere zwar als Individuum auf, ist aber zugleich zunehmend der Gefahr ausgesetzt, mühelos ausgeschlossen werden zu können, wenn seine Äußerungen nicht in den Rahmen passen oder keine Zustimmung finden: um ausgeschlossen zu werden oder sich selbst auszuschließen, bedarf es nur eines Mausklicks oder des Vorurteils eines Webmasters.

Trotz dieser strukturellen Schwächen entstehen alternative Netze, die die öffentlichen und politischen Räume der globalen Medienwelt erobern. Dabei handelt es sich in vielen wichtigen Bereichen keineswegs um Paralleluniversen, sondern um eine direkte Herausforderung der etablierten Medien. Dafür stehen vielleicht vor allem die Weblogs, die die bereits schwindende Allmacht der nationalen Presse- und Rundfunksysteme untergraben. Weblogs sind ein potentiell radikaler Beitrag zur entstehenden Mediapolis von heute, da sie ihre Themen grundsätzlich selbst bestimmen. Bei manchen (sowohl privaten als auch politischen) Themen haben sie ihren Einfluß auf den globalen Mainstream bereits bewiesen.

Unter Verweis vor allem auf die Weblogs kann man sagen,

daß das Internet vielleicht heute schon Formen der Hospitalität ermöglicht, die den Rundfunkmedien verschlossen sind
und sein müssen; zumindest hat es das Potential dazu. Das
Internet erscheint unter diesem Aspekt als ein medialer Raum
globalen Ausmaßes, der trotzdem im Volk verankert ist, aber
ständig Gefahr läuft, seine eigenen Grundlagen (etwa durch
kinderpornographische oder terroristische Netzwerke) zu zerstören oder sich (von transnationalen Unternehmen und politischen Interessen oder Kontrollversuchen) vereinnahmen zu
lassen. Ob das Internet seinen Möglichkeiten gerecht werden
kann, hängt meiner Ansicht nach von einer Reihe von Faktoren ab, die auch alle anderen Medien betreffen. Es geht dabei um die grundsätzliche Frage nach dem Wesen, dem Status
und der Rolle der Zuschauer und Benutzer, nach den staatlichen Regulierungsmaßnahmen und der Notwendigkeit von
Medienkritik und Medienkompetenz als Voraussetzungen für
die Mediapolis insgesamt. Mit einigen dieser Fragen werde ich
mich in diesem Kapitel auseinandersetzen, andere im nächsten
untersuchen.

Zunächst jedoch möchte ich genauer fassen, was ich unter
medialer Gastfreundschaft verstehe.

Gastfreundschaft

Die Gastfreundschaft ist die Pflege, die Kultur selbst und ist
nicht eine Ethik unter anderen. Insofern sie an das Ethos rührt,
nämlich an die Bleibe, an das Zuhause, an den Ort des vertrauten Aufenthalts ebenso wie an die Art und Weise, darin zu
sein, an die Art und Weise, sich auf sich und auf andere, auf
die Anderen als Angehörige oder Fremde zu beziehen, ist die
Ethik Gastfreundschaft, ist sie durch und durch von gleicher
Erstreckung wie die Erfahrung der Gastfreundschaft [...]
(Derrida 2003, S. 15)

Derridas Gleichsetzung von Ethik und Gastfreundschaft ist vor dem Hintergrund der Mediapolis ungeheuer suggestiv. Gastfreundschaft ist in erster Linie eine Verpflichtung, nicht ein Recht, und damit eine primäre ethische Tugend in einer kosmopolitischen Welt. Sie betrifft den Kern unseres Verhältnisses zu anderen Menschen, sie ist für dieses sogar von konstitutiver Bedeutung. Die Fähigkeit und Verpflichtung, den Anderen in den eigenen Räumen mit oder ohne Rücksicht auf Gegenseitigkeit zu empfangen, ist ein spezifischer und unverzichtbarer Bestandteil der Humanität. Gastfreundschaft entsteht an der Schnittstelle der Begegnung mit dem Fremden. Sie reicht weit in die Geschichte des Verhältnisses von Seßhaften und Nomaden zurück. Sie gilt den meisten Weltreligionen als ein über politische Interessen erhabener Ethos, ein Ethos der Demut und Großzügigkeit, der Macht-, Wohlstands- und Statusunterschiede negiert. Insofern ist Gastfreundschaft eine Primärtugend.

Ich möchte in diesem Abschnitt zeigen, daß eine an Gastfreundschaft orientierte Ethik eine Hauptvoraussetzung bei der Konstitution der Mediapolis sein muß. Meines Erachtens ist die Pflicht, dem Fremden im symbolischen Raum medialer Repräsentation Gastfreundschaft zu gewähren, sogar eine Voraussetzung für mediale Gerechtigkeit. Was ich darunter verstehe, erörtere ich im folgenden Abschnitt. Gastfreundschaft bedeutet, den Anderen nicht nur zu Wort kommen zu lassen, sondern ihm auch Gehör zu schenken. Gastfreundschaft ist nicht dasselbe wie Toleranz, und sie hat nichts mit der Duldung durch die Mächtigen zu tun. Toleranz ist für Derrida »das Gegenteil von Gastfreundschaft [...] eine überwachte Gastfreundschaft, unter geiziger, eifersüchtiger Überwachung der eigenen Souveränität« (Derrida in Borradori 2006, S. 169). Gastfreundschaft ist grundsätzlich und idealerweise bedingungslos, sie urteilt nicht und macht keine Unterschiede. Sie ist eine uniforme und universelle Verpflichtung. Sie nimmt keine Rücksicht auf soziale oder symbolische Hierarchien. Der Reiche ist dem Armen gegenüber zur Gastfreundschaft verpflichtet wie der Arme gegenüber dem Reichen, der Mächtige dem Schwachen und dieser dem Mäch-

tigen. Insofern paßt das Konzept, wie wir sehen werden, sehr
gut zu John Rawls' Begriff der Gerechtigkeit. Man kann sogar
sagen, daß Gastfreundschaft ein Kernbestandteil von Gerechtigkeit ist, und ihr Fehlen dementsprechend ein Zeichen von
Ungerechtigkeit – in der realen wie in der medialen Welt.

Meines Erachtens reicht die Verpflichtung zur Gastfreundschaft allerdings allein nicht aus. Schon heute sind die Medi-
en angehalten, für eine ungestörte, freie, nicht-sexistische und
nicht-rassistische Kommunikation zu sorgen. Wie ich zeigen
werde, ist die Einhaltung solcher Regeln zwar notwendig, reicht
aber allein nicht aus, um mediale Gerechtigkeit zu garantieren.

Die große Frage ist, wie sich solche Verpflichtungen umsetzen lassen. Derrida, der ebenfalls Kants Aufsatz »Vom ewigen
Frieden« zitiert, unterscheidet zwischen bedingungsloser und
bedingter Gastfreundschaft, wobei erstere über dem Recht ste-
he, letztere ihm unterliege. Im materiellen Raum der Stadt und
des Staats, von dem Derrida spricht, ist allein erstere die wahre,
vom urbanen und nationalen Eigeninteresse uneingeschränkte
Gastfreundschaft. Denn wahre Gastfreundschaft müsse, genau
wie wahre Vergebung, uneingeschränkt sein. Dem Terroristen
Gastfreundschaft zu gewähren, das Unverzeihliche zu verzei-
hen: darin sieht Derrida die Erfüllung dieser Primärtugend.
Bedingungslose Gastfreundschaft fragt nicht nach einer Einladung. Nur wenn wir den willkommen heißen, der uneingeladen
in unser Leben tritt, akzeptieren wir das Anderssein des Anderen tatsächlich, die unauflösbare Differenz und unermeßliche
Gleichheit, die zwischen ihm und uns besteht. Recht und Gesetz schränken allerdings ein, wer uns unter welchen Voraussetzungen willkommen sein soll. Man könnte daher sagen, daß
das Recht *per definitionem* der Gastfreundschaft widerstrebt.
Trotzdem betrachtet Derrida, wenn auch widerwillig, die Gesetze und ihre Einhaltung als notwendig, ist jedoch von dem
ernsthaften Wunsch beseelt, sie zu verbessern.[2]

2 »Es geht darum herauszufinden, wie man das Recht umgestalten und
   für seinen Fortschritt sorgen kann. Und darum herauszufinden, ob
   dieser Fortschritt möglich ist in einem geschichtlichen Raum, der sich

Wahre Gastfreundschaft ist stets riskant und mit Gefahren verbunden. Dieses Risiko gehört zum Kosmopolitismus, dessen Voraussetzung sie ist. Das gilt genauso in den symbolischen Räumen der Mediapolis. Auch hier ist der Mißbrauch der Gastfreundschaft möglich und findet statt, hat jedoch weniger unmittelbare Folgen als in der materiellen Welt. Vielleicht mindert diese simple Feststellung die Furcht vor einem solchen Mißbrauch – trotzdem wird er in den politischen Realitäten der Mediapolis heute und wohl auch in Zukunft kaum hingenommen werden.[3] Und wie so oft in unseren Beziehungen zum Anderen gilt auch hier, daß ein solcher Mißbrauch oder die Furcht vor ihm die Bereitschaft zu untergraben droht, ein gastfreundlicher und großzügiger Gastgeber zu sein. Das ließe sich zum Beispiel daran überprüfen, ob in einer gerade erst vom Terror heimgesuchten Gesellschaft eine faire Berichterstattung über den Terrorismus möglich ist. Welche Formen der Distanz wären in einem solchen Fall angemessen? Würden wir die Terroristen zu Wort kommen lassen? Würden wir dem zuhören, was sie eventuell zu sagen haben? Und wie sollen wir mit denen umgehen, die sich außerhalb der staatlichen Rechtsgrundlagen stellen, die sie explizit bedrohen, deren einziges Ziel Rache heißt: Auge um Auge, Ohr um Ohr?

Man könnte sagen, daß sich heute zumindest die liberaleren Medien in demokratischen Gesellschaften bereits einer bedingten Gastfreundschaft befleißigen. Weltnachrichten und Auslandsreportagen bieten dem Fremden Obdach in unseren Zeitungsspalten und auf unseren Bildschirmen. Die Bedingung dafür ist

zwischen Dem Gesetz einer unbedingten, jedem anderen, jedem, der kommt, *wer er auch sei*, a priori angebotenen Gastfreundschaft und *den* bedingten Gesetzen eines Rechts auf Gastfreundschaft erstreckt, ohne welches *Das* Gesetz der unbedingten Gastfreundschaft Gefahr liefe, ein frommer, verantwortungs-, gestalt- und wirkungsloser Wunsch zu bleiben, ja jeden Augenblick sich selbst zu verkehren.« (Derrida 2003, S. 20f.; Hervorhebungen im Original)

3 Klar ist, welche medialen Inhalte in jedem Fall inakzeptabel blieben (etwa Haßpredigten und Kinderpornographie), nämlich jene, die die Rechte des Anderen, noch dazu auf eindeutig bedrohliche Weise, leugnen. Mehr dazu unten.

jedoch Wohlverhalten: die, über die dort berichtet wird, haben
sich der von den Berichterstattern ausgeübten redaktionellen
Kontrolle zu unterwerfen. Selbst wenn der Andere seine Stimme
nominell uneingeschränkt erheben darf, bleiben die redaktionellen Mechanismen in Kraft. Sie schränken diejenigen, die selbst
zu Wort kommen dürfen, dadurch ein, daß sie ihre Äußerungen
an die Ränder des Programms (auf nächtliche oder nachmittägliche Sendeplätze) bzw. der Druckseite (in die Leserbriefspalte
oder in halb versteckten Gegendarstellungen unter dem Strich)
drängen oder nur jenen Zugang gewähren, deren Äußerungen
ungefährlich oder alltäglich sind (die also die ihnen argwöhnisch
eingeräumten Gastrechte nicht für Herausforderungen nutzen).

Abgesehen vielleicht von den raren Fällen gänzlich freier
Selbstdarstellung läßt der Vermittlungs- und Übersetzungspro-
zeß der medialen Repräsentation stets nur eine begrenzte Gastfreundschaft zu. Denn das Gastrecht wird, wenigstens in den
dominanten Medien, vor allem in Presse und Rundfunk, durch
die Prozesse des Redigierens bzw. des Schnitts eingeschränkt,
in denen symbolische Macht ausgeübt wird: man erscheint im
Text immer nur zu den Bedingungen des Autors oder Redak-
teurs. Dies gilt für die Leserbriefe in überregionalen Zeitungen
wie für die Postings auf gut besuchten Webseiten.

Folglich ist es eine sehr schwere Aufgabe, bedingungslose
Gastfreundschaft in der medialen Öffentlichkeit auf der Ebene des Programms und des einzelnen Texts herzustellen. Man
könnte sogar sagen, es sei vollkommen unmöglich. Doch ohne diesen Anspruch verlieren wir das Gespür für die Grenzen
der redaktionellen und politischen Einflußnahme, die mit der
bedingten medialen Gastfreundschaft einhergeht, und hören
auf, über Möglichkeiten ihrer Erweiterung nachzudenken. In
den Medien wie in der materiellen Welt besteht ein Unterschied
zwischen der Gastfreundschaft, die aufgrund einer Einladung
gewährt wird (also womöglich aufgrund der Erwartung von
Gegenseitigkeit),[4] und der von Derrida beschriebenen Gast-

---

4 Diesen Hinweis verdanke ich meiner Kollegin Terhi Rantanen.

freundschaft als Aufenthaltsrecht, die keine Einladung voraussetzt. In einer wahrhaft kosmopolitischen Gesellschaft ist
letztere vonnöten. Es muß in der realen wie in der medialen
Welt Raum für ungebetene Inhalte und diejenigen geben, die
nicht eingeladen wurden. Bedingungslose Gastfreundschaft
setzt voraus, daß wir denen mit Respekt begegnen, die sich in
der Öffentlichkeit äußern, und daß wir bereit sind, auch jenen ein voraussetzungsloses Rederecht einzuräumen, die sich
außerhalb des Rechts bewegen. Aus dieser Perspektive erfüllen die Live-Berichte von Terroranschlägen und die folgenden
endlosen Diskussionen in gewisser Weise die Anforderungen
bedingungsloser Gastfreundschaft (wenn wir sie natürlich auch
nicht unter diesem Aspekt wahrnehmen) und stellen zugleich
deren handfesten Mißbrauch dar.

Auch auf einer anderen Plattform der Mediapolis wird das
Prinzip der Gastfreundschaft bereits angewendet. Zumindest
wird dem Internet etwas Ähnliches nachgesagt. Doch es ist
trotz seiner Offenheit nicht unbedingt ein Ort der Gastfreundschaft, denn diese setzt einen Gastgeber voraus, der im Internet fehlt. Ironischerweise wird die Rhetorik des Internets von
Begriffen aus diesem Umfeld dominiert: Gastgeber (»host«),
Heimatseite (»homepage«), Besucher (»visitor«). Doch sind
damit Technologien gemeint, Server, Dateien und Browser, und
nicht Menschen. Die Beziehung zwischen dem Selbst und dem
Anderen wird also entmenschlicht, wenn man so will: mecha-
nisiert oder digitalisiert, und daher kann man nicht mehr in
irgendeiner Form von Gastfreundschaft sprechen.[5] Trotzdem
gilt das Internet als ein uneingeschränkt offener Raum. Worin
aber besteht diese Offenheit? Und kann das Internet insgesamt
(und nicht nur einzelne Seiten) ohne menschliche Gastgeber, in
deren Verantwortung die Begrüßung der Gäste liegt, jemals ein
geeigneter Ort für die Form von Gastfreundschaft sein, die die
Mediapolis ermöglichen sollte?

5 Im Gegensatz dazu vertritt Bruno Latour die Auffassung, daß Technologien sich unter moralischen Aspekten betrachten lassen, vgl. die
   Zusammenfassung von Latour 1998 in Feenberg 1999, S. 85.

Wie Derrida zeigt, setzt Gastfreundschaft ein Heim voraus,
einen Ort, an dem man empfangen wird, sowie jemanden, der
einen dort willkommen heißt. Meiner Ansicht nach kann das
Internet aufgrund seiner Konstitution kein – oder jedenfalls
kein verläßliches und konsistentes – Heim sein. Daß der ungebetene Besucher zurückgewiesen wird, ist auf individuellen
Homepages mindestens ebenso wahrscheinlich wie in den eta-
blierteren Rundfunkmedien. Die Mediapolis kann sich deshalb
nicht auf das Internet stützen, auch wenn sie es einschließen
wird. Um die Pflichten der medialen Gastfreundlichkeit zu erfüllen, werden auch in einer immer globaleren Welt nach wie
vor Rundfunkmedien nötig sein; Sender also, die ihre Inhalte
aktiv verbreiten und das allgemeine Publikum zu erreichen suchen. Damit Dialog, Interaktivität und andere Formen medial
vermittelter Nähe möglich sind und über exklusive Privatberei-
che hinausgehen können, bedarf es der Priorität der verbreitenden Medien vor allem des Rundfunks sowie der Existenz eines
gemeinsamen, für alle zugänglichen Kommunikationsraums
(wobei man zugestehen muß, daß auch die netzbasierte Kommunikation verbreitenden und dialogischen Charakter hat).

Die Mediapolis muß in jeder ihrer Formen zugänglich sein,
selbst wenn nicht immer oder nicht einmal oft von diesem
Zugangsrecht Gebrauch gemacht wird. Dies setzt polyphone Strukturen voraus (vgl. das vierte Kapitel). Das ständige
tatsächliche oder potentielle Neben- und Miteinander unterschiedlicher Stimmen ist die Voraussetzung dafür, daß in der
Mediapolis von wechselseitiger Gastfreundschaft bestimmte
Räume geschaffen werden können. An deren Anfang steht, daß
wir den Anderen als solchen erkennen und ihm zuhören – das
ist die Gastfreundschaft einer kosmopolitischen Gesellschaft
und einer von Medien bestimmten Kultur. Sie erfordert, für
den zur Verfügung stehenden Raum Verantwortung zu übernehmen und ihn mit anderen zu teilen. Und sie erfordert, daß
alle Beteiligten die Verpflichtung akzeptieren, ihre Räume für
den Fremden zu öffnen, ungeachtet ihrer Position in der Medienhierarchie.

In der Praxis kann dies eine Reihe unterschiedlicher Dinge bedeuten. Grundvoraussetzung aber ist, daß das digitale und analoge Spektrum für die Sender von Minderheiten, sozial Schwachen und anderen Ethnien zugänglich gemacht wird; daß bestimmte Kanäle Programmfenster für die zur Verfügung stellen, die in den Medien sonst nicht vorkommen; und daß die Nachrichten und aktuellen Berichte die Marginalisierten zu Wort kommen lassen und ihnen Gehör verschaffen. Diese Verpflichtungen gelten auch für Minderheitensender und -programme. Der Fremde muß in allen heimischen und heimatlichen medialen Räumen willkommen sein.

In der Praxis ist das natürlich viel verlangt, und die Gefahr eines Mißbrauchs läßt sich wohl weder jetzt noch je ganz ausschließen. Dennoch handelt es sich um ein notwendiges Prinzip medialer Gerechtigkeit. Denn solange der Andere nicht – und zwar zu seinen eigenen Bedingungen – in unseren Medien präsent ist, können wir ihm auch kein Gehör schenken. Und wenn wir ihm nicht zuhören können, ist es unmöglich, ihm in seiner Andersartigkeit als Teil unserer Welt gerecht zu werden.

Schließlich müssen wir auch den moralischen Status des Anderen anerkennen (O'Neill 1990), sein Recht, sich in der allen gemeinsamen Welt aufzuhalten, das mit dem Recht einhergeht, in der Welt zu handeln und auf sie einzuwirken, wenn Gastfreundschaft irgendeine Bedeutung haben soll. Unter diesem Aspekt paßt auch der von Onora O'Neill (2000) geforderte »moralische Kosmopolitismus« als Möglichkeit, der Verantwortung für den Anderen in einer unbegrenzten Welt gerecht zu werden, gut zu Derridas Herleitung der Begriffe Gastfreundschaft und Kultur und zu meiner Darstellung der spezifischen Herausforderungen medialer Repräsentation.

Das wirft zwei miteinander zusammenhängende Fragen auf. Erstens die nach dem Mißbrauch der Gastfreundschaft und zweitens die nach gesetzlichen Regelungen. Die erste Frage ist, zumindest im Prinzip, relativ leicht zu beantworten. Wenn jene, die Gastfreundschaft genießen, diese mißbrauchen, indem sie sie Anderen in ihren eigenen Räumen versagen, verlieren

sie ihrerseits das Recht darauf.[6] Die Frage nach der Form,
dem Ausmaß und der Institutionalisierung von Regulierungsmaßnahmen in einem zunehmend globalen Medienumfeld ist
schwieriger zu beantworten. Jede Form der Regulierung bedeutet unvermeidlich eine Einschränkung des Rechts auf mediale
Gastfreundschaft bzw. eine Einschränkung der Verpflichtung
dazu. Jede Regulierung beschneidet Freiheitsrechte. Doch wenn
die Mediapolis ein (wie auch immer definierter) kosmopolitischer Ort sein soll, muß sie auch ein gastfreundlicher Ort sein.
Läßt sich die Quadratur dieses Kreises bewerkstelligen?

Vielleicht, wenn wir uns näher mit den komplexen Themen
Gerechtigkeit, Verantwortung und Pflicht befassen, was ich im
folgenden tun werde.

Gerechtigkeit

Medien sind Institutionen. Ihr Tun läßt sich daher wie das von
Individuen als gerecht oder ungerecht klassifizieren. Medi-
en begehen Ungerechtigkeiten, wenn sie die Äußerungen von
Anderen leugnen oder verfälschen, wenn sie den Angehörigen
gesellschaftlicher Gruppen bzw. Minderheiten (etwa Migranten oder sozial Schwachen) Sendeplätze verweigern; und wenn
sie das Alternative, das Kritische, das Unwirtschaftliche, Un-
populäre oder ideologisch Anrüchige aus kommerziellen oder
politischen Gründen systematisch ausschließen. Durch die
Globalisierung der Medien gewinnen solche Ungerechtigkeiten
an Gewicht, da es ein immer größer werdendes Publikum ist,

6 In der Praxis wirft das natürlich immense Schwierigkeiten auf. Zum
   einen, weil die Aufrührer und Terroristen aufgrund ihrer Intoleranz im
   Mainstream kaum willkommen sein könnten; zum anderen aufgrund
   der Reaktion der Umstürzler auf ebenjene Stimmen, durch die sie sich
   vom Mainstream ausgegrenzt wähnen. Dennoch ist die Verweigerung
   von Gastfreundschaft von größerer Bedeutung als die Möglichkeit ihres
   Mißbrauchs (etwa durch Kritik am Gastgeber und seiner Kultur), denn
   letztere kann prinzipiell toleriert werden, während erstere durch die Zurückweisung einer Primärpflicht Gerechtigkeit unmöglich macht.

dem die unterdrückten und verschwiegenen Stimmen (die es auch nach dem Ende des Kalten Krieges in vielen Staaten gibt) vorenthalten werden. Allerdings lassen sich diese Ungerechtigkeiten mildern: am ehesten wohl, indem sich Minderheiten die nach wie vor freien, leicht und rasch zugänglichen Räume des Internets zunutze machen, was zur Folge hat, daß ihre Anliegen wenigstens bei einigen auf Gehör, Verständnis und Unterstützung stoßen. Eine gewisse Milderung versprechen auch die zuweilen an den Rändern der Gesellschaft aufblühenden Gemeinschaftsradios. In einer Welt, in der sich ein Leben ohne freien Austausch von Informationen, ohne Staats- und Kulturgrenzen überschreitende Kommunikation nicht mehr vorstellen läßt, haben solche Ungerechtigkeiten handfeste Folgen, und ihre Linderung ist eine wichtige Aufgabe. Denn wenn wir uns nicht mitteilen können und nichts zu hören bekommen, wenn die Botschaften in der Übermittlung verfälscht werden, sind wir bestenfalls zum Schweigen und schlimmstenfalls zu katastrophalen Mißverständnissen verurteilt.

Je mächtiger eine Institution ist, desto eher läuft sie Gefahr, eine Ungerechtigkeit zu begehen. Und diese ist leichter zu erkennen als das Gegenteil, so wie das Böse leichter zu erkennen ist als das Gute. Wenn wir Ungerechtigkeiten identifizieren und verurteilen wollen, müssen wir uns einigen, was wir unter Gerechtigkeit verstehen wollen und worin ihr Wert liegt. Meiner Ansicht nach ist Gastfreundschaft eine prinzipielle Tugend der globalen Medien und insofern ein Kernbestandteil medialer Gerechtigkeit. Doch für diese Gerechtigkeit müssen wir aktiv sorgen – und zwar weil und obwohl die Welt, in der wir leben, voller Differenz und Ungleichheit ist.

Damit kommen wir zu John Rawls.

John Rawls (1999) hat seine Theorie der Gerechtigkeit als Entgegnung zum herrschenden Utilitarismus entwickelt, der sich ihm zufolge nicht durchhalten läßt, wenn man das Wohl aller Mitglieder einer Gesellschaft berücksichtigt. Indem der Utilitarismus auf den größtmöglichen Nutzen der Mehrheit abzielt, übergehe er systematisch die Rechte von Minderhei-

ten. Rawls unterstellt, daß das Gute für alle gut ist und daß
keine Regelung als gerecht angesehen werden kann, die zu
Lasten der Schwachen in einer Gesellschaft geht, selbst wenn
die meisten ihrer Mitglieder davon profitieren würden. Die
Gerechtigkeit verlange, daß »von zulässigen Ungleichheiten
in der Grundstruktur jedermann Vorteile haben muß« (Rawls
2003, S. 85).

Die grundlegenden sozialen Voraussetzungen seiner Theorie bestimmt er so:

> In der Theorie der Gerechtigkeit als Fairneß wird die Gesell-
> schaft als eine gemeinschaftliche Unternehmung zum gegen-
> seitigen Nutzen interpretiert. Die Grundstruktur ist ein Sy-
> stem öffentlicher Regeln, die Handlungsmuster definieren, die
> Menschen zu gemeinsamem Handeln bringen, um den größten
> Nutzen für alle zu schaffen, und die jedem das Recht auf einen
> bestimmten Anteil an den Erlösen zusprechen. Was jemand tut,
> hängt davon ab, wozu er nach den gesellschaftlichen Regeln
> berechtigt ist, und wozu er berechtigt ist, hängt davon ab, was
> er tut. (Rawls 1999, S. 73f.)

Dazu ist zunächst zu sagen, daß diese Grundstruktur der notwendigen Äquivalenz und Gleichheit entspricht, die einem Ansatz zur Gerechtigkeit in der Mediapolis zugrunde liegen muß.
Dies ist im Kontext der Medien besonders wichtig, in dem gerne mit der ebenso pauschalen wie rücksichtslos utilitaristischen
Behauptung argumentiert wird, die Ausweitung des Programm-
angebots der großen Sender sei zum Nutzen aller, ohne dabei zu
berücksichtigen, daß sie die Möglichkeit alternativer Anbieter
einschränkt, einen rechtmäßigen Anteil am Publikum für sich
zu gewinnen. Wenn Politiker oder Vertreter der dominierenden Medien für eine Ausweitung des Angebots und damit der
Wahlmöglichkeiten eintreten, meinen sie damit regelmäßig nur
die Angebote der großen Medien. Und verdecken damit, daß
andere durch diese Ausweitung des Angebots implizit ausgeschlossen oder noch weiter marginalisiert werden.

Zudem ist Gerechtigkeit bei Rawls nicht nur ein Prinzip, sondern auch ein Verfahren. Am Anfang dieses Verfahrens steht ein fiktiver Ausgangszustand, in dem alle Menschen gleich sind und dieselben Interessen haben. Die Rationalität dieser Gerechtigkeitstheorie fordert, daß die Beteiligten einmütige Entscheidungen über die Prinzipien der Gerechtigkeit fällen, ohne ihre eigenen spezifischen Interessen und Erwartungen zu kennen, so daß die Ergebnisse nicht durch ihren sozialen Status oder ihre zufälligen natürlichen Voraussetzungen beeinflußt werden. Diese hypothetische Unkenntnis bezeichnet Rawls als den »Schleier des Nichtwissens«. Dabei darf keiner der Beteiligten seinen eigenen sozialen oder kulturellen Status kennen. Keiner der Beteiligten darf eine Vorstellung davon haben, welche Entscheidung über die als gerecht angesehenen Prinzipien ihm persönlich nützt. Nur unter diesen Bedingungen kann eine rationale Auseinandersetzung einen fairen Gerechtigkeitsbegriff hervorbringen, dessen Grundlage bei Rawls das eben geschilderte Verfahren ist.

Rawls postuliert zwei Grundsätze der Gerechtigkeit, für die sich freie und vernünftige Menschen in einer fairen und gleichen Ausgangssituation entscheiden würden. Erstens soll jeder Mensch das gleiche Recht auf das umfangreichste System gleicher Grundfreiheiten haben, die mit dem gleichen System der Grundfreiheiten anderer vereinbar sind. Zweitens sollen soziale und ökonomische Ungleichheiten nur dann zulässig sein, wenn man vernünftigerweise erwarten kann, daß sie allen nützen, und wenn sie an Positionen und Ämter gebunden sind, die jedermann offenstehen (1999). Da sich die Gerechtigkeit der vereinbarten Gerechtigkeitsprinzipien nicht unabhängig beurteilen lasse, müsse ihre Legitimität auf der exakten Einhaltung eines fairen Verfahrens beruhen. Es geht um Verfahrensgerechtigkeit, nicht um Ergebnisgerechtigkeit, der Zweck heiligt also nicht die Mittel.

Diese Prinzipien der universellen Rationalität setzt Rawls voraus und verteidigt sie. Es gibt eine Reihe von Grundgütern (Rechte, Einkommen, Vermögen und Chancen), nach denen jeder Mensch vernünftigerweise strebt. Die Bestimmung dieser Grundgüter beruht, wie Rawls im Vorwort zur revidierten Fassung seines Buchs erklärt, auf der Auffassung, daß Menschen in erster Linie moralische Wesen seien. Daher gelten als Grundgüter diejenigen Dinge, »die Menschen als freie und gleiche Bürger und als normale, voll kooperative Mitglieder der Gesellschaft über das ganze Leben gesehen brauchen« (Rawls 1999, S. XIII). Und tatsächlich läßt sich auch unter pluralistischen und rationalistischen Aspekten kaum leugnen, daß Menschen, trotz profunder kultureller Unterschiede hinsichtlich deren Umsetzung, nach Rechten, Freiheit und Chancen streben, dieser bedürfen und sie sich wünschen.

Meiner Ansicht nach ist auch der Zugang zu und die Möglichkeit zur Mitwirkung an einem globalen System medialer Kommunikation ein solches substantielles Gut und eine Voraussetzung für die Mitgliedschaft in der Gesellschaft. Daher muß auch dieses Gut fair und gerecht verteilt werden.

Einige Anmerkungen dazu. Zunächst macht der Begriff der medialen Gerechtigkeit, deren oberstes Prinzip die Gastfreundschaft ist, dieselbe Prämisse für den Kommunikationsraum, wie sie Rawls für die Gesellschaft insgesamt macht. Diese Prämisse lautet, daß die uneingeschränkte Teilnahme am sozialen Leben der Gesellschaft, die für immer mehr Menschen heute eine globale Gesellschaft ist, eines der Grundgüter darstellt. Diese Teilnahme am sozialen Leben hängt immer mehr vom Zugang zu und vom kompetenten Umgang mit einer Medienkultur ab, die wiederum die Fähigkeit voraussetzt, sich Informationen zu beschaffen und sich frei und effektiv an von den Medien vermittelten Kommunikationsprozessen zu beteiligen. Dadurch erweist sich das herkömmliche Recht auf freie Meinungsäußerung, die Grundvoraussetzung der Menschenrechte in den Medien, als unzulänglich. Denn es läßt sich angesichts wachsender Ungleichheiten in der Welt nicht gewährleisten, solange nicht alle über die gleichen Mittel verfügen, sich dieses Rechts zu bedienen, und solange die freie Meinungsäußerung der Mächtigen die Möglichkeiten der Machtlosen beschneidet, sich desselben Rechts zu bedienen (O'Neill 1990).

Zweitens, und auch das folgt aus dem Prinzip medialer Gastfreundschaft, geht das Recht auf freie Meinungsäußerung mit dem Recht einher, Gehör zu finden. Daß man sich äußern darf, ist eine notwendige, aber keineswegs hinreichende Voraussetzung. Die mediale Gerechtigkeit verlangt vielmehr, daß das globale Kommunikationssystem Verfälschungen verhindert, die zum systematischen Ausschluß irgendeiner Gruppe führen würden, und daß wenigstens dem Grundsatz nach sämtliche Äußerungen hörbar und zugänglich gemacht werden, damit das Recht auf freie Meinungsäußerung überhaupt substantiell werden kann.

Wenn wir den Schleier des Nichtwissens verfahrenstechnisch auf die Definition der Gerechtigkeit in der Mediapolis anwenden, müssen wir die Unterschiede zwischen großen und kleinen, mächtigen und machtlosen Medien, nationalen, lokalen und globalen Produzenten und Distributoren unberücksichtigt lassen, denn wenn wir die universelle Relevanz der Gastfreundschaft als oberstes Prinzip medialer Gerechtigkeit unterstellen, müssen wir einräumen, daß ihre Forderungen unterschiedslos für alle gelten. Wenn wir sie anerkennen, tun wir das, ohne zu wissen, welchen Ort wir in der Medienhierarchie einnehmen. Und wir erkennen auch an, daß wir uns in unserem Handeln an sie halten müssen.

Daraus folgt weiterhin, daß wir, um die Prinzipien medialer Gerechtigkeit anwenden zu können, die Existenz dessen unterstellen und sicherstellen müssen, was man als *Universalpublikum* bezeichnen könnte. Es ist sinnvoller, vom Universalpublikum als vom »globalen Publikum« zu sprechen, da es sich eher um ein philosophisches als um ein empirisches Konzept handelt; und seine Universalität in der Prämisse, daß es ein Grundrecht sei, diesem Publikum anzugehören. Niemand darf von ihm ausgeschlossen werden, selbst wenn die vollständige Einbeziehung aller in der Praxis (natürlich) unmöglich ist. Doch unmöglich ist das Universalpublikum auch in einem anderen Sinn. Denn es zeigt sich zunehmend, daß die Evolution digitaler Technologien die Grenze zwischen Produktion und Konsumtion erodiert, vor

allem im Rahmen von Peer-to-Peer-, Internet-, Mobiltelefon-
und Pod-Kulturen, in denen die Zuschauer zugleich Produzenten sind. Wer sich dieser Technologien bedient, wirkt, wenn
auch unsichtbar und unwissend, an der Moral der Mediapolis
mit. Für die Regulierung, Ermöglichung und Form seiner Mitwirkung müssen dabei dieselben Prinzipien der Gerechtigkeit
gelten wie bei den etablierten Akteuren.

Ironischerweise entwickle ich den Begriff des Universalpu-
blikums gerade in einem Moment, in dem sich zumindest in
manchen Bereichen einiger Gesellschaften das mehr oder weniger vollständig aufzulösen beginnt, was man unter Publikum
eigentlich versteht. Wer für das Prinzip der Universalität und
die Praxis des offenen Zugangs und der Partizipation eintreten
will, muß auch bereit sein, sich von der herkömmlichen Vorstellung des Publikums als Empfänger zu verabschieden. Allerdings ist damit nicht der Untergang des Begriffs, sondern seine
Ausweitung gemeint. Er müßte also darüber nachdenken, was
man heute unter dem Begriff Publikum verstehen kann oder
könnte. Ich habe diese Frage im fünften Kapitel untersucht,
allerdings läßt sich einiges mehr dazu sagen.[7]

Tatsächlich ist der oft und leichthin kritisierte Universalismus der Rawlsschen Position beabsichtigt und im Rahmen
seiner Prämissen auch vertretbar. Denn offensichtlich werden
die Rechte und Pflichten (dazu später mehr) der Freiheit, als
Produzent oder Rezipient an der globalen Medienkultur mitzuwirken, in einigen Kulturen *nicht* als Gut angesehen. Mit
anderen Worten: aus lokalen nachhaltigen Gründen wird die
Verfälschung der Medienkultur oder der Ausschluß aus ihr
betrieben. Man kann sich Gruppen (etwa Trappistenmön-
che) und ganze Kulturen (etwa die traditionelle koreanische
Gesellschaft, in der das Schweigen zu den höchsten Werten
zählt) vorstellen, in denen die Teilnahme an ihr nicht zu den
höchsten Gütern gezählt wird. Darüber hinaus sind ohne wei-

7 Eine weiterführende Diskussion findet sich zum Beispiel in Bowman
   und Willis 2006.

teres Situationen denkbar, in denen jene, die das Recht auf
freie Meinungsäußerung für sich beanspruchen, nicht wollen,
daß das, was sie sagen, von jedermann gehört werden kann;
indem sie das eine Recht beanspruchen, nähmen sie also die
Einschränkung des Anderen in Kauf. Und dennoch kann und
muß man meiner Ansicht nach in einer von den Manifestationen der Mediapolis bestimmten globalen Welt davon ausgehen, daß die Prinzipien der Gerechtigkeit – das Recht auf
freie Meinungsäußerung und die Verpflichtung zum Zuhören
– logisch und empirisch zwingende und nachhaltige, also universelle Erfordernisse sind.

Es gibt keine Möglichkeit, diesen abstrakten Universalismus endgültig zu widerlegen, doch können wir uns ihm ohnehin nicht entziehen. Jedenfalls dann nicht, wenn das intellektuelle und institutionelle Ziel darin besteht, für ein gewisses
Maß an Gerechtigkeit zwischen jenen zu sorgen, die ansonsten
nichts oder nur sehr wenig gemein haben. Er bleibt also eine
vertretbare Position, solange es seinen Gegnern nicht gelingt
nachzuweisen, daß die Forderung nach gleichberechtigter und
fairer Kommunikation unter bestimmten sozialen oder kulturellen Bedingungen unangemessen oder unhaltbar ist. Aus
demselben Grund wären die Folgen seiner Widerlegung un-
kalkulierbar.

Die mediale Gerechtigkeit bedarf daher eines Systems
von global agierenden Institutionen, die eine Erweiterung der
Grundfreiheiten medialer Kommunikation als Voraussetzung
der Gerechtigkeit in der Mediapolis garantieren. Darüber hinaus setzt mediale Gerechtigkeit noch etwas voraus, etwas, das
über Verfahren, Institutionen und institutionelle Prozesse hinausgeht und oft als signifikanter Widerspruch zur rationalen
Verfahrenslogik betrachtet wird, die Rawls' Gerechtigkeitsbegriff zugrunde liegt: Verantwortung.

Verantwortung

Ein gewisses Maß an Gerechtigkeit läßt sich nach Rawls' Auffassung nur herstellen, wenn die Regeln des fairen Verfahrens
eingehalten werden. Meines Erachtens bezieht sich der Begriff
Verfahren dabei auf zweierlei: zum einen auf die Bestimmung
von Prinzipien, also auf logische Verfahren, und zum anderen
auf deren Durchsetzung, also auf institutionelle Verfahren. In
bezug auf erstere habe ich, wie hoffentlich deutlich geworden
ist, keine Einwände gegen Rawls. Aber der zweite Verfahrens-
begriff könnte als zu eng gefaßt betrachtet werden, insofern er
in erster Linie, wenn nicht sogar exklusiv auf institutionalisierte Regulierungsprozesse zu setzen scheint. Wie ich in diesem
und im folgenden Kapitel zeigen möchte, muß es jedoch in der
empirischen Wirklichkeit globaler medialer Massenkommuni-
kation daneben auch Raum für andere Reaktionsweisen und
Praktiken[8] geben, wenn der Begriff des Verfahrens irgendeine
politische Bedeutung haben soll.

Um das zu begründen, muß ich die soziologischen und philosophischen Register wechseln und mich eines moralischen
Ansatzes bedienen, bei dem es weniger um Gerechtigkeit als
vielmehr um Verantwortung geht.

Auf den ersten Blick handelt es sich dabei um einen diame-
tral entgegengesetzten Ansatz. Denn Gerechtigkeit beruht für

---

8 Über Tugenden und Werte (wie etwa Gerechtigkeit) als Praktiken
schreibt MacIntyre: »Mit ›Praxis‹ meine ich jede kohärente und komplexe Form sozial begründeter, kooperativer menschlicher Tätigkeit, durch
die dieser Form von Tätigkeit inhärenten Güter im Verlauf des Versuchs
verwirklicht werden, jene Maßstäbe der Vortrefflichkeit zu erreichen,
die dieser Form von Tätigkeit angemessen und zum Teil durch sie definiert sind, mit dem Ergebnis, daß menschliche Kräfte zur Erlangung der
Vortrefflichkeit und menschliche Vorstellungen der involvierten Ziele
und Güter, systematisch erweitert werden. Schiffe-Versenken ist kein
Beispiel für Praxis in diesem Sinn, und auch das geschickte Werfen des
Balles beim Football nicht; aber das Footballspiel selbst ist ein Beispiel,
und das Schachspiel auch. Mauern ist keine Praxis, wohl aber die Archi-
tektur. Rüben-Setzen ist keine Praxis, wohl aber die Landwirtschaft.«
(MacIntyre 2006, S. 251 f.)

Rawls und bis hierher auch für mich auf der abstrakten Rationalität eines Verfahrens, in dem der Zweck die Mittel nicht heiligt. Die moralische Ordnung der Welt, in der wir leben oder die
wir schaffen wollen, hängt dabei von der Einhaltung der Ver-
fahrensregeln ab, und nicht davon, ob der Einzelne in seinem
Handeln seiner Fürsorgepflicht und Verantwortung gegenüber
dem Anderen gerecht wird. Allerdings können auch unmoralische und gar mörderische Regime ihr Handeln unter Verweis
auf die Einhaltung von Verfahren rechtfertigen. Die Gefahr der
Verfahrensgerechtigkeit liegt also darin, daß sie es prinzipiell
ermöglicht, die Existenz einer individuellen Verantwortung zu
negieren und jenen die Anerkennung ihrer Menschlichkeit zu
versagen, die vom Verfahren ausgeschlossen sind.

So zumindest sieht es Zygmunt Bauman. Und warum spielt
das eine Rolle für die Moral der Mediapolis? Weil die Mediapolis, wie ich zeigen werde, einer Moral bedarf, die auf Verfahren *und* Verantwortung beruht. Das ist nichts welterschütternd
Neues. Es hat jedoch signifikante Folgen für die Möglichkeit
und Integrität einer globalen Medienkultur. Meines Erachtens
sind effektive Verfahren und Verantwortlichkeit auf allen Ebenen der Mediapolis gleichermaßen wichtige Voraussetzungen
für deren Moral; wobei ersteres eine Frage der Regulierung,
letzteres eine Frage der Medienkompetenz ist. Beide sind notwendig.

In seiner *Postmodernen Ethik* gibt Bauman (1995) der Verantwortung den Vorzug vor der Gerechtigkeit, die in seiner Argumentation kaum einmal vorkommt. Seiner Ansicht nach hat
die Moderne mit ihrer Rationalität, der Institutionalisierung
von Verfahren und Prozessen und der Vereinnahmung der Gegenseitigkeit als Grundlage des sozialen Lebens, also gerade
mit ihrem Geselligkeitstrieb, die Möglichkeit moralischen und
verantwortlichen Handelns systematisch untergraben. Moral
kommt immer nur einem selbstbestimmten Individuum zu,
denn genuin moralisches Verhalten setzt die Zurückweisung
der sozialen Ordnung als Ordnung voraus. Das moralische
Individuum zeichnet sich dadurch aus, daß es Verantwortung

für sein Handeln übernimmt und seine Primärpflicht erfüllt,
für den Anderen zu sorgen. Dem steht die Gesellschaft und
besonders die moderne Gesellschaft im Weg, die eine Massengesellschaft ist und über ein kodifiziertes Regelwerk verfügt, in
dem bestimmt wird, was richtig und falsch ist. Perverserweise
verhindert auch der Gerechtigkeitsbegriff, daß der Einzelne
Verantwortung übernehmen kann, daß Gerechtigkeit ein soziales Phänomen ist. Bauman kehrt bewußt das Denken der
Aufklärung um, dem Gerechtigkeit und Moral als Hervorbringungen des sozialen Lebens galten, als dessen Eigentum und
Verpflichtung. Und damit steht er natürlich im Widerspruch
zu Rawls.

Für Bauman existiert Moral vor jeder Gesellschaft. Als
moralische Wesen treten wir in die Gesellschaft ein und geben
unsere Verantwortung gleichsam an der Garderobe ab. Die Gesellschaft flüstert uns ein, die Fürsorge für den Anderen sei eine
gesellschaftliche, keine individuelle Pflicht. Daher sieht Bauman die Herausforderung der Post- oder Spätmoderne darin,
das Individuum wieder als denkendes, empfindungsfähiges, zur
Fürsorge gegenüber anderen fähiges Wesen zu konzipieren, da
nur die Bereitschaft, persönlich Verantwortung für den Anderen zu übernehmen, die Menschheit vor der Selbstzerstörung
retten könne. Am Schluß seines Buchs konstatiert er:

> Konträr zu einem der am kritiklosesten hingenommenen phi-
> losophischen Axiome besteht kein Widerspruch zwischen der
> Zurückweisung von (oder dem Zweifel an) Ethiken sozial kon-
> ventionalisierter und rational begründeter Normen und dem
> Insistieren, daß es allerdings darauf ankommt, und zwar mo-
> ralisch darauf ankommt, was wir tun und was wir unterlassen
> [...] Moralische Verantwortung sucht nicht nach Rückversiche-
> rungen für ihr Recht, zu sein, oder nach Entschuldigungen für
> ihr Recht, nicht zu sein. Sie ist da vor jeder Rückversicherung
> und jedem Nachweis, und sie ist da nach jeder Entschuldigung
> oder Absolution.   (Bauman 1995, S. 372f.)

Entscheidend dabei ist, daß moralische Verantwortung beim Einzelnen liegt und sich nicht an Kollektive oder Verfahren delegieren läßt.

Dies entspricht dem, was ich oben zum Thema Gastfreundschaft gesagt habe: daß die Herausforderung darin bestehe, diese als Sache des Einzelnen und seiner Pflichten gegenüber dem Anderen zu betrachten. Wenn man diese Aufgabe auf Institutionen, Verfahren oder Regulierungen verlagert, schwächt man die zwischenmenschliche Bindung, nimmt ihr ihre Kraft oder zerstört sie gar. Das ist der Grund für meine Auffassung, daß das Internet keine bedingungslose Gastfreundschaft ermöglichen kann, und es ist der Grund für Derridas Überzeugung, daß auch gesetzliche Festlegungen eine solche Gastfreundschaft unvermeidlich kompromittieren müssen. In beiden Fällen geht es nicht nur darum, daß Vollkommenheit ohnehin nicht zu erreichen ist, sondern darum, daß eine technologische und verfahrenstechnische Rationalität in den Prozeß interveniert, die in der Lage ist, das zu zerstören, was sie schützen zu wollen vorgibt. Und vor allem geht es um das Verschwinden von Nähe: durch eine materielle räumliche Distanzierung und durch die politische Distanzierung, die eine verfahrenstechnische Rationalität unwiderruflich bewirkt.

Wie ich unter anderem im vorhergehenden Kapitel ausgeführt habe, besteht das spezifische Problem der Mediapolis darin, daß sie Distanz überwindet und zugleich herstellt. Wenn wir Verantwortung immer dann übernehmen, sobald wir dem Anderen von Angesicht zu Angesicht gegenüberstehen, stellt sich die Frage, in welcher Form dies in einer Welt geschehen soll, in der Distanz kein Hindernis mehr ist und der Andere, wenn auch nur durch Vermittlung der Medien, stets gegenwärtig ist.

Der Philosoph Emmanuel Levinas, auf dessen Überlegungen ich hier bereits eingegangen bin und von dem Bauman maßgeblich beeinflußt ist, glaubt ebenfalls, daß die Übernahme von Verantwortung jeder Gesellschaftsbildung und unserem Status als Menschen in der Welt zugrunde liegt. Der Verantwortung gerecht zu werden verlangt wiederum Nähe, Zärtlichkeit, die

Erfüllung der Fürsorgepflicht und die Begegnung mit dem Anderen. Wenn Levinas dabei vom »Angesicht des Anderen« spricht, meint er nicht ein materielles Objekt, sondern die Präsenz des Anderen, die uns befiehlt, seine Bedeutung für unsere Welt anzuerkennen, auch wenn wir ihm nicht unmittelbar gegenüberstehen. Wir können die Bedeutung des Anderen für unsere Welt also nur erfassen und anerkennen, wenn wir mit ihm konfrontiert werden. Wenn das stimmt – und wir spüren instinktiv, daß es zutrifft, da unsere Anteilnahme stets zunächst jenen gilt, die uns nah sind –, dann stellt sich die Frage, ob und wie wir dieses Verantwortungsgefühl auf jene weit entfernt lebenden Menschen ausdehnen können, deren Gesichtern und Stimmen wir nur in den Medien begegnen; sowie auf jene, von denen uns die Zeit trennt, also die Angehörigen zukünftiger Generationen.

Die Tatsache, daß mit Hilfe der Medien Distanzen überwunden, aber auch hergestellt werden, wirft zwei Fragen bezüglich unserer Verantwortung auf. Die erste betrifft das bereits erwähnte Problem des richtigen oder angemessenen Abstands. Die zweite kreist um die praktische Fähigkeit des Einzelnen, verantwortlich zu handeln.

Wenden wir uns zunächst dem ersten Aspekt zu.

Hans Jonas (2003), der sich mit der Frage unserer Verantwortung gegenüber anderen Zeiten (und nicht anderen Orten) auseinandergesetzt hat, unterscheidet zwischen formeller und substantieller Verantwortung. Für unser Thema sind beide relevant. Formelle Verantwortung habe ich für mein eigenes Handeln, für jene Aspekte meines Lebens und Wirkens, für die ich unmittelbar verantwortlich gemacht werden kann. Substantielle Verantwortung hingegen trage ich für die Lebensbedingungen der Anderen – etwa so wie Eltern lebenslang Verantwortung für ihre Kinder tragen. Auch die staatsmännische Verantwortung fällt unter diesen Begriff. Diese Art von Verantwortung ist ein Ausdruck von Macht und wächst mit ihr. Substantielle Verantwortung ist nicht-reziprok. Sie beruht, wie Jonas schreibt, auf der Verantwortung aller Menschen, das Überleben der Menschheit zu sichern, denn es »kommt die *Existenz* der Menschheit

immer zuerst, gleichviel ob diese sie nach dem bisher Vollführ-
ten *und* seiner wahrscheinlichen Fortsetzung verdient: Es ist
die selbstverbindliche, immer transzendente *Möglichkeit*, die
durch die Existenz offengehalten werden muß. Eben die Wah-
rung dieser Möglichkeit als kosmische Verantwortung bedeutet
Pflicht zur Existenz.« (Jonas 2003, S. 186)

Selbst wenn sich diese Argumentation, wie Richard Bernstein (2002) meint, nicht rational rechtfertigen läßt, ist sie doch
alles andere als unvernünftig und unterscheidet sich in episte-
mologischer Hinsicht nicht von Rawls' Gerechtigkeitsbegriff.
Im Fall der globalen Medien geht es jedoch offensichtlich um
beide Arten von Verantwortung. So muß ich formelle Verantwortung für das übernehmen, was ich selbst innerhalb der
Mediapolis tue – als Inhaber, Produzent oder Redakteur, als
Gegenstand der Berichterstattung oder Gesprächspartner, als
Leser, Zuschauer, Benutzer oder Mitwirkender. Und ich trage
eine substantielle Verantwortung, weil ich auf diesem Planeten
lebe und, wenn auch nur im Rahmen meiner Möglichkeiten,
handle – und insofern eben Verantwortung für die Fortdauer
seiner Existenz trage.

Eine zentrale Rolle spielt dabei sowohl bei Jonas als auch
hier die moderne Technologie, die die Reichweite menschlichen
Handelns sowohl zeitlich als auch räumlich erweitert. Jonas'
Sorge um die Folgen unseres Handelns in der Zukunft spiegelt sich heute in der Umweltbewegung und im Denken und
Handeln jener wider, die sich mit den Folgen der Gentechnik
auseinandersetzen. Jonas stellt die letztlich unbeantwortbare
Frage, wie wir mit den zeitlichen Distanzen umgehen sollen,
die zu überwinden uns die Technologie neuerdings ermächtigt.
Mir geht es um die wohl ebenso unbeantwortbare Frage, wie
wir mit den räumlichen Distanzen umgehen sollen, die wir inzwischen mit Hilfe der uns durch Medien und Kommunikationstechnologien verliehenen Macht bewältigen können.[9]

9 Diese Frage wird in den Medienwissenschaften immer öfter gestellt, so
  auch von John Thompson, der sich dabei ebenfalls auf Jonas bezieht
  (Thompson 1995).

Zwar ist es Aufgabe des Einzelnen, den richtigen Abstand herzustellen, er wird jedoch auch durch den kollektiven Prozeß der medialen Vermittlung bestimmt. Insofern geht es dabei um formelle und substantielle Verantwortung, individuelle Verantwortung und Verfahrensgerechtigkeit.

Die Einhaltung des richtigen Abstands ist nötig, um jene, die fern von uns leben, kognitiv, emotional und daher auch moralisch in unsere Reichweite zu bringen. Der Andere ist in den Medien präsent, ob uns das gefällt oder nicht, ob wir es wissen und wahrnehmen oder nicht. Und weil uns in der Welt derselbe Status zukommt wie dem Anderen, können wir seine moralischen Ansprüche an uns nicht von uns weisen. Trotzdem tun wir es. Und wir tun es unter anderem, indem wir uns distanzieren, Abstand (oder eine falsche Nähe) schaffen und aufrechterhalten. Das resultiert unvermeidlich in Gleichgültigkeit. Auch Jonas geht es im Grunde genommen um dieses Thema. Seiner Ansicht nach ist Verantwortung um so nötiger, je mehr unsere Macht durch neue Technologien wächst, vor allem durch jene, deren Auswirkungen bis in die Zukunft reichen. Ähnliches gilt meiner Ansicht nach für den globalen und zivilen Raum. Die Herstellung des moralisch richtigen und angemessenen Abstands setzt geeignete Verfahren und mediale Gastfreundschaft voraus. Darüber hinaus bedarf es aber auch des verantwortlichen Handelns jedes Einzelnen.

Die zweite Frage bezüglich unserer Verantwortung in der Mediapolis ist daher, wie wir ihr in der Praxis gerecht werden können. Hier müssen wir uns mit dem Einzelnen und der ungebrochenen Relevanz persönlicher Begegnungen befassen. Denn vieles, wenn nicht alles, was die Medien tun, setzt persönliche Begegnungen in der Realität voraus. Das gilt für die Nachrichten und Dokumentarfilme, in denen Journalisten, Reporter oder Interviewer mit denen, die Gegenstand der Berichterstattung sind, in persönlichen Kontakt treten, sei es auch per Telefon oder Internet. Das gilt auch für die Redakteure, die die Beiträge schneiden und im direkten Kontakt mit ihren Kollegen darüber entscheiden, welche Form die Inhalte erhalten und welche Aspekte weggelassen werden. Und es gilt für diejenigen, die nicht beruflich mit Medien befaßt sind, aber als Zuschauer und Nutzer an ihnen mitwirken, indem sie vor dem Fernseher oder online kommunizieren und Urteile bezüglich des Wahrheitsgehalts, der Authentizität, des Werts und der Relevanz des Gesehenen treffen. In der Mediapolis liegt Verantwortung bei jedem, und niemand kann ihr entrinnen.

Um ihr gerecht zu werden, kann man sich an Prinzipien und an Verfahren halten. Denn ständig müssen Entscheidungen getroffen werden, zum Beispiel von denen, deren Aufgabe es ist, über das Geschehen in der Welt zu berichten und es verständlich zu machen. Sie sind dafür verantwortlich, daß sie dabei nicht die Würde jener verletzten, über die sie berichten, und daß sie die Bedeutung der Ereignisse nicht absichtlich oder versehentlich verfälschen. Und auch die Empfänger dieser Mitteilungen müssen entscheiden, wie sie auf sie reagieren, wie sie sie deuten und inwiefern sie sich an dem Diskurs beteiligen, ohne ihren Vorurteilen oder Ängsten nachzugeben.

Verantwortliches Handeln kann sich hierbei auf ein Berufsethos oder ein anderes kodifiziertes Reglement stützen, wird darin jedoch zuweilen auch vertuscht und verfälscht. Zugleich verlangt es aber nach einem Mehr an Kompetenz in den verschiedenen Sparten der Literarizität, die jede Beschäftigung mit den Medien heute erfordert. Auf allen Ebenen des Prozesses müssen die Mitwirkenden entsprechend ihren Möglichkeiten Verantwortung für ihr Handeln in der Mediapolis übernehmen. Vielleicht wissen und beherzigen wir das schon. Vielleicht aber auch nicht.

Noch etwas: da wir jetzt über Verantwortung reden, verschiebt sich der Schwerpunkt unseres Diskurses über die Moral der Medien von den Rechten zu den Pflichten. Diese Verlagerung hat bereits weite Teile dieses Kapitels bestimmt, vor allem da, wo es um Gastfreundschaft und eben Verantwortung ging. Gerechtigkeit, könnte man folgern, ist ebensosehr ein Recht wie eine Pflicht.

Die Pflicht zur Wahrhaftigkeit

Zwischen Pflichten und Rechten besteht offenbar ein Unterschied. An Rechten orientierte Kommunikationstheorien untersuchen, was wir in einem Kommunikationsprozeß dürfen
sollten (etwa hinsichtlich freier Meinungsäußerung oder Ver-
sammlungsfreiheit). In ihnen erscheint das moralische Subjekt
als Inhaber von Rechten und Forderungen. Im Gegensatz dazu
betrachtet ein an Pflichten orientierter Ansatz das moralische
Subjekt als jemanden, der Ansprüche zu erfüllen hat. Es geht
nicht darum, wie es behandelt wird, sondern wie es handeln
und kommunizieren sollte. An Rechten orientierte Kommunikationstheorien erlauben kein Urteil über die moralische
Qualität von Kommunikationsvorgängen, da sie sie billigen,
solange in ihnen nicht die Rechte anderer verletzt werden. Ein
an Pflichten orientierter Ansatz fragt gezielt nach den Bedingungen, die für freie und genuine Kommunikationsprozesse
erfüllt sein müssen.

Auch bei diesem Thema ziehe ich einen anderen Autor
zu Rate: Onora O'Neill. In einem brillanten Essay (O'Neill
1990) behauptet sie, daß ein an Rechten orientierter Ansatz
es unmöglich macht zu bestimmen, welches Recht das höchste sei: man könne aus dieser Perspektive nicht schlüssig über
das Recht auf freie Meinungsäußerung diskutieren. Selbstverständlich sind Rechte unverzichtbar, aber sie ermöglichen
sinnvolle Entscheidungen nur, wenn sie ihre Grenzen in korrespondierenden Pflichten finden, die auf einer Vorstellung dessen beruhen, was gut und tugendhaft ist. Fehlerhafte und sogar
unmoralische Kommunikationsvorgänge sind auch denkbar,
ohne daß Rechte in Mitleidenschaft gezogen oder in Frage gestellt werden.

Demzufolge ist Verantwortung das erste Gebot der Moral.
Pflichten lassen sich aus dem ableiten, was als moralisch gut
erkannt wird. Sie erfordern, die Perspektive des Handelnden
einzunehmen, des Senders, nicht des Empfängers im Kommu-
nikationsvorgang. Während ein an Rechten orientierter Ansatz

auf den Empfänger abstellt, befaßt sich ein an Pflichten orientierter mit den Handlungsmöglichkeiten von Individuen und Institutionen.[10]

Zwar steht wohl jedem Recht eine Pflicht gegenüber (so wie Wahrhaftigkeit und Gewaltverzicht zugleich Rechte und Pflichten sind), doch es gibt einige Pflichten, denen keine Rechte korrespondieren. In der klassischen ethischen Theorie werden sie als unvollkommene Pflichten (Kant) bezeichnet. So kennt man in traditionellen Gesellschaften häufig die Pflicht zur Gastfreundschaft gegenüber dem Fremden, jedoch kein äquivalentes Anrecht des Fremden auf deren Gewährung. Was mediale Kommunikationsprozesse betrifft, gibt es zwar die Pflicht, diese verständlich, frei, nicht sexistisch usf. zu gestalten, aber kein äquivalentes Recht des Einzelnen darauf, daß die Medien nur auf diese Weise mit ihm kommunizieren. Und auch wenn wir uns vermutlich nie abschließend auf einen Kernbestand unvollkommener Pflichten in der globalen Kommunikation einigen werden, müssen wir doch fragen, wozu wir verpflichtet sind, wenn wir »uns publizistisch äußern und Programme gestalten, und welche Praktiken der Repräsentation und Kommunikation wir dabei bevorzugen sollen« (O'Neill 1990, S. 165). Meiner Ansicht nach ist die mediale Gastfreundschaft eine Primärtugend, aus der sich einige der Pflichten in der Mediapolis ableiten lassen.

Dasselbe gilt für das Recht auf freie Meinungsäußerung. Es ermöglicht, daß jeder seine Meinung äußern kann, aber nicht unbedingt, daß überhaupt so etwas wie Kommunikation stattfindet. Denn weder ist in diesem Zusammenhang von einer Zuhörerschaft überhaupt die Rede, noch von den Bedingungen, die erfüllt sein müssen, damit der sich frei Äußernde Gehör

---

10 »Eine an Rechten orientierte Betrachtung untersucht diese Beziehungen aus dem Blickwinkel des Empfängers, der sich zunächst fragt, wie er seine Rechte beanspruchen kann. Eine an Pflichten orientierte Betrachtung untersucht sie aus der Perspektive des Handelnden, der sich zunächst fragt, was er tun sollte, oder allgemeiner: Wie man leben soll.« (O'Neill 1990, S. 160)

finden kann. Das ist der springende Punkt. Das Recht auf freie
Meinungsäußerung, so wichtig es ist, ignoriert den sozialen
Kontext, der seine Verwirklichung ermöglicht oder verhindert,
weil es sich nur mit der Frage befaßt, ob das gleiche Recht für
alle gilt. Aber:

> Wer *kommunizieren* will, aber nicht unterstellen kann, daß
> andere ihr Handeln an ähnlichen Prinzipien orientieren, muß
> mehr tun, als nur die Verletzung der Rechte Anderer zu verhin-
> dern. Er muß auch so kommunizieren, daß die sprachlichen,
> sozialen und technischen Grundlagen der Kommunikation
> nicht zerstört oder untergraben werden. Daß ich die Meinung
> Anderer tolerieren muß, heißt lediglich, daß ich sie an deren
> Äußerung nicht hindern darf; bin ich jedoch verpflichtet, *Kom-
> munikation* an sich zu tolerieren, so muß ich zugleich dafür
> sorgen, daß die Voraussetzungen dieser *Kommunikation* beste-
> hen bleiben.   (O'Neill 1990, S. 167)

Daß ich hier nicht von Toleranz, sondern von Gastfreundschaft
gesprochen habe, ändert nichts an diesem Problem. Wenn ich
zur Gastfreundschaft (oder Toleranz) verpflichtet bin, muß
ich die historisch und soziologisch spezifischen Bedingungen
beachten, unter denen sich die Möglichkeit einer freien Kommunikation verbessert. Die Prinzipien und Praktiken der Gastfreundschaft müssen den Veränderungen der Kommunikationsmittel angepaßt werden, da sich nicht nur die technologischen
Voraussetzungen ändern, sondern auch die Fertigkeiten und
Kompetenzen, die eine Voraussetzung sinnvoller Kommunikationsprozesse sind. Im Bereich der Kommunikation beziehen
sich die unvollkommenen, also nicht mit entsprechenden Rechten korrespondierenden Pflichten auf die Grundvoraussetzungen jeglicher Kommunikation, die erfüllt sein müssen, damit si-
chergestellt ist, daß die Vielfalt der Sprachen und Sprechweisen
erhalten bleibt, daß die notwendigen Kompetenzen erlernt und
eingeübt werden und daß Möglichkeiten der Kommunikation
untergrabende Technologien nicht zum Zuge kommen.

Jeder Kommunikationsakt setzt prinzipiell ein Gegenüber voraus, keine ist eine Einbahnstraße. Deshalb gilt auch für die Mitwirkenden der Rundfunkmedien, deren Technologie eine unmittelbare Reaktion und Interaktion des Publikums ausschließt, daß sie ein spezifisches Verständnis ihres Handelns und ihres Publikum entwickeln müssen:

> Insbesondere müssen sie sowohl ihre eigenen Äußerungen als auch die von Anderen, die sie in ihren Berichten aus einer *Vielzahl möglicher Äußerungen herausgreifen*, als fehl- und kritisierbare Meinungen, nicht als Stimme der Wahrheit oder einer unangreifbaren Autorität, repräsentieren. Zweitens müssen sie *die Äußerungen des Publikums respektieren*. Sie müssen entschlossen sein, nur so zu kommunizieren, daß sie Andere weder durch den Anschein von Autorität *irreführen* noch dadurch *zum Schweigen bringen*, daß sie ihre Reaktionsmöglichkeiten beschneiden. Keine dieser Pflichten ist leicht zu erfüllen.
>
> (O'Neill 1990, S. 171)

Diese Überlegungen lassen sich gut mit dem Pluralismus vereinigen, den ich als essentielle Notwendigkeit globaler Kommunikation dargestellt habe. Vor allem machen diese Haltung und die damit einhergehenden Pflichten deutlich, daß es nicht nur darauf ankommt, die Stimme der Anderen zu respektieren, sondern auch dafür zu sorgen, daß ihre Äußerungen erstens in der Mediapolis präsent sind und zweitens auch ein Publikum finden können, sich also Gehör verschaffen *können*.[11]

Zweifellos ist das eine furchtbar anspruchsvolle Forderung. Wir müßten uns nicht nur mit den gesetzlichen Grundlagen

---

11 Dies wirft natürlich erhebliche praktische Schwierigkeiten auf, da weder in der Mediapolis noch sonstwo wirklich jede Äußerung auch auf Gehör stoßen kann. Es geht mir darum, daß jede Äußerung als Mitteilung eingestuft wird, die grundsätzlich hörbar gemacht werden kann, und daß Infrastrukturen geschaffen werden, die das Gehörtwerden erleichtern, indem sie Nachrichten und Informationen über die betreffende Meinung zur Verfügung stellen und für Chancengleichheit beim Kampf um ein Publikum sorgen.

nationaler und internationaler Kommunikationsnetze befassen, sondern auch in jeder gegebenen Situation über das Wesen von Kommunikation an sich, ihre Grenzen und Möglichkeiten nachdenken. Denn solche Pflichten sind sinnlos, wenn sie nicht die machtpolitischen Implikationen medialer Kommunikation berücksichtigen und sich auf das Berufsethos der Akteure auswirken. Das hat zwei Aspekte. Die dominierenden Akteure der Mediapolis müssen nicht nur bereit sein, die Präsenz des Anderen in der Mediapolis zu tolerieren und gar zu fördern, sondern sich auch noch um Interaktion mit ihnen bemühen. Wenn überhaupt, läßt sich das nicht allein durch gesetzliche Maßnahmen bewirken, so klug und hilfreich diese auch sein mögen. Außerdem wären da noch einige Pflichten gegenüber dem Publikum zu erfüllen. Denn die Mitglieder des (universellen) Publikums müssen über jene Fertigkeiten und Kompetenzen verfügen, die ihnen eine adäquate, das heißt kritische, Partizipation an der globalen Medienkultur ermöglichen. Mit diesen Fragen befaßt sich das nächste, das abschließende Kapitel dieses Buches.

Bevor ich dazu komme, möchte ich mich kurz mit einer weiteren Pflicht beschäftigen, nämlich der Pflicht zur Wahrhaftigkeit. Warum nur kurz? Weil ich in meinen bisherigen Überlegungen die Pflicht zur Wahrhaftigkeit in den öffentlichen Diskursen der Mediapolis und in der freiheitlichen Gesellschaft insgesamt, die sie aufrechterhält und von ihr aufrechterhalten wird, implizit unterstellt habe. Ich möchte also deutlich machen, daß Wahrheit und Wahrhaftigkeit in der Mediapolis selbstverständlich eine gewichtige Rolle spielen und ein schwieriges Problem darstellen. Allerdings sind die damit einhergehenden Fragen derart komplex und reichen derart weit in die Geschichte der Philosophie zurück, daß ich sie nur streifen kann. Mir liegt jedenfalls nichts ferner als zu behaupten, daß Wahrheit in der Mediapolis keine Rolle spiele.

Genau das wird allerdings recht oft behauptet. So etwas wie Wahrheit sei in den Medien gar nicht möglich, heißt es dann. Der Grund dafür sei, daß jede mediale Darstellung außergewöhnlicher oder alltäglicher Ereignisse in einer komplexen Welt in wichtigen Punkten unvermeidlich fehlerhaft sei: nämlich parteiisch (da sie nur eine von vielen Perspektiven widerspiegele, auch wenn sie sich bemühe, anderer Perspektiven zu berücksichtigen), vorläufig (da sich durch die weitere Entwicklung der Ereignisse die Umstände zwangsläufig änderten) und unvollständig (da die Wahrheit über die Welt prinzipiell unabschließbar sei, auch wenn die Zahl der Unwahrheiten möglicherweise finit ist). Nur in den schlichtesten Formen buchstabengetreuer Wiedergabe sei so etwas wie eine dokumentarische Wahrheit möglich, die Anspruch auf Bestand erheben könne. Alle anderen Wahrheitsansprüche in der globalen und nationalen Berichterstattung seien vor dem Hintergrund von Marktinteressen und politischer Einflußnahme unhaltbar und würden auch nur von jenen erhoben, die ihre Möglichkeiten überschätzen.

Der Wahrheitsanspruch einer Aussage wie »Ich war da und habe dies gesehen« (die sich sozusagen auf einen Positionsvorteil beruft) läßt sich relativ problemlos akzeptieren. Doch die dann folgende Darstellung des Geschehens und die Berufung darauf, daß die körperliche Anwesenheit, die Tatsache, ihm beigewohnt zu haben, ausreiche, um einen Wahrheitsanspruch zu begründen, sind nicht ohne weiteres für wahr zu halten. Obwohl wir der Behauptung der Medien, die Wahrheit zu sagen, diese Skepsis entgegenbringen, erwarten wir dennoch, daß sie ehrlich sind, denn andernfalls hätten sie keinen Wert – sondern wären bloßer Lärm.

So argumentiert – viel eleganter, als es mir jemals gelingen würde – Bernard Williams. Er zeigt, daß auch eine skeptische Einschätzung der Möglichkeit der Wahrhaftigkeit in einer gegebenen Situation voraussetzt, daß man Wahrhaftigkeit grundsätzlich nicht nur für möglich, sondern für notwendig hält; denn anders ließe sich der Zweifel an der Wahrhaftigkeit einer Aussage gar nicht formulieren. An anderer Stelle weist er darauf hin, daß wir zwar vernünftigerweise einräumen, daß die Wahrheit uns unerreichbar sei, zugleich aber weiterhin Wahrhaftigkeit wertschätzen und fordern. Auch in der Moderne

engagiere man sich »emsig für Wahrhaftigkeit – zumindest ist
man vielfach argwöhnisch, auf der Hut vor Irreführung und
eifrig darauf bedacht, Scheinbares zu durchschauen bis hin zu
den wirklichen Strukturen und Motiven, die dahinter liegen«
(Williams 2003, S. 11). Doch je mehr wir nach der Wahrheit
streben, desto offensichtlicher werde auch, daß es wenig oder
gar nichts gebe, das wir guten Gewissens als wahr bezeichnen
könnten.

Dieses Paradox entspricht, wenn auch in anderem Zusammenhang, der im vorigen Kapitel angestellten Beobachtung,
wonach unser Vertrauen in die Medien in dem Maße schwindet, in dem unsere Abhängigkeit von ihnen wächst. Solche Paradoxien sind nicht leicht aufzulösen, sie haben aber erhebliche
Folgen – bei Williams im Zusammenhang mit der Geschichtsschreibung, in unserem Zusammenhang hinsichtlich der Produktion von Nachrichten und aktuellen Berichten.

Ich will die philosophische Diskussion hier nicht vertiefen.
Williams' Paradox macht jedoch deutlich, daß die Medien ehrlich, aufrichtig und wahrhaftig sein müssen, wenn wir uns auf
ihre Berichterstattung verlassen können sollen – selbst wenn
wir wissen, daß sie nie die ganze Wahrheit sagen können. Sie
haben die Pflicht, die Wahrheit zu sagen, oder genauer, ehrlich
zu sein. Diese Verpflichtung gehört neben der zur Gastfreundschaft und der zur Herstellung des richtigen Abstands zum
Kernbestand einer Moral der Mediapolis.

Kommunikation im Sinne eines Austauschs von Informationen ist ohne ein Bekenntnis zur Wahrhaftigkeit undenkbar. Das
gilt auch für die Kommunikation via Medien. Deren Aufgabe
in einer globalen Welt ist es, diesem Anspruch gerecht zu werden und zugleich die Wahrheitsansprüche anderer in Frage zu
stellen. Daß ihnen diese Aufgabe gestellt werden kann und daß
sie sie erfüllen können, setzt unvermeidlich eine freiheitlich-de-
mokratische Gesellschaft voraus, die ihrerseits ohne eine solche Verpflichtung nicht denkbar ist. Und zugleich läßt sich eine
solche Gesellschaft nicht ohne institutionelle Rahmen denken,
die gewährleisten, daß die Wahrheitsansprüche öffentlich ge-

macht werden können, allerdings weniger auf dem sogenannten Markt der Ideen, dem Williams wie andere auch erhebliche Mängel und Schwächen bescheinigen, sondern vielmehr
in einem als ideal gedachten Forum, in dem sich Ideen und
Meinungen miteinander vergleichen und anhand angemessener
Kriterien evaluieren lassen. Williams meint:

> Keine liberale Demokratie kann es sich leisten, gegenüber
> ausdrucksstarken, ordnungswidrigen und sogar schädlichen
> Formen der Rede eine allzu restriktive oder im Hinblick auf
> Identität oder Art der veröffentlichenden Instanz eine allzu
> kleinliche Haltung einzunehmen. Außerdem kann eine solche
> Demokratie die Menschen nicht dazu zwingen, über öffentli-
> che oder politische Angelegenheiten nachzudenken. Dabei sind
> die Grundrechte der liberalen Gesellschaft und die demokrati-
> schen Freiheiten selbst abhängig von der Entwicklung und vom
> Schutz der Methoden zur Entdeckung und Übermittlung der
> Wahrheit, und das wiederum setzt voraus, daß die öffentliche
> Debatte in der einen oder anderen Form eine Annäherung an
> einen idealen Markt beinhaltet. Die Quadratur dieses Kreises
> muß in liberalen Staaten ein Hauptziel einfallsreicher Institu-
> tionenplanung sein.   (Williams 2003, S. 326)

Bei der Erlangung der Wahrheit kommt es auf Genauigkeit und
Aufrichtigkeit an.[12] Es geht darum, die Welt zu verstehen, und
auch wenn unterschiedliche Kulturen damit und mit dem Begriff der Wahrheit selbst verschiedene Vorstellungen verknüp-
fen, ist dieses Verstehenwollen eine allen gemeinsame, vielleicht
sogar universelle Komponente der Wahrhaftigkeit. Das Ideal

---

12 »Wahrhaftigkeit impliziert Achtung vor der Wahrheit. Daher besteht
   eine Verbindung zu beiden Tugenden, die [...] die zwei Hauptugenden
   der Wahrheit darstellen, nämlich *Genauigkeit* und *Aufrichtigkeit*: Man
   tut alles, was man kann, um zu wahren Überzeugungen zu gelangen;
   und was man sagt, zeigt, was man glaubt.« (Williams 2003, S. 26; Hervorhebung im Original)

des Verstehenwollens zieht die Erwartung nach sich, daß uns
die Medien auf eine Weise und mit einer Absicht die Wahrheit
sagen sollten, die Williams am Beispiel der Geschichtsschreibung illustriert: »Wir müssen zwar verlangen, daß Interpretationen der Vergangenheit insofern die Wahrheit sagen, als
sie nicht lügen oder in die Irre führen dürfen, doch das, wozu
wir sie brauchen, ist nicht, daß sie uns eine Sache namens ›die
Wahrheit über die Vergangenheit‹ mitteilen. Wir brauchen sie
um der Wahrhaftigkeit willen, und um der Vergangenheit einen
uns verständlichen Sinn zu geben.« (Williams 2003, S. 381)
Die Praxis des Verstehens und Erklärens, an der meines Erachtens alle Teilnehmer eines Kommunikationsakts mitwirken,
setzt die Einsicht voraus, daß es nie um eine singuläre Wahrheit
über den Anderen gehen kann, sondern nur um eine Form der
Interpretation, die sich an die Erfordernisse der Wahrhaftigkeit
hält, wie auch immer diese in einer gegebenen Gesellschaft oder
einer konkreten Situation aufgefaßt werden.

Williams erwartet von den gegenwärtigen Medien einschließlich des Internets nicht viel im Hinblick auf die Wahrheit. Zu-
stimmend zitiert er R.H. Tawneys Bonmot, die Medien seien dazu da, Papier an den Mann zu bringen, das auf der einen Seite mit
Unsinn, auf der anderen mit Werbung bedruckt ist. Das Internet
werfe das altbekannte Problem auf, Wahrheit von Unwahrheit
und ernsthafte Meldungen von Klatsch zu unterscheiden, und es
bleibe im Solipsismus privater Kommunikation befangen.

Natürlich kann ich ihm darin nicht ganz zustimmen. Er
könnte es sozusagen selbst nicht, es sei denn, er wollte den potentiellen und tatsächlichen Beitrag der Medien zur demokratischen Gesellschaftsordnung bestreiten (natürlich weiß Williams, daß sich die Medien von ihren Anfängen bis heute stets
ausschließlich oder vornehmlich an Eliten gewendet haben).
Doch gerade weil die Medien, ob es uns gefällt oder nicht, einen
solchen Beitrag leisten und leisten müssen, ist ihr Wohl und Wehe meines Erachtens unmittelbar mit dem Wohl und Wehe der
globalen Zivilgesellschaft und der Zukunft der freiheitlichen
Demokratie verknüpft.

Die Wahrhaftigkeit in der Mediapolis erfordert deshalb einerseits entsprechende Institutionen und Gesetze, andererseits aber ein Bewußtsein der individuellen Verantwortung. Dazu gehört sowohl ein erhebliches Maß an Selbstreflexivität auf seiten der Medienschaffenden als auch ein kritisches Publikum, also Leser und Zuschauer, die als Bürger einer Gesellschaft handeln wollen.

Es ist nun an der Zeit, diese abstrakten Überlegungen auf die lebendige Realität der Mediapolis zu übertragen und nach ihren Konsequenzen zu fragen. Unter welchen Voraussetzungen kann der globale mediale Erscheinungsraum sein Potential entfalten und einen Beitrag zur Herausbildung einer stabilen Zivilgesellschaft innerhalb und jenseits des Nationalstaats leisten?

Die Schwierigkeiten dieser Aufgabe sind mir bewußt. Bis hierher wollte ich Zeugnis davon ablegen, welche dynamische und komplexe Rolle die Medien bei der Schaffung und Bewahrung eines öffentlichen Raums spielen, in dem Verständnis, Auseinandersetzung und Nachdenklichkeit möglich sind. Nun gilt es, das konkrete Umfeld zu beackern, auf dem man die Politik zum Handeln und die Medienschaffenden zum Nachdenken bewegen will. Ich habe das Gefühl, daß das Projekt der Mediapolis letztlich, wenn auch nicht nur und nicht im engsten Sinne, ein rationales ist, also eines jener Projekte, die sich, wie Habermas einmal sagte, auf »mehr oder weniger gute Gründe« stützen. Ich glaube, daß diese Einschätzung notwendig und produktiv ist, da Kompromisse auf dem Gebiet der öffentlichen Kommunikation unumgänglich sind. Wir müssen wissen, welchen Voraussetzungen die Politik und die Ethik in der Mediapolis unterliegen, wenn wir sie ausbauen wollen. Im nächsten Kapitel, dem letzten dieses Buches, will ich diese Grundlagen untersuchen und, wenn schon nicht Empfehlungen abgeben, zumindest ihre Zusammenhänge und die Voraussetzungen wirksamen Handelns klären.

VII
Mediengesetzgebung und Medienkompetenz

Nun also zu den Konsequenzen meiner bisherigen Überlegungen.
Ich habe behauptet, daß die Mediapolis ein moralischer
Raum ist und daß ihr, wenn das zutrifft, eine zentrale Bedeutung für die Diskussion über die Zukunft der Menschheit zukommen muß. Große Worte, ich weiß, aber hoffentlich keine
haltlosen. Basis einer Moral der Medien und des Medienumfelds muß ihre singuläre Fähigkeit sein, die Welt zu repräsentieren und darzustellen – eine Fähigkeit, aufgrund deren sie
aus unserem Alltag nicht mehr wegzudenken sind. Natürlich
spielen auch andere Aspekte, moralische wie politische, eine
Rolle, aber auch sie beruhen inzwischen auf und sind unauflöslich verknüpft mit der Persistenz und Insistenz eines endlosen
und allgegenwärtigen medialen Diskurses. Politik, Ökonomie,
Diplomatie und Kriegführung sowie die Herausbildung von
Lebensstilen und die tägliche Lebensführung, vormals autonome und nicht auf die Medien oder überhaupt eine öffentliche
Kommunikation angewiesene Bereiche, lassen sich heute nicht
mehr ohne die Medien bewältigen.

Wenn das »Mediazentrismus« ist, kann ich es nicht ändern.
So oder so müssen wir versuchen, den Stier bei den Hörnern
zu packen.

Das allerdings ist auch bei den symbolischen Stieren der
Mediapolis kein ganz ungefährliches Unterfangen. Ich habe
versucht, sie anhand einer Reihe unterschiedlicher Fragestellungen zu bändigen. Dazu gehörten Überlegungen, wie wir der
Würde und dem Menschsein des Anderen im medialen Raum
gerecht werden können, welche Folgen falsche Darstellungen
und vor allem die Dämonisierung des Anderen haben können,
inwiefern die Medien polyphone Diskurse ermöglichen kön-

nen, welche Bedeutung sie für das Alltagsleben ihres Publikums haben, inwiefern in ihnen Gerechtigkeit herrscht oder möglich ist und welche Bedeutung sie für die Herausbildung einer stabilen demokratischen Zivilgesellschaft im globalen, nationalen und regionalen Rahmen haben.

Das sind zweifellos schwierige Fragen. Mediale Vermittlungsvorgänge sind komplexe, widersprüchliche und stets umkämpfte Praktiken – aber sie sind Praktiken, und nicht abstrakte Prozesse. Das heißt, sie sind Produkte des Denkens, Urteilens und Handelns von Menschen. Die Medien sind heute die wichtigsten Werkzeuge für die Verbindung (oder Trennung), die symbolische Einbeziehung (oder Ausschließung) von Menschen, ja sogar für jede wie auch immer gestörte zwischenmenschliche Kommunikation (oder ihr Scheitern), ohne die ein soziales Leben unvorstellbar wäre. Als Praktiken sind sie zudem vom technologischen und sozialen Wandel beeinflußt. Vielleicht waren sie dies schon immer. Zumindest legt die Geschichte der Kommunikation und der Kommunikationstechnologien in den letzten hundert Jahren diese Auffassung nahe. Als Praktiken haben mediale Vermittlungsvorgänge auch etwas mit symbolischer und materieller Macht zu tun, im persönlichen wie im institutionellen Bereich. Tatsächlich ist Macht sogar ihre hervorragendste Eigenschaft, da ihre Fähigkeit, Dinge auszublenden oder ihrer Gastfreundschaft zu berauben, sie ideologisch zu verfälschen oder ganz allgemein Vertrauen zu zerstören, höchst materielle und schädliche Folgen haben kann: für einzelne wie für Kulturen und Nationen – für uns und unsere Nächsten wie für andere und deren Nächste.

Die Mediapolis ist ein globales und kosmopolitisches Phänomen, das sich lokal konstituiert: nämlich in der auf unmittelbarer Begegnung beruhenden Produktion und Konsumtion von Medien. Sendungen werden lokal produziert und konsumiert, aber über nationale und internationale Grenzen hinweg weltweit verbreitet, ohne daß reflektiert würde, wer ihre Empfänger dort draußen eigentlich sind, die ihrerseits nicht reflektieren, von wem diese Sendungen eigentlich kommen. In den Medien und nicht nur dort, aber nirgendwo auf derart verblüffende Weise, mischt sich das Menschliche mit dem Technologischen. Dessen rasante Entwicklung treibt jene Vielfalt von Möglichkeiten und Gefahren hervor, die die Mediapolis zu einem derart schwer faßbaren und sich ständig wandelnden Phänomen machen, dessen Moral schwer zu greifen und noch schwerer einzuhalten ist.

Die gegenwärtige Krise, die womöglich eine ewige ist, betrifft die Fähigkeit der globalen Medien, ihrer Verantwortung gerecht zu werden, obwohl die politischen und ökonomischen Entwicklungen dies fortwährend erschweren oder gar unmöglich machen. Das gilt etwa für peer-to-peer-Netzwerke zum Austausch urheberrechtlich geschützter Daten; das gilt für die Leichtigkeit, mit der jedermann im Internet ein Geschäft eröffnen oder ein Publikum erreichen kann, das er mit seinen Ansichten und Meinungen oder mit Warenangeboten beliefert; das gilt für Photos und Videos aus Krisengebieten, die Privatleute per Mobiltelefon an Rundfunkanstalten schicken; das betrifft die sinkenden Auflagen der Tageszeitungen, die Zersplitterung der Zuschauerkulturen im Wirrwarr der Lebensstile, die Gefahr des Zusammenbruchs etablierter Märkte durch den Auftritt neuer Marktteilnehmer oder die noch immer zunehmende Macht der großen Konzerne; es betrifft die Tatsache, daß es dem Einzelnen unmöglich geworden ist, den Informationsfluß zu kontrollieren: seriöse von dubiosen Angeboten zu unterscheiden, begründete Sorgen von Panikmache zu trennen und sich vor ideologischen Einflüsterungen zu hüten – auch wenn es derzeit scheint, als ließen sich all diese Informationsflüsse zurückverfolgen und seien daher doch in gewissem Maße kontrollierbar. All diese Entwicklungen und Phänomene erhöhen für sich genommen und zusammen nicht nur das Maß ökonomischer, privater und politischer Ängste und Sorgen, sondern verändern auch die Art und Weise, in der die Welt auf unseren Monitoren erscheint. Und dieses Erscheinen der Welt ist, wie ich in diesem Buch zu zeigen versuche, das Grundproblem, die entscheidende Qualität der Medien.

In diesem Kapitel geht es um die Dynamiken, die Entwicklungen und Widersprüche, von denen die Mediapolis beeinflußt wird, denen wir sie aber nicht überlassen dürfen. Das ist kein Ausdruck der Voreingenommenheit gegen die Selbstregulierung des Marktes, sondern ein lebenswichtiges Projekt, das darauf abzielt, Werte wie Gerechtigkeit und Verantwortung in einen Bereich menschlichen Handelns einzubringen, in dem immense Schäden für die *conditio humana* entstehen können, wenn diese Werte nicht ausreichend berücksichtigt werden. Manche Beobachter glauben, daß die Medien diesen Schaden bereits angerichtet haben und daß die Dynamik der Verfälschungen und Verzerrungen, der Kommunikationsverweigerung, der symbolischen Instrumentalisierung und Polarisierung nicht mehr aufzuhalten sei. Möglicherweise stimmt das. Doch wenn es möglich ist, gegen die Schädigung und Zerstörung unserer materiellen Umwelt zu kämpfen, sehe ich keinen Grund, warum wir nicht auch gemeinsam gegen die Schädigung unserer symbolischen Umwelt angehen könnten. Meiner Ansicht nach besteht zwischen diesen Phänomenen sogar ein Zusammenhang.

Der Versuch, regulierend in die Praktiken der Mediapolis einzugreifen, bedarf daher einer Verlagerung und Neubestimmung. In unserer sich rasch verändernden Medienwelt, zu der auch die alten Medien gehören und in der sich manche institutionellen Prozesse noch immer an überkommenen Werten orientieren, müssen wir unsere Vorstellungen von Markt und Wettbewerb, von beruflichem Ethos und medialen Inhalten überdenken. Und zwar nicht nur, weil es keine Frequenzknappheit mehr gibt oder weil die Regierungen der Nationalstaaten angesichts von internationalen Informationsflüssen und Kommunikationsvorgängen zunehmend machtlos wirken. Sondern weil die Medien, die heute die Infrastruktur der Mediapolis konstituieren, unser Menschenbild, unsere Vorstellung von Humanität in Frage stellen, indem sie alle anderen Ressourcen und Möglichkeiten der Information und Kommunikation verdrängen und sich als zentrale Komponenten unseres sozialen Lebens installieren.

Die Frage, was es heißt, Mensch zu sein, ist meines Erachtens grundlegend für die Entwicklung einer überwiegend über die Medien vermittelten und in Erscheinung tretenden Welt, in der immer mehr Menschen leben und von der beinahe jeder beeinflußt wird. Die existierenden Formen der gesetzlichen und sonstigen Regulierung der Medien sind meines Erachtens bestenfalls Operationalisierungen einer angewandten Ethik (Christians 2000) und schlimmstenfalls bedenkenlose Durchsetzungen politischer oder kommerzieller Interessen. Als Garanten der Humanität oder der Kultur reichen sie nicht aus. Die Reform dieser Bestimmungen machen staatliche Stellen und Medienindustrie immer noch vorwiegend unter sich aus, indem sie (unterschiedlich mächtige) Richtlinien für die professionelle und die kommerzielle Praxis etablieren. Dabei befassen sie sich weder mit den Grundprinzipien des sozialen Handelns und der medialen Repräsentation, noch suchen sie nach neuen Wegen, nicht nur die Medien, sondern die gesamte Medienkultur in die Verantwortung zu ziehen. Medien können durch gesetzliche und andere Regulierungsmaßnahmen zu verantwortlichem Handeln ermutigt oder gar gezwungen werden, so fehlerhaft und anfällig solche Maßnahmen auch sein mögen. Dafür zu sorgen, daß eine ganze Medienkultur ihre Verantwortung annimmt, ist eine ganz andere Aufgabe, denn sie setzt kritische und kompetente Bürger (und reflexive Medienschaffende) voraus, die fähig sind, die Verfahren und Wirkungen massenmedialer Repräsentation und Kommunikation kritisch zu beurteilen.

Wie wir gesehen haben, können Gerechtigkeit und Verantwortung in Widerspruch geraten, obwohl sie für die Moral der Mediapolis gleichermaßen notwendig sind: die Gerechtigkeit im Hinblick auf die Regulierung von Verfahren und die Verantwortung im Hinblick auf Reflexivität und Medienkompetenz. Sie schließen einander keineswegs aus. Regulierungsmaßnahmen können Medienkompetenz fördern und setzen Reflexivität voraus. Reflexivität und Medienkompetenz müssen durch Vorschriften für die Medienpraxis und durch die Lehrpläne der Bildungsanstalten unterstützt werden. Entscheidend ist, daß eine Regulierung der Medien, ob im gesetzlichen Rahmen oder durch eine freiwillige Selbstkontrolle, allein nicht ausreicht. Ihr Einfluß muß zudem auf die strukturelle Ebene beschränkt bleiben. Gleichzeitig müssen wir begreifen, daß die Medienkompetenz der Produzenten und der Konsumenten eine unverzichtbare, wenn nicht sogar letztlich hinreichende Voraussetzung für die gegenwärtige und zukünftige Stabilität und Vitalität der Mediapolis ist.

Der Kern einer so verstandenen Medienkompetenz müßte meiner Ansicht nach aus moralischen Fragen und Überzeugungen bestehen, die stets offengehalten und permanent in den öffentlichen Diskurs und die private Praxis eingebracht werden und deren Grundlage die Erkenntnis ist, daß wir uns der Verantwortung für den Anderen in einer von Konflikten, Tragödien, Intoleranz und Gleichgültigkeit geprägten Welt nicht entziehen können. Dazu gehört eben ein kritisches Bewußtsein dafür, daß es den Medien in der Regel nicht (aber manchmal doch) gelingt, der Realität der Differenz gerecht zu werden und ein humanes Bild von ihr zu zeichnen. Denn unsere Humanität bemißt sich an unserem Verständnis der Welt und unserer Bereitschaft und Fähigkeit, in ihr zu handeln.

Medien als Umwelt

Cees Hamelink weist darauf hin, daß die Medien eine zentrale Rolle in der dringend notwendigen Neubestimmung der Humanität spielen müssen, da sie durch ihre endlosen Narrationen und Bilderfolgen die »historische Realität der umfassenden Enthumanisierung« (Hamelinks 2000) repräsentieren.

Tatsächlich sind die Medien wesentlich für unsere Fähigkeit, in der Welt zu leben und zu handeln, wie Marshall McLuhan bereits vor vierzig Jahren festgestellt hat (McLuhan 1994). Für ihn sind die Medien, und zwar alle, nichts anderes als Erweiterungen unseres Körpers und damit unseres Selbst. Sie bringen ein umfassendes kulturelles Umfeld hervor, an dem wir alle teilhaben. An der Schwelle des digitalen Zeitalters, in dem Geschwindigkeit und Reichweite von Kommunikationsprozessen immer mehr zunehmen, im Übergang von einer bestenfalls aktiven Auseinandersetzung mit singulären Medien zu einer interaktiven Beschäftigung mit konvergierenden Medien, die für uns die Welt, nämlich Zugang zu ihr und Informationen über sie bedeuten, gewinnen McLuhans Ideen neue Aktualität.

Allerdings überschätzte McLuhan die Totalität und Homogenität der Medien, wenn er glaubte, sie könnten als eine Art Mantelkultur für alle Völker der Welt fungieren. Er übersah die Bedeutung von geographischen und gesellschaftlichen Unterschieden sowie von institutionellen Prozessen, die die Machtverteilung bzw. den Zugang zu materiellen und symbolischen Ressourcen beeinflussen. Trotz dieser politischen Naivität ist die von ihm entwickelte Vorstellung einer durch die Medien hergestellten kulturellen Umwelt wichtig, denn diese Medienumwelt ist für die Frage nach den Bedingungen des Menschseins so zentral wie unsere natürliche Umwelt. Und in beiden Fällen sind Löcher in der Ozonschicht zu beklagen, chemische beziehungsweise moralische. Mediale wie natürliche Umwelt sind der Schädigung und Ausbeutung durch Unempfindlichkeit, Arglist und Egoismus ausgesetzt. Wahrscheinlich ist also McLuhans Umweltparadigma heute sinnfälliger als je zuvor, aber es spart die wirklich unangenehmen Fragen aus, nämlich die Frage, wer oder was wir sind und wie das, was wir sind, die Entstehung und Entwicklung der Medien beeinflußt. Es fehlt darin auch ein Gespür dafür, daß die mediale Vermittlung ein sozialer und politischer Prozeß ist. Mit anderen Worten: es wird nicht nach der Humanität oder Inhumanität medialer Vermittlungsprozesse gefragt; das Problem wird einfach ausgeklammert.

Wie die natürliche Umwelt stellt ihr mediales Pendant die Ressourcen zur Verfügung, die wir für das Leben in der Gesellschaft brauchen, und bildet zugleich deren Grundlage.[1] Da

---

1   Interessanterweise wird inzwischen auch darüber nachgedacht, inwiefern die Ethik umweltbedingt ist; vgl. z. B. Blackburn 2001.

McLuhan in den Medien Erweiterungen des Menschen sah, betrachtete er sie lediglich in technologischer Hinsicht als Ressourcen. Doch in Wirklichkeit sind sie ungeachtet ihrer technologischen Basis ganz und gar soziale Ressourcen: Sie sind jederzeit zugänglich, ermöglichen weltweiten Informationsaustausch, synchrone oder asynchrone Interaktionen, die unbefristete Aufbewahrung von Wissen und sind uneingeschränkt durchsuchbar. Zu Ressourcen werden sie in den Köpfen oder Händen von Menschen, die sie verwenden, mißbrauchen oder ablehnen können, die sie zu sabotieren oder zu verbessern suchen. Mit anderen Worten: Medien sind Ressourcen menschlichen Handelns, und daraus bezieht die Frage, wie wir mit ihnen umgehen sollten, ihre Dringlichkeit.

Wenn über gesetzliche und andere Regulierungsmaßnahmen diskutiert wird, kommt nur selten die Frage auf, warum eine Regulierung überhaupt notwendig ist. Diese Diskurse orientieren sich an Konzepten wie dem Gemeinwohl, dem Recht auf freie Meinungsäußerung, dem Recht auf Privatsphäre, dem Wettbewerb, dem Urheberrecht usf. und setzen eine geordnete oder wenigstens prinzipiell zur Ordnung fähige Welt voraus, die von der beabsichtigten Regulierung tatsächlich profitieren könnte. Wir sollten sie nicht leichthin abtun. Doch andererseits setzen Regulierungsmaßnahmen, die auf die Medienproduzenten zielen, aber letztlich die Konsumenten meinen, so etwas wie ein Berufsethos voraus: eine Reihe moralisch motivierter, aber nie wieder hinterfragter Rezepte oder Vorschriften für die tägliche Praxis. Die Gründe für diese Vorschriften sind so tief in deren Fundamente eingegraben, daß sie für das bloße Auge des Praktikers unsichtbar bleiben – und ebenso undurchschaubar für die, die von ihnen angeblich profitieren. Tatsächlich zielen solche Regularien auf die öffentliche und private Figur eines imaginierten Bürgers, dem vor allem Schutzbedürftigkeit unterstellt wird. Zugleich stellen sie aber nicht unbedingt die Ressourcen zur Verfügung, die dieser Bürger bräuchte, um sich nicht nur vor den Verfehlungen der Medien zu schützen, sondern sich kritisch und kreativ mit dem auseinanderzusetzen, was ihm angeblich einen derart erheblichen Schaden zufügen könnte. Dem liegt die Überzeugung zugrunde, daß das sonst ungebremste Profitstreben der globalen Kommunikationsindustrie gezähmt werden muß, weil die Medien inzwischen so etwas wie eine Umwelt darstellen und ihrer gesellschaftlichen Verantwortung gerecht werden müssen. Die Medien sind zu wichtig, um sie sich selbst zu überlassen. Das ist weder sozialdemokratischer Aktionismus noch gar radikaler Sozialismus. Das ist in einer Welt der Polarisierungen, der Mißverständnisse und der zunehmenden Ausbeutung von Bildern und symbolischen Räumen globaler Repräsentation nichts als ein Gebot der Vernunft.

Die Verteidigung von Haus und Heim

In einem früheren Essay (Silverstone 1999) habe ich vermutet, daß es bei nahezu allen einschlägigen Vorschriften, ob sie sich gegen Medienmonopole richten oder für familientaugliche Programme eintreten, im Grunde darum geht, Haus und Heim der Bürger zu schützen. Sie alle befassen sich mit *Inhalten*: mit den täglich ausgestrahlten Bildern, Tönen, Erzählungen und Bedeutungen, die sich zunehmend jeglicher Kontrolle zu entziehen scheinen. Die Konsistenz oder Widersprüchlichkeit, Unsittlichkeit oder Aufdringlichkeit dessen, was in der Zeitung oder auf dem Bildschirm erscheint bzw. dort repräsentiert wird, wird vor allem deshalb für bedeutsam gehalten, weil diese Inhalte eine Schwelle übertreten, in private Lebensräume vordringen dürfen. Diese Überlegungen standen bereits hinter dem ersten Versuch einer Selbstkontrolle der Medienindustrie, dem 1930 in Hollywood veröffentlichten »Hays Code«, der bis 1966 gültig blieb. Die diesbezüglichen Ängste haben sich ebenso wie die Regulierungsmaßnahmen im Lauf des 20. Jahrhunderts intensiviert, während Medien zunächst öffentlich im Kino, dann gemeinschaftlich im Wohnzimmer und inzwischen überwiegend privatim im Schlafzimmer konsumiert werden.

Auch wenn es banal erscheint: Die Medien werden deshalb für wichtig gehalten, weil man glaubt, daß sie uns *bei uns zu Hause* beeinflussen. Daß sie uns beeinflussen, wird jede Umfrage bestätigen, und auch wir glauben zumeist, daß dem so ist. Der Begriff Zuhause ist hier natürlich sowohl wörtlich als auch metaphorisch gemeint. Die Verteidigung des Zuhauses bezieht sich sowohl auf den privaten Haushalt, in dem wir familiäre und soziale Beziehungen pflegen und uns heimisch und sicher fühlen, wie auch auf die größeren symbolischen Räume des Kollektivs, der Gemeinde und der Gemeinschaft und letztlich der Nation. Das Verhältnis von Zuhause und Heimat ist dabei komplex und nicht ohne Interessengegensätze. Beide sind jedoch durch die Erweiterung der kulturellen Grenzen durch die Medien bedroht: sowohl horizontal, durch die Globalisierung symbolischer Räume, als auch vertikal, durch die Erweiterung der Zugangs zu Kulturen des Verbotenen oder des Bedrohlichen. In beiden Fällen geht es darum, materielle Einbrüche in die symbolische Sicherheit des Hauses bzw. der Heimat abzuwehren.

Mit der Liberalisierung des Rundfunks und der Telekommunikation durch neoliberale und, zumindest in Großbritannien, auch konservative Regierungen in den achtziger und neunziger Jahren schwand in einem in dieser Form nicht erwarteten und nicht erwünschten Maß die Fähigkeit, den Strom medialer Inhalte im nationalen Raum zu kontrollieren. Die vor allem aus ökonomischen Gründen gewollte Deregulierung löste im Bereich der Kultur unvermeidlich eine Art moralischer Panik aus. In Großbritannien wurde daraufhin das sogenannte Broadcast Standards Council geschaffen, um die Kinder in den Wohnzimmern und das bedrohte Vaterland zu schützen, als ob es ein Kind wäre. In der Debatte über die Zukunft des öffentlichen Rundfunks aus Anlaß der zyklischen Überarbeitung der BBC-Charta stieß man 2006 auf dieselben Dilemmata, denn auch hier ging es um nichts Geringeres als die moralische Integrität des Heims und der Nation, die darauf beruht, daß sich die Bürger im privaten wie im öffentlichen Rahmen aus echten Alternativen auswählen können (eine Voraussetzung jedes moralischen Handelns). Außerdem wurde es für notwendig gehalten, ebendiese Bürger vor der Unmoral zu schützen, die mit sinnlosen oder einschüchternden Programmangeboten ungebremst kommerzieller Medien möglicherweise einhergehen würde.[2]

Während all diese Fragen hinsichtlich des Rundfunks und in geringerem Maße auch des Internets weiter diskutiert werden, bleibt die Presse in Großbritannien und anderswo im großen und ganzen von Regulierungsversuchen verschont, wenigstens solange sie nicht gegen die Grundsätze allgemeiner Sittlichkeit oder die Gesetze gegen Verleumdung oder Volksverhetzung verstößt. Aufgrund ihres Einsatzes für das Gemeinwohl, des Rechts auf freie Meinungsäußerung und ihrer jahrhundertelangen Marktbehauptung hält man es im Fall der Presse für ausreichend, weitgehend auf Mechanismen der Selbstkontrolle zu vertrauen. Diese Selbstregulierung beschränkt sich auf die berufliche Praxis der Akteure, denen unterstellt wird, verantwortlich zu handeln. Sie beruht auf Verhaltenskodizes und

2 Meine Überlegungen hier beruhen, was in gewissem Maß unvermeidlich ist, auf Beispielen aus Großbritannien. Obwohl viel von Globalisierung geredet wird, finden zahlreiche politische Debatten nach wie vor überwiegend im nationalstaatlichen Rahmen statt (und nicht etwa in dem der EU) und sind daher nicht nur von den zeitgenössischen politischen Fragen, sondern eben auch von der distinkten Kultur und Geschichte der jeweiligen Nation bestimmt. Obwohl also die Probleme in allen Gesellschaften grundsätzlich die gleichen zu sein scheinen, variiert die Art, in der sie behandelt werden, erheblich. Der Grad an Freiheit, den die Presse, der Rundfunk und andere Medien genießen, ist ebenso wie der besonders seit dem 11. September 2001 wachsende Wunsch nach drakonischen Eingriffen in die Kommunikation per Internet und Mobiltelefon, in manchen Ländern auch in Presse und Rundfunk, von historischen und geographischen Kontexten abhängig. (Die Situation der Presse in Rußland oder dem Iran ist ein Beispiel dafür, die Protokollierung von Mobiltelefongesprächen in den USA ein anderes, aber ähnliches.) Es würde den Rahmen dieses Buches sprengen, die unterschiedlichen Regulierungssysteme, die in verschiedenen Gesellschaften in Kraft sind, systematisch darzustellen. Nur wenige Arbeiten behandeln dieses Thema aus globaler Perspektive, etwa Price 2004 sowie Siochru und Girard 2002.

der Press Complaints Commission,[3] einer Körperschaft, die für die Einhaltung »höchster professioneller Standards« durch die Presse sorgen soll, vor allem, indem sie Beschwerden der Öffentlichkeit nachgeht. Zudem gibt sie einen eigenen Kodex heraus, wie das auch die Society of Editors und so gut wie alle Zeitungen und Zeitungsverlage tun.

Auch die Regulierung des Marktes und des Wettbewerbs betrifft den Schutz der persönlichen und häuslichen Integrität, der Grundrechte des einzelnen und seines Rechts auf Privatsphäre, ebensosehr wie die Situation von Medienkonzernen und die Zukunft der öffentlichen Rundfunkanstalten und der Öffentlichkeit.

Doch obwohl sich die Politik um die Kontrolle, Einordnung und Freigabe von Inhalten (und Wettbewerbsformen) bemüht, kämpfen Eltern und Familien für die Bewahrung ihrer privaten Kultur und um den Schutz der heimischen Räume, in denen öffentliche und private Moral zusammenfallen sollen. Es ist ein Machtkampf, wie Lobbyisten, Werbetreibende, Programmplaner und Portaldesigner nur zu gut wissen. Auch die Eltern wissen, daß es ein Kampf ist, wenn sie mit ihren Kindern über die online verbrachte Zeit oder den Zugang zu problematischen Inhalten streiten. Dieser Kampf bestimmt zumindest teilweise über die Grenzen von Alter und Geschlecht hinweg die besondere Politik des einzelnen Haushalts.

Regulierung ist also sowohl eine private wie eine öffentliche Angelegenheit. Sie wird in Wohnzimmern und Sitzungssälen vorgenommen, in Diskussionen über Sehgewohnheiten und in internationalen Debatten über den »V-Chip«[4] oder grenzüberschreitende Informationsflüsse. In beiden Bereichen geht es um das Recht und die Macht zur Repräsentation: um Verfügbarkeit und Zugang zu den Kontinuitäten und Konsistenzen der unverzüglich und unablässig strömendem Bilder und Narrationen. Es geht um das Recht, zu repräsentieren und damit zu definieren,

---

3 Zu finden unter www.pcc.org.uk. Stand: Januar 2008.
4 Ein von den Eltern programmierbarer Chip, der verhindert, daß ihre Kinder bestimmte Fernsehprogramme sehen (A.d.Ü.).

was wir wissen und was nicht, was wir hochschätzen und was
wir für wertlos halten, was wir für wahr und unwahr halten,
was wir im Verhältnis zur übrigen Welt für uns beanspruchen
und was wir den anderen überlassen. Bei der Regulierung der
Medien dreht sich letztlich alles um eine moralische Ordnung.

Da wir die Medien zunehmend brauchen, um zu verstehen,
was vor unserer Haustür geschieht, da unser für selbstverständlich gehaltener Alltag untrennbar mit den Medien verbunden
ist, die uns durch ihn leiten und für eine Verbindung mit dem
Alltag anderer sorgen (oder eben nicht), ist es von entscheidender Bedeutung, wo unsere Medien uns positionieren bzw.
inwiefern sie es uns ermöglichen, uns selbst zu positionieren.

Als Staatsbürger tragen wir Verantwortung für uns selbst,
unsere Nachbarn und die Fremden, die unter uns leben. Diese
Einstellung ist durch die zunehmende Privatisierung und In-
dividualisierung, die die elektronischen Medien (neben vielen
anderen Dingen) in den letzten hundert Jahren herbeigeführt
haben, untergraben worden. Wann immer die Entwicklung
der Öffentlichkeit im 20. Jahrhundert untersucht wurde, war
vor allem von Erosion die Rede: vom spürbaren Rückgang des
Mitgefühls, vom Mangel an oder dem Zusammenbruch der öffentlichen Kommunikation. Diese Entwicklungen spiegeln sich
auch in der wachsenden Entfremdung von den formellen Prozessen der Politik und des politischen Engagements; vielleicht
nicht überall, aber besonders in den reichen und von Medien
dominierten Demokratien der Industrieländer. Im Jahr 2000
wurden in den USA mehr Stimmen für die Kandidaten der Ca-
sting-Show »American Idol« abgegeben als für die Kandidaten
der Präsidentschaftswahl (Galician 2004). Diese Verlagerung
des öffentlichen Interesses setzt sich rund um die Welt fort,
nicht zuletzt auch in China, wo die Gewinnerin der Suche nach
dem chinesischen »Super Girl« in der Show »Chaoji Nusheng«
im August 2005 über 3 Millionen Stimmen erhielt.[5]

5 Diesen Hinweis verdanke ich Ziqi Guan. – Beide genannten Fernsehsen-
   dungen gehören zum selben Genre wie »Deutschland sucht den Super-
   star« (A.d.Ü.).

Zugleich werden diese unterschiedlichen Gesellschaften einander immer ähnlicher. Was einst der Imperialismus vorantrieb, macht nun die Globalisierung möglich oder sogar notwendig: die Verflechtung zunehmend stratifizierter ökonomischer und finanzieller Strukturen und Prozesse; die Existenz einer allen gemeinsamen, aber nach wie vor unterschiedlich erträglichen physischen Umwelt; eine Politik, die staatliche Grenzen und territoriale Souveränität weitgehend ignoriert; Informations- und Kommunikationsnetzwerke, in denen der soziale und kulturelle Raum auf die Größe eines Mobiltelefons schrumpft.

Vor diesem Hintergrund fallen Fragen der Medienregulierung mit grundsätzlichen Problemen der Führung und Verwaltung, der »Governance«, zusammen. Man träumt von Ordnung und Verläßlichkeit im globalen Maßstab, auf der Ebene der Staaten und der transnationalen nichtstaatlichen Organisationen. Außen- und Innenpolitik konvergieren (Price 2004). In gewisser Weise beruhen auch diese Träume noch auf der Vorstellung, daß es so etwas wie einen Staatsbürger gibt, wenn auch einen transzendenten – aber sie werfen auch die Frage auf, was Humanität ist. Welche Rolle soll unsere Vorstellung von Humanität in den Gesetzen, Kodices und Institutionen spielen, die sich mit der Regulierung der Medien befassen? Soll sie ihnen zugrunde gelegt werden? Wird sie von ihnen beeinflußt? Wollen wir das? Und wenn ja, wie?

In den ersten Kommentaren zum aufkommenden Telegraphenwesen im späten 19. Jahrhundert wurde sehr genau bemerkt, daß diese Medien uns nicht nur miteinander verbinden, sondern auch voneinander trennen. Insofern ist es falsch, wenn heute vielfach behauptet wird, die Medien höben jegliche Distanz auf. Sie fördern neben der Privatisierung auch die Isolation – sowohl des Einzelnen als auch von Gruppen. Es stellt sich die Frage, inwiefern wir einer Illusion von Verbindung erliegen und wir in unserer medialen Unschuld und Naivität außerstande sind zu erkennen, wie gefangen wir sind, wie leicht wir uns von den Medien blenden lassen, die uns miteinander zu verbinden scheinen. Und es ist merkwürdig, daß wir glauben, die Revolution der Medienkultur durch digitale und Netzwerk-Technologien sei derart singulär und radikal, daß sie die unvermeidlichen Grenzen elektronischer Kommunikation aufheben werde, die schon im analogen 20. Jahrhundert bekannt (und berüchtigt) waren (de Sola Pool 1977; Marvin 1988).

Wie ich anderswo gezeigt habe (Silverstone 2005), herrscht in vielen Büchern ein grundlegendes Mißverständnis bezüglich der Soziologie und Geographie der neuen Medien vor. Die Vorstellung, daß zeitliche und räumliche Abstände schrumpften und eine vernetzte Gesellschaft im Entstehen begriffen sei, verwischt die Unterschiede zwischen verschiedenen Arten der Distanz: der räumlichen und der sozialen. Diese Debatten gehen davon aus, daß elektronisch vermittelte Verbindungen gleichbedeutend mit sozialer, kultureller und geistiger Verbundenheit seien. Zweifellos hat die Transformation von Raum und Zeit durch neue Technologien, die am Anfang der Moderne stand, neue Bedingungen und Möglichkeiten der Kommunikation über physische Distanzen hinweg geschaffen. Doch wir lösen die Widersprüche dieser Art der Kommunikation nicht auf, indem wir unterstellen, sie bringe keinerlei Nachteile in bezug auf das Verständnis und Mitgefühl für den Anderen mit sich. Wenn wir darauf beharren, über ein umfassendes, lückenloses Bild der Welt zu verfügen, dem sich niemand entziehen könne. In dem nichts mehr verborgen bleibe, nichts übersehen werde. Denn selbstverständlich ist das auch weiterhin möglich. Wir können, wie ich im fünften Kapitel gezeigt habe, nach wie vor auf verschiedenste Art leugnen, was wir sehen.

Damit will ich sagen, daß Abstand nicht nur eine materielle, eine geographische oder gar soziale, sondern darüber hinaus eine moralische Kategorie ist. Um die Distanz zwischen Menschen zu überwinden, bedarf es mehr als (seien es auch noch so hoch entwickelte) Technologien und gewiß mehr, als die Unmittelbarkeit elektronischer Kommunikationsmittel bieten kann. Es bedarf dessen, was ich als richtigen Abstand bezeichnet habe. Der richtige Abstand setzt voraus, daß wir uns um ein auf ausreichenden Kenntnissen basierendes Verständnis des anderen Menschen, der anderen Kultur bemühen, damit wir zur Verantwortung und zum Mitgefühl fähig sind, die die Grundlagen jedes Handelns sind. Der richtige Abstand erfordert eine gewisse Nähe, die nicht vereinnahmt, und eine bestimmte Distanz, die nicht ausgrenzt.

Auf die Gefahr hin, mich zu wiederholen, möchte ich das Konzept des richtigen Abstands in unsere Diskussion über Regulierungsmaßnahmen einbringen und seine Tauglichkeit überprüfen.

Die Medien haben seit je dazu beigetragen, ein Gefühl für den richtigen Abstand zu schaffen, sie haben es zumindest versucht oder behauptet, sie könnten es. Stets arbeiten sie daran, wenn auch oft mit unbefriedigendem Resultat, die zentralen Ambiguitäten und Ambivalenzen des gegenwärtigen Lebens aufzulösen. Dabei verhandeln sie, ob in der Berichterstattung über die Weltereignisse, der fiktionalen Darstellung von Ereignissen der Vergangenheit, der Durchleuchtung des Privatlebens von Personen der Zeitgeschichte oder der Erkundung des Alltags, was vertraut und was fremd ist.

In der Praxis führen sie dabei jedoch, wie ich gezeigt habe, neue Polarisierungen ein. Entweder übertreiben sie die Darstellung des Fremdartigen derart, daß es den Kreis des Humanen verläßt, oder sie bringen es uns derart nahe, daß wir es nicht mehr von uns selbst unterscheiden können. Zugleich sind wir uns kaum bewußt, daß auch wir Gegenstände des Blicks von anderen sind, daß es auch darauf ankommt, wie die Menschen in anderen Weltgegenden *uns* sehen und verstehen. Das galt vielleicht noch nie so sehr wie heute. Ein Beispiel dafür steht ganz am Anfang dieses Buchs.

Einerseits lassen die Darstellungen der Medien den Abstand zwischen uns und anderen Völkern unüberwindbar, die Fremdheit und Verschiedenheit unüberbrückbar erscheinen, so daß jedes Mitgefühl und erst recht jedes Handeln unmöglich und sinnlos wird. Es gehört zu den fundamentalen Wirkungen von Technologien, Abstände zu vergrößern oder neue Formen der Distanz zu schaffen und zu ermöglichen. Die um diese Techno-

logien herum entstandenen Bürokratien haben das Gefühl der
Trennung und Entfremdung, die *unmoralische Distanzierung*
(Bauman 1995), in der Vergangenheit mit verheerenden Folgen
verstärkt. Dies gilt besonders für Kriegszeiten, aber auch für
Zeiten des Friedens.

Paradoxerweise führt jedoch die ebenso übliche Darstellung
des Anderen als jemandem, der uns gleicht, der sich bruchlos
in unsere Welt und unsere Wertvorstellungen einfügen läßt, all
ihren positiven Absichten zum Trotz zum selben Ergebnis. Wir
weigern uns einzusehen, daß Andere nicht nur nicht so sind wie
wir, sondern daß sie auch nicht dazu gebracht werden können,
so zu sein wie wir. Wir glauben, sie zu kennen. Wir glauben
zu wissen, daß es ihnen genauso geht wie uns. Sie sind genau
so, wie sie in unseren Dokumentarfilmen und in der Werbung
abgebildet werden. Dieser kulturelle Neo-Imperialismus, die
Vereinnahmung, ist die Kehrseite der unmoralischen Distanzierung. Er ist die Weigerung, Differenz anzuerkennen, das
Fremde zu akzeptieren und wertzuschätzen. Man könnte ihn
als *unmoralische Identifikation* bezeichnen.

So oder so – durch unangemessenen Abstand verlieren wir
den Sinn für das Gemeinsame und die Unterschiede, der der
Ethik unseres Handelns zugrunde liegen sollte. Auf jeden Fall
verlieren wir die Fähigkeit zu begreifen, was wir als Menschen
miteinander teilen und was nicht. Die Ironie des gerade zu Ende gegangenen ersten Jahrhunderts der elektronischen Medien,
das uns zu der Illusion verleitet hat, Unmittelbarkeit und Sichtbarkeit seien notwendige und hinreichende Voraussetzungen
menschlicher Verbundenheit, liegt darin, daß die von diesen
Medien erzeugte Nähe nur bis unter die Haut des Bildschirms
reicht.

Es gibt also einen richtigen (korrekten, spezifischen und
ethisch angemessenen) und einen unangemessenen, unsachge-
mäßen Abstand. Dasselbe gilt für die Nähe. Wenn unsachgemä-
ßer Abstand unter anderem durch die Vermittlung elektronischer
Technologien geschaffen werden kann, können wir das Konzept
des *richtigen* Abstands verwenden, um die Fehlerhaftigkeit un-

serer Kommunikation mit anderen Menschen und Kulturen und unserer Berichterstattung über die Welt zu bestimmen und zu mindern, damit unsere Fähigkeit, in dieser Welt zu handeln, erhalten bleibt (Boltanski 1999). Anhand der Vorstellung des richtigen Abstands können wir zudem jene Argumente hinterfragen, die eine technisch hergestellte Verbindung mit Nähe, Nähe mit Engagement und Reziprozität mit Verantwortung verwechseln, wie es zuletzt in Untersuchungen der angeblich wundersamen Fähigkeiten des Internets geschah.

Der Begriff des richtigen Abstands reflektiert die Konvergenz des Öffentlichen und des Privaten, des Individuellen und des Sozialen. An dieser zunehmend verworrenen und verwirrenden Schnittstelle müssen sich soziale Wesen, Inhaber echter oder scheinbarer Bürgerrechte, mit moralischen Fragen auseinandersetzen, die darum kreisen, wie wir der medialen Vermittlung der Welt und der medial vermittelten Welt, die jene hervorbringt, moralisch gerecht werden können. In dieser Welt sehen wir den Anderen wie durch ein dunkles Glas.

Für echte Medienkompetenz

Die Frage ist, wie man sie herbeiführen kann. Regulierungsmaßnahmen sind sicherlich eine Möglichkeit. Sie orientieren sich seit je an politischen und technischen Parametern. Sie auch an moralischen Überlegungen zu orientieren, wie ich es hier fordere, ist nicht ganz ungefährlich. Doch wir müssen uns diesen Gefahren stellen. Denn in den einschlägigen Debatten wird allzu oft die Frage unterschlagen, was eine Regulierung bewirken und wem sie nützen soll.

Die Regulierung der Medien, insbesondere durch den Staat, ist ein Verfahren, das seinerseits darauf zielt, Verfahren zu entwickeln. Insofern ist sie das Bindeglied zwischen dem Problem der Gerechtigkeit und den Prozessen der Mediapolis. Und genau das sollte sie auch sein. Es ist das Prinzip der medialen Gerechtigkeit, das die Regulierung der Märkte und des Wettbewerbs letztlich rechtfertigt, weil es darum geht, die Macht der Mächtigen einzuschränken und den Stimmen der Schwächeren, der unkommerziellen und der marginalisierten Medien Gehör zu verschaffen. Das Prinzip medialer Gerechtigkeit verlangt, daß staatliche Interventionen für Gastfreundschaft sorgen, und zwar nicht nur im Namen der Wettbewerbs- und Meinungsfreiheit, sondern im Bewußtsein, daß sie die sinnvolle Präsenz des Anderen in den nationalen und globalen Medienlandschaften ermöglichen.

Hinsichtlich der Existenz und Aufgabenstellung eines öffentlichen Rundfunks ist dies offensichtlich. Und während man darüber diskutieren kann, wie diese öffentlichen Anstalten finanziert werden können und inwiefern ihre finanzielle und politische Protektion den Wettbewerb verzerrt, könnte ihre Aufgabe, einem möglichst breiten Spektrum von Stimmen Gehör zu verschaffen, weitgehend unstrittig sein. Zwar wird ein solcher Eingriff, der Teile einer nationalen Rundfunklandschaft (oder einer globalen Internetlandschaft) vor den Verheerungen des Marktes schützt, immer umstritten sein, dennoch glaube ich, daß er für viele Gesellschaften sinnvoll und nützlich wäre (auch für die USA, wo man endlose Debatten über die Finanzierung und Regulierung des öffentlichen Rundfunks und gar des Internets führt).

Aber mit der Regulierung ist es wie mit der Grammatik. Sie betrifft die Regeln einer Sprache und ignoriert die Frage, wozu man diese Sprache verwendet und was man in ihr sagt. Zumindest ist es heikel, wenn man diese Grenze in einer Regulierungsdiskussion übertritt. Regulierungsmaßnahmen betreffen Formen, Verfahren und Prozesse. Sie bilden eine gesetzliche Grundlage. Insofern auch die Nationalstaaten einander zur Gastfreundschaft verpflichtet sind, sollten sie auch internationale Abkommen umfassen, etwa zwischen nationalen und transnationalen Rundfunkanstalten, um gegenseitige Rücksichtnahme und die Präsenz des Anderen in den jeweiligen Medienlandschaften sicherzustellen. Aber sie sollten sich nicht, außer auf diese indirekte Weise, mit Inhalten befassen. Die Produktion und Konsumtion medialer Inhalte muß letztlich in

der Verantwortung des Einzelnen liegen, der ja auch für seine
Äußerungen im Alltag allein verantwortlich ist. Die Regulierung kann bestenfalls auf die Infrastrukturen zielen, die diese
Äußerungen im medialen Raum ermöglichen, und sie kann und
sollte das unter besonderer Berücksichtigung der Prinzipien medialer Gerechtigkeit tun – aber die Mediapolis kann sich nicht
ausschließlich auf Regulierungen verlassen, wenn sie erhalten
bleiben und gedeihen soll.

Da solche politischen und juristischen Interventionen heute
immer schwerer zu bewerkstelligen sind – aufgrund der Globalisierung medialer Inhalte, der Zugänglichkeit des Internets
für Produzenten und Konsumenten, der explosionsartigen Zu-
nahme der Inhalte im Cyberspace und weil die Kommunikation
von Inhalten nicht mehr ein proprietäres Unterfangen oder das
Privileg großer Firmen ist, sondern jedem offensteht, der über
ein Mobiltelefon oder einen Internetanschluß verfügt, ist der
Versuch, den Zugriff auf diese Inhalte und Informationsströme
zu kontrollieren, ohnehin weitgehend zum Scheitern verurteilt.
Weitgehend insofern, als die Staaten natürlich verpflichtet sind,
das Verbot verleumderischer und volksverhetzender Äußerungen
durchzusetzen, da jeder Mensch das Recht hat, vor diesen (und
anderen) Gefahren geschützt zu werden; und da kommerzielle
Produzenten das Recht haben, ihr Urheberrecht zu schützen. In
diesen Fällen läßt sich die Notwendigkeit einer nationalen und/
oder internationalen Regulierung kaum bestreiten (auch wenn
jede einzelne diesbezügliche Vorschrift umstritten bleiben wird).
Manche Autoren glauben auch, eine Regulierung sei notwendig,
damit die professionellen Medien vertrauenswürdiger werden
und ihre Verantwortung ernst nehmen (O'Neill 2002). Ich komme gleich auf diese Argumente zurück.

Kann eine solche Regulierung der Prozesse ausreichen,
um in der Mediapolis für Gerechtigkeit zu sorgen? Schützt sie
die Schwachen in den Medien wirklich vor den Mächtigen,
bewahrt sie den Fremden vor der Ausschließung durch den
vermeintlichen Gastgeber? Hat sie überhaupt Folgen für das
Problem der Präsenz bzw. Ausblendung und für das Wesen der

Repräsentation von Minderheiten und Marginalisierten in den herrschenden Mediensystemen? Können Regulierungsmaßnahmen dergleichen bewirken? Und vor allem: Fördert sie wirklich die Verantwortlichkeit für das, was in den Medien geschieht; wirkt sie nicht vielmehr als ein Schutzschild für Produzenten und Konsumenten, Interviewpartner und Zuschauer, die sich jeden Tag mit den Texten, Diskursen, Narrationen und Nachrichten der Medien beschäftigen und die Voraussetzungen und Folgen dieser Tätigkeit besser verstehen müßten?

Die Regulierung der Medien ist ein mindestens zweischneidiges Schwert. Es steht fest, daß sie in gutwilligen Gesellschaften die Qualität der demokratischen Prozesse verbessern und für eine verantwortliche kommerzielle und professionelle Praxis sorgen könnte. In weniger gutwilligen Gesellschaften kann und wird sie das Gegenteil bewirken und auch legitimieren. Auf dem steinigen Weg zu dem, was man eine echte Demokratie nennen könnte, läßt sich nicht ausschließen, daß auch einer ihrer Stützpfeiler, die freie Presse- und Rundfunklandschaft, Beschränkungen unterworfen wird. So gingen die unter den Präsidenten Gorbatschow in Rußland und Rafsanjani im Iran erreichten Freiheiten teilweise bzw. weitgehend wieder verloren. Offen ist die weitere Entwicklung in China, wo das Internet trotz aller Bemühungen, es einer ähnlich rigorosen Form staatlicher Kontrolle zu unterwerfen wie Presse und Rundfunk, immer noch ein gewisses Maß an freier Kommunikation zuläßt (Li 2005). Und da in den meisten Gesellschaften Freiheit und Unterdrückung nebeneinander bestehen, je nachdem, wessen Interessen privilegiert werden, werden Regulierungsmaßnahmen in aller Regel von den einen als Einschränkung, von den Anderen als Förderung empfunden werden.

Dazu ist erstens anzumerken, daß jede Regulierung der Medien ihre Grenzen und Chancen beachten muß. Ich habe angedeutet, wo die Grenzen liegen: in der wachsenden praktischen Schwierigkeit, eine unmittelbare Kontrolle über die Produktion und Rezeption medialer Inhalte auszuüben, aber auch, und ebenso wichtig, wenn auch weniger greifbar, in der Gefahr, die persönliche Verantwortung des Einzelnen auszuhöhlen – worin paradoxerweise zugleich der potentielle Nachteil von Kodifizierungen der beruflichen Praxis liegt.

Und die Chancen? Man sollte in der Mediengesetzgebung viel weitgehender auf das meines Erachtens bedeutsamere Thema unserer Beziehungen zum Anderen eingehen, unserer Beziehung zu jenen, für die wir keine formelle Verantwortung tragen, die räumlich und kulturell weit von uns entfernt sind, die Fremden unter uns, unsere Nachbarn im Ausland, an die zu denken jedoch unsere Menschlichkeit grundsätzlich von uns verlangt. Dies ist natürlich viel verlangt. Aber es macht eine Verlagerung und Erweiterung der Regulationsmaßnahmen erforderlich, die schon lange überfällig ist.

Und diese große Aufgabe, die größte aller Aufgaben, setzt einen Schritt voraus, von dem man erwarten könnte, daß er seinerseits einen Schritt in Richtung einer internationalen Regulierungsstruktur erforderlich macht, in der öffentliche und kommerzielle Anbieter medialer Inhalte sich auf eine Reihe von »Umweltstandards« für die mediale Praxis einigen. Also eine Art Kyoto-Protokoll für die Medien. Und trotz der unvermeidlichen Schwächen könnte eine solche Vereinbarung womöglich ein Vorbild für weitere Maßnahmen gegen die spürbare Verschmutzung und Erosion der globalen Medienlandschaft sein, die ironischerweise zwar von Menschenhand gemacht ist, dies zugleich aber strukturell verbirgt. Ich würde sogar sagen, daß die Sicherung der Zukunft unserer physischen Umwelt von beschränktem Wert sein wird, wenn wir die mediale symbolische Umwelt nicht im gleichen Maße schützen, so schwer es auch sein mag, das Maß des symbolischen Schadens zu beziffern. Es ist Zeit, daß die globale Medienlandschaft ihre eigene Umweltschutzbewegung bekommt, wenn wir bezüglich der Fähigkeit der Menschheit, die Zukunft des Planeten zu bewahren, optimistisch sein wollen.[6]

6 Dies mag weit hergeholt und überambitioniert klingen. Aus den in diesem Buch angeführten Gründen glaube ich aber nicht, daß es das ist. Zudem wurden Initiativen dieser Art bereits früher ins Auge gefaßt. Die

Doch jede Regulierung der Medien muß scheitern und das
Ziel eines hohen Levels medialer Gerechtigkeit unerreichbar
bleiben, solange sich nicht jeder von uns seiner Verantwortung stellt, solange der Einzelne nicht weiß, wie die Medien im
Alltag der Konsumenten und im Berufsalltag der Produzenten
funktionieren, und solange er die Folgen seiner Mitwirkung am
medialen Vermittlungsprozeß insgesamt nicht anerkannt.

Damit stellt sich die Frage, wie man die Verantwortung,
die jeder Einzelne für die Medien trägt, in der Praxis umsetzen
kann.

Dafür müssen wir meines Erachtens über das enge Verständnis von Regulation hinausgehen, wie es im Denken und in
den Praktiken von Parlamenten und Gremien vorherrscht. Wir
brauchen ethisch orientierte, reflexive Kodizes für die Medienschaffenden – und müssen dafür sorgen, daß die breite Masse
des Publikums über die nötige kritische Bildung, die nötigen
sozialen und kulturellen Kenntnisse verfügt und sich mit den
spezifischen Gegebenheiten der Medien auskennt. Bislang wurde unterstellt, daß die Bürger über hinreichende Kompetenz
im Umgang mit dem wichtigsten Kommunikationsmittel der
gegenwärtigen Gesellschaft, dem gedruckten Wort, verfügen.
Analphabetismus gilt nach wie vor als ernsthaftes Hindernis
für die Teilnahme an der Gesellschaft und am demokratischen
Prozeß. Alphabetisierung und Demokratie entstanden parallel.
Meines Erachtens ist die Auffassung, daß Partizipation massen-
hafte Alphabetisierung voraussetzt, heute so gültig wie je. Doch
wir müssen darüber nachdenken, was daraus in einer globalen, interaktiven Welt medialer Erscheinungen folgen kann und
soll. Wir müssen uns gründlich überlegen, worin eine solche

erste war wohl die »New World Information and Communication Order«, die in den siebziger Jahren unter der Schirmherrschaft der UN und
der UNESCO entstand. Daß es ein internationales Projekt von globaler
Bedeutung nicht gibt, überschattet derzeit eine Reihe kleinerer Projekte,
die zumeist auf der globalen Reichweite des Internets basieren und in
einigen Fällen über Staatsgrenzen hinausgehen. Vielleicht müssen solche
Projekte auf strategischer Ebene wirksamer mobilisieren.

Alphabetisierung im Medienzeitalter, in der Mediapolis, bestehen könnte.

Man könnte behaupten, daß wir uns schon einmal in dieser
Situation und vor einer ähnlichen Frage befunden haben. In der
Mitte und am Ende des 19. Jahrhunderts haben wir in Großbritannien, Westeuropa und den USA die Entstehung eines politischen Projekts zur Integration disparater und vertriebener
Bevölkerungsteile in die bürgerliche Kultur erlebt. Vertreibung
war ein überwiegend innenpolitisches Phänomen: Große Gruppen von Menschen verließen das Land und die traditionellen
Kulturen und fanden sich in den Städten und in urbanen Volks-
kulturen wieder. Die Industrialisierung hatte tiefgreifende soziale Folgen, darunter auch erhebliche destabilisierende Verschiebungen in den Kommunikationsstrukturen des Alltags. Diese
Destabilisierung und die sich daraus ergebende Gefahr, daß sich
Recht und Gesetz in den immer dichter besiedelten Vierteln auflösen würden, haben bei den Eliten zweifellos Ängste ausgelöst
– legitime und paranoide. Die Nationalstaaten konsolidierten
sich, und jede Quelle politischen Widerstands war Anlaß zur
Sorge. Zugleich reifte die Demokratie, und die Arbeiterbewe-
gung unterstützte die Vertriebenen und Benachteiligten – die
noch immer Ausgeschlossenen –, um das soziale und kulturelle
Kapital zu generieren, das notwendig war, damit sie sich effek-
tiver und sinnvoller in die öffentlichen Angelegenheiten des er-
starkenden Staats einmischen konnte. Es gab Kampagnen und
politische Bekenntnisse zur Alphabetisierung der Massen. Die
Arbeiter-Bildungsbewegungen zielten auf die Erwachsenen, allgemeine Schulpflicht und andere Bildungsmaßnahmen zielten
auf die Jugend (Altick 1957).

Partizipation ist immer eine zweischneidige Sache. Sie erweitert Möglichkeiten und schränkt andere ein. Die Fähigkeit, Bücher, Zeitungen und Flugblätter zu lesen, war sowohl ein Mittel
zur Integration in die nationale Kultur als auch zur Unterdrük-
kung alternativer Kulturen. Gleichzeitig führte sie zur Entstehung einer besser informierten, reflektierteren und kultivierte-
ren Bevölkerung. Die Alphabetisierung war die Voraussetzung

von Partizipation und Reflexion. Und natürlich war sie eine Regulierungsmaßnahme. Zugleich war sie auch eine Maßnahme
der Befreiung – und auch bewußt ein genuin moralisches Unterfangen, trotz allem, was sich gegen die viktorianische Moral
einwenden ließe. Diese erste Medienregulation fand ihren Rahmen im Nationalstaat, der seinerseits durch Gutenbergs revolutionäre Erfindung (Eisenstein 1979) ermöglicht und – zumindest
für weite Teile des 20. Jahrhunderts – durch die revolutionären
Erfindungen von Guglielmo Marconi (Radio) und John Logie
Baird (Fernsehen) stabilisiert wurde (Scannell 1989). Heute
müßten solche Maßnahmen unter postnationalen Vorzeichen
stattfinden, da die Grenzen um die und zwischen den Staaten
angesichts einer zunehmend globalen Kultur neu gezogen und
durchlässig gemacht werden (auch wenn das nicht das sofortige
Verschwinden des Nationalstaats impliziert).

Während das gesellschaftliche Projekt des 19. Jahrhunderts
auf die Fähigkeit abzielte, das geschriebene Wort lesen – und
kritisch lesen – zu können, geht es im gesellschaftlichen Projekt
des 21. Jahrhunderts um die Fähigkeit, massenmedial verbreitete elektronische Texte zu »lesen« – und eben auch kritisch
zu lesen. Doch hier enden die Parallelen bereits. Denn das 21.
Jahrhundert bringt eine andere kulturelle und politische Herausforderung mit sich, da die analogen und digitalen Medien
sehr viel weitgehender in die Strukturen und Dynamiken des
Alltags eingebunden sind.

Um ein Buch zu lesen, mußte man etwas entziffern können,
man mußte lesen, folgen, verstehen und urteilen können. Dies
erforderte beträchtliche Übung und den Erwerb hochentwickelter Fertigkeiten. Lange Zeit glaubte man, daß Medienkompetenz im Zeitalter des Rundfunks etwas weniger anspruchsvolles
sei. Die Leichtigkeit des Zugangs zu komplexen audiovisuellen
Texten war in dieser Hinsicht verführerisch. Die Massenmedien galten als mächtiger als das Buch, nicht nur, weil sie sich an
die Massen richteten, sondern auch, weil sie weniger Kritikfähigkeit, ein geringeres Maß an Auseinandersetzung mit komplexen Zusammenhängen verlangten (Rosenberg und White

1957). Eine Alphabetisierung schien in ihrem Falle unnötig, zumindest in dem Ausmaß, wie sie die Schrift verlangte. Statt dessen fürchtete man, daß die Massenmedien die Fähigkeit zum und das Interesse am Lesen untergraben würden. Das Internet, so wurde behauptet, wecke die Nachfrage nach neuen Formen von Medien- oder Informationskompetenz (Livingstone, Van Couvering und Thumim 2005), die über die Fähigkeit, Texte zu lesen, hinausgehen. Diese breiter angelegte Informationskompetenz verlange zum Beispiel einiges Geschick beim Suchen nach Informationen sowie ihrer Entzifferung, Verwaltung und Organisation. Sie trete, heißt es, nach und nach an die Stelle des strukturellen Analphabetismus der Rundfunkära. Meines Erachtens geht man allerdings zumeist davon aus, daß für das Internet überwiegend technisches Geschick nötig sei, und befaßt sich nur selten mit den möglicherweise erforderlichen elaborierteren Fertigkeiten.

In den Diskussionen über neue wie alte Medien kommt daher kaum einmal vor, daß Medienkompetenz auch Kritikfähigkeit umfaßt. Und daß sie zur Partizipation an demokratischen Prozessen befähigen sollte. Ebensowenig wurde erwogen, inwieweit Maßnahmen der Alphabetisierung oder der politischen Fortbildung eine Alternative zur Schrotbüchse der Mediengesetzgebung sein könnten und inwiefern solche Projekte auf ethischen Überlegungen basieren müssen. Daher kam das zu kurz, was wir in Anlehnung an einen Begriff von Walter Ong, dem zufolge in der ersten Phase der elektronischen Revolution eine »sekundäre Mündlichkeit« entstand (Ong 1982), als *sekundäre Alphabetisierung* bezeichnen könnten. Die dabei erworbene Kompetenz basiert auf den beim Lesen- und Schreibenlernen entwickelten Fähigkeiten, die durch den Umgang mit Film und Rundfunk erweitert werden und in die Kompetenz münden, die die neue Bildschirmkultur verlangt, in der zum geschriebenen Wort der unablässige Strom mächtiger Bilder und Narrationen kommt und deren Herausforderungen mit dem schieren Volumen und der Komplexität der medialen Umgebung wachsen.

Rüdiger Funiok (2000) hat über solche Aspekte der Medienkompetenz nachgedacht, indem er fragt, welche Formen der Verantwortung Mediennutzer entwickeln können und sollten. Er bekräftigt Cees Hamelinks Schlußfolgerung, der zufolge »der Medienkonsum genauso wie die professionelle Medienproduktion als eine soziale Praxis betrachtet werden sollte, die moralische Wahlmöglichkeiten und die Verantwortung für diese umfaßt« (Hamelink 2000, S. 400). Das ist allerdings eine komplexe Forderung, die weit über den Rahmen meiner Überlegungen hinausgeht, auch wenn ich sie im fünften Kapitel erörtert habe. Der Begriff der Verantwortung ist, wie ich zu zeigen versucht habe, von zentraler Bedeutung: nämlich die Verantwortung für sich und andere; für die eigene Familie, aber auch für die Nachbarschaft und die Nation (die beide imaginierte Gemeinschaften sind) und neuerdings für eine globale Kultur und einen globalen Imaginationsraum, den die Medien täglich erschaffen.

In diesem Zusammenhang wird die Herausbildung von Medienkompetenz zu einem politischen Projekt: Die mediale »Alphabetisierung« der Bürger ist eine Voraussetzung ihrer Partizipation an der Mediapolis, also der spätmodernen Gesellschaft überhaupt. Die Medien bilden den Rahmen unserer Alltagskultur, wer an dieser partizipieren, das heißt auch: über sie mitentscheiden will, muß zur kritischen Analyse und Beurteilung der sozialen Dynamik und Bedeutung der Medien fähig sein. Er muß also vor allem um das wissen, was die Medien verschweigen, was in ihnen nicht transparent gemacht wird, was ihnen stillschweigend zugrunde liegt und welche Folgen diese Bedingungen in moralischer Hinsicht haben. Er muß also mediale Vermittlungsprozesse als soziale und politische Prozesse durchschauen können. Staatsbürgerliche Bildung setzt im Medienzeitalter Medienkompetenz voraus. Sie fordert vom Bürger des 21. Jahrhunderts die Entwicklung einer Moral der Verantwortung und Partizipation, die auf einer kritischen Auseinandersetzung mit den Medien als zentralen Bestandteilen der Politik und des Alltagslebens, also des Systems und der

Lebenswelt, um mit Habermas zu sprechen, im nationalen und globalen Rahmen beruht.

Diese Bemerkungen können weder die akademische Medienwissenschaft noch die Leser dieses Buchs wirklich überraschen, aber es ist ebenfalls nichts Neues, daß solche fundamentalen kritischen Prinzipien in den Überlegungen politischer Entscheider und den Urteilen der Bürger bislang kaum eine Rolle gespielt haben. Immerhin taucht das Konzept der Medienkompetenz seit einiger Zeit in medienpolitischen Debatten (vgl. z. B. Ofcom 2004) und auch in den Lehrplänen von Schulen und Universitäten auf. Jede Initiative zur Förderung der Medienkompetenz ist letztlich eine Regulierungsmaßnahme und zumindest insofern eine Aufgabe der Politik.

Ich will mich aber nicht im Detail mit den Initiativen und Diskussionen in diesem Zusammenhang befassen, sondern einige grundlegende Probleme und Aufgabenstellungen nennen. Dabei gibt es zunächst zweierlei zu sagen. Erstens, daß eine mediale Alphabetisierung eng mit Verantwortung zusammenhängt und diese voraussetzt: Zumindest muß jeder Medienschaffende die Verantwortung anerkennen, die er für die eigenen Urteile und Handlungen bei der medialen Vermittlung von Realität trägt. Zweitens müssen nicht nur Zuschauer und Internetnutzer über Medienkompetenz verfügen, sondern diese muß nach und nach die gesamte Mediapolis als Ganzes prägen. So daß man von medienkompetenten Inhabern, Herausgebern oder Journalisten ebenso wie von medialen Analphabeten unter ihnen sprechen kann. Medienkompetenz ist darüber hinaus auch eine Eigenschaft der Texte selbst, der Nachrichtenbulletins, Titelseiten und Homepages. Sie müssen über ein hinreichendes Maß an (Selbst-)Reflexivität verfügen und ihrem Publikum die Möglichkeit geben, ihre Angebote zu beurteilen, zu verstehen und zu kritisieren.

Über Medienkompetenz als Fähigkeit, Medien zu rezipieren und zu produzieren, sollten all jene verfügen, die an der Mediapolis partizipieren. Die Formen, die sie annehmen muß, hängen von der Macht ab, über die der jeweilige Akteur in der

Medienlandschaft verfügt, und natürlich wird sich das, was für eine echte Partizipation nötig ist, im Laufe der Zeit mit dieser Umwelt verändern.

In einer gründlichen Revision der Literatur über die Medienkompetenz von Erwachsenen zeigen Sonia Livingstone und Kollegen (Livingstone, Van Couvering und Thumim 2005), daß Medienkompetenz für mehrere unterschiedliche Dimensionen des sozialen und kulturellen Lebens relevant ist: für Demokratie, Partizipation und Staatsbürgerschaft; für das Wachstum der Wissensökonomie und der Ressourcen für Wahlmöglichkeiten; und für das lebenslange Lernen und die persönliche Erfüllung. Auch wenn all diese Dinge miteinander zusammenhängen, geht es mir hier vor allem um Demokratie und Partizipation. Dabei sind im Hinblick auf die kommenden akademischen und politischen Diskurse über Medienkompetenz drei Unterscheidungen zu treffen. Von allen war hier bereits implizit und explizit die Rede. Sie betreffen Medienkompetenz als soziale Fähigkeit bzw. individuelle Kompetenz; den Unterschied zwischen Medienkompetenz und Informationskompetenz; und die entscheidende Tatsache, daß es in der Frage der Medienkompetenz stets um die *Beziehung* zwischen Produzenten und Konsumenten geht, nicht um den isolierten Einzelnen.

Diese Tatsache, daß Medienkompetenz ein entscheidender Faktor in der Mediapolis ist, daß also die an ihr als Produzenten oder Konsumenten oder beides Partizipierenden (Journalisten sind Konsumenten anderer Medien; Leser, Zuschauer und Mediennutzer werden gelegentlich selbst zu Produzenten medialer Inhalte) die Verantwortung tragen für das, was sie innerhalb des medialen Erscheinungsraums tun und sagen, möchte ich als Rahmen für meine folgenden Überlegungen verwenden. Zugleich ist Medienkompetenz natürlich auch eine individuelle Fähigkeit, und sie ist darüber hinaus nur möglich, wenn wir sie auch als soziale Fähigkeit betrachten. Es ist meine grundsätzliche Überzeugung, daß die Fähigkeit, Medien »zu lesen und zu schreiben«, angesichts der Bedeutung der Medien in unserer

Welt nicht nur kognitive und technische Fertigkeiten betrifft, sondern eine Frage von Ethik und Moral ist.

Die Alphabetisierung in Medienfragen findet ihre soziale und politische Rechtfertigung in der Tatsache, daß die Medien, ihre Produktion, Distribution und Konsumtion, unser Handeln in der modernen Welt wesentlich bestimmen. Dazu kommt, daß dieses Handeln wesentlich ist für die Art, in der wir die Welt betrachten und verstehen, und daß es notwendig ist, all jenen, mit denen wir diese Welt teilen, mit Respekt und Mitgefühl zu begegnen.

Eine so verstandene Medienkompetenz muß auf unterschiedlichen Ebenen installiert werden. Gehen wir sie der Reihe nach durch.

Medienkompetenz ist nötig bei Inhabern und Konzernen, bei Herausgebern und Journalisten, und nicht zuletzt müssen auch die Leser, Zuschauer und Nutzer über die Fähigkeit zur kritischen Auseinandersetzung mit medialen Inhalten verfügen. Für jede dieser Gruppen bedeutet das natürlich etwas anderes.

Manche (Lambert 2005) fordern, daß staatliche Medienanstalten dazu verpflichtet werden sollten, einen eigenen Moralkodex zu entwickeln (interessanterweise in ähnlicher Form, wie es andere Unternehmen in Hinblick auf die Umwelt tun müssen). Sie sollten im Rahmen ihrer Jahresberichte erklären, wie sie die ethischen Standards eingehalten haben, die sie sich selbst als Akteure auf dem Medienmarkt gesetzt haben. Das wirft unter anderem die Frage auf, wie eine solche Form der freiwilligen Selbstkontrolle in moralischen Fragen praktisch umgesetzt werden kann. Doch wenn man will, daß Verantwortungsbereitschaft und Verläßlichkeit zur Medienkompetenz gehören, kann man nicht jene von diesen Verpflichtungen ausschließen, die über die größte Macht in der Mediapolis verfügen. In jedem Fall wäre die institutionelle Reflexivität, die eine solche Vorschrift erforderlich machen würde, ein Schritt in die richtige Richtung. Denn es geht genau um jene Art des Urteilens und Reflektierens, auf die es bei der Alphabetisierung der Mediapolis ankommt: ein kritisches Verständnis der Medien

und der medialen Vermittlung als globaler Praxis, die signifi-
kante Folgen für die Art hat, in der wir in der Welt leben.
Und was ist mit den Journalisten und den Herausgebern?
Verfügen sie nicht schon *per definitionem* über hinreichende
Medienkompetenz?

Dies ist nicht der Ort für eine ausführliche Untersuchung des
journalistischen Ethos, das in letzter Zeit in vielen, wenn nicht
den meisten entwickelten und Entwicklungsländern einigen har-
ten Prüfungen ausgesetzt war. Wir können jedoch festhalten, daß
es in westlichen Ländern Institutionen wie die bereits erwähnte
Press Complaints Commission in Großbritannien, die Freiwillige Selbstkontrolle der Filmwirtschaft oder den Deutschen Presse-
rat in Deutschland gibt, die auf der Grundlage einer freiwilligen
Selbstkontrolle der Medienwirtschaft die Einhaltung ethischer
Grundsätze überwachen. Zudem haben viele Zeitungen und
Rundfunkanstalten ethische Kodizes verfaßt und beschlossen.
Man betont vehement die Vorzüge der Selbstregulierung, vor
allem gegenüber einer strengeren Regulierung durch den Staat.
Zu beobachten ist allerdings auch, daß sich insbesondere Nach-
richtenredakteure zunehmend gezwungen fühlen, den rechten
Weg zu verlassen, ethische Vorschriften zu ignorieren und das
Vertrauen zu untergraben, das die unerläßliche Bedingung medialer Repräsentation ist. Dies geschieht offenbar unter dem Druck
immer kleinerer Märkte, angesichts einer Vielzahl konkurrieren-
der alternativer Sender und Distributionsformen, aufgrund von
politischem Druck, aufgrund gesunkener Werbeetats.

Die Geschäftsbedingungen sind schwierig und werden
immer schwieriger. Aber ist das eine Rechtfertigung für den
offensichtlichen Niedergang der Standards? Es gibt viele, die
das nicht glauben wollen (z. B. Lloyd 2004). Und viele weigern
sich, es als unvermeidlich hinzunehmen (z. B. O'Neill 2002).
Medienkompetenz auf dem Niveau professioneller Praxis ist
nicht nur eine Frage technischer Fähigkeiten: der Komposition der perfekten Geschichte, des unvergeßlichen Dokumen-
tarfilms oder der politisch einflußreichen Webseite. All diese
Fertigkeiten sind vorhanden und werden von der Medienin-

dustrie kontinuierlich weiterentwickelt. Meiner Ansicht nach ist Medienkompetenz auf der Ebene der Reporter, Redakteure und Herausgeber daher eine Frage des informierten und reflexiven Verständnisses der Natur medialer Vermittlung als einer Praxis und der Mediapolis als einer sozialen, kulturellen und politischen Umgebung, in der das Handeln der erwähnten Journalisten bedeutsame moralische Folgen hat.

Das soll heißen, daß Journalisten und Herausgeber ihren Lesern und ihrem Publikum die Zeit und die Mittel zur Verfügung stellen müssen, sich intelligent mit ihren Produkten auseinanderzusetzen. Aber es bedeutet auch, daß sie, selbst in der Linearität des Produktionsprozesses, gleichermaßen klar in ihrer Kommunikation mit ihren Gesprächspartnern und Informanten sein müssen, um sicherzustellen, daß ihnen so bewußt wie möglich ist, was bei ihrer Mitwirkung an den Nachrichten auf dem Spiel steht. Die Gegenstände der Berichterstattung und das Publikum müssen mit dem Respekt behandelt werden, der ihnen als Mitmenschen zusteht, vor allem muß man ihre Würde achten und darf sie nicht ausnutzen. In der Begegnung mit ihnen muß mit anderen Worten die Verpflichtung zur Gastfreundschaft berücksichtigt werden, in welcher Form auch immer das der jeweiligen Geschichte angemessen ist. Und das heißt im mindesten Fall, daß man ihnen das Recht auf Zugang und das Recht auf eine eigene Stimme gewähren muß.

Journalismus ist grundsätzlich eine Praxis, die Gastfreundschaft voraussetzt und zugleich einschränkt: Redigieren ist eine Form der Rechtsprechung. Zeitungen und Rundfunkanstalten müssen Wege finden, die Präsenz von Anderen nach deren eigenen Maßstäben und Regeln zu ermöglichen, auch und vielleicht sogar vor allem in Zeiten globaler Polarisierung, wenn die politische Kultur von Terror oder Terrorangst dominiert wird. Zumindest – wirklich zumindest – sollten wir in den großen nationalen Medien etwas von den anderen Menschen erfahren, mit denen wir die Welt teilen.[7] Was halten sie von

7 Die Tageszeitung *The Guardian* in Großbritannien verfügt über eine

uns? Wie können wir ihnen vernünftig begegnen? Auch das ist eine Voraussetzung für Medienkompetenz, und zwar auf allen Ebenen der Medienhierarchie. Sind all diese Überlegungen vollkommen unpraktikabel? Ich glaube nicht. Wird es schwer sein, sie umzusetzen? Mit Sicherheit. Ist es wichtig? Ich würde sagen lebenswichtig.

Medienkompetenz auf professioneller Ebene bedingt einen bestimmten Bewußtseinszustand oder beginnt zumindest mit ihm. Sie darf nicht allein von beruflichen Kodizes und berufsständischen Organisationen abhängen, weil diese, in welcher guten Absicht und mit welchem Nachdruck auch immer, dazu neigen, die individuelle Verantwortung zu übersehen, die Journalisten stets für ihre Urteile und Taten tragen. Das soll nicht heißen, daß Journalisten bessere Menschen sein sollen (allerdings spricht auch nichts dagegen), sondern nur, daß sie begreifen sollten, daß das, was sie tun, sich in kumulierter Form auf den Rest der Menschheit auswirkt. Wenn das eine Bürde ist, dann ist das so. Was sollten wir anderes von jenen erwarten, deren Pflicht es ist, uns von der Welt zu berichten und sie uns als politische und soziale Realität verfügbar zu machen?

Abschließend zu den Zuschauern, Zuhörern, Lesern und Nutzern. In diesem Bereich ist der Begriff der Medienkompetenz schon gut eingeführt. Schließlich ist es der Konsument, der kompetent sein muß: Kinder und Erwachsene, die im Alltag die Kompetenz und die Fähigkeiten benötigen, um effektive und autoritative Urteile zu fällen, wenn sie mit dem Chaos der ihnen zur Verfügung stehenden Informationen und Erzählungen und mit den schillernden Simplifizierungen medialer Darstellungen umgehen. Das Gebiet, auf dem es auf Medienkompetenz ankommt, wächst jedoch ständig. Und da in der Mediapolis nicht nur die Möglichkeiten für eine mehr oder weniger intelligente Auswahl aus dem Angebot zunehmen, sondern es durch höchst benutzerfreundliche und kommunikationserleichternde Res-

– wenn auch seit ihrer Einführung schon wieder reduzierte – Sparte, in der Berichte über globale Angelegenheiten aus der ausländischen Presse abgedruckt werden. Das ist nicht viel, aber ein lobenswerter Anfang.

sourcen (wie das Internet und die Mobiltelefonie) auch immer mehr Gelegenheiten für eine nicht unbedingt kritische, aber immerhin kreative Auseinandersetzung gibt, wird das gesellschaftliche Projekt der Medienkompetenz immer wichtiger.

Ein letztes Mal zum Warum. Weil durch die und innerhalb der Mediapolis eine Verdoppelung stattfindet: Die Mediapolis wird in erheblichem Maß zur Welt und zu dem, was die Welt konstruiert. Medienkompetenz besteht daher nicht nur in der relativ simplen Vorstellung, daß wir uns mit medialen Texten auseinandersetzen, sie zu lesen, zu analysieren und zu kritisieren versuchen, sondern daß wir uns mit den Bedingungen ihrer Produktion beschäftigen (Lewis und Jhally 1998) und vor allem fragen müssen, was das für eine Welt ist, die uns die Medien da täglich ins Haus bringen. Medienkompetenz betrifft nicht nur die Nachricht und ihren Überbringer, sie muß sich befassen mit dem, was hinter beiden steht: der Welt des Fremden, die ohne die Medien unsichtbar bliebe.

Medienkompetenz erscheint in dieser hoffentlich nicht überdehnten erweiterten Perspektive als eine Aufgabe der Bildungspolitik sowie der Sozial- und Kulturpolitik allgemein. Es geht um Pädagogik. Die Forderung? Sagen wir: »Bildung statt Regulierung!«

Ein mögliches Vorbild sind die Curricula allgemeinbildender Schulen in den USA, in denen Rolle, Bedeutung, Technik und Macht der Medien zu Themen des sozialwissenschaftlichen und sprachlich-künstlerischen Unterrichts gemacht werden. Der Staat Kalifornien hat einen detaillierten Lehrplan zur Medienkompetenz entwickelt.[8] Er beginnt in der 4. Klasse, deren Schüler im Fach Language Arts darüber nachdenken sollen, wie die Medien Aufmerksamkeit lenken und zur Meinungsbildung beitragen, und reicht bis ins 12. Schuljahr, in dem sich die Schüler mit den Strategien der Medien in den Bereichen Information, Argumentation, Unterhaltung und Kulturvermittlung

---

8 Zu finden unter: http://medialit.med.sc.edu/california.htm, Stand: August 2005

beschäftigen sollen. Im Fach Social Studies werden von der 9. bis zur 12. Klasse drei Themenfelder bearbeitet: die Interpretationen und Perspektiven der Geschichtsschreibung, der Anteil der Medien an der weltweiten Verbreitung der Populärkultur und der Einfluß von Lobbyisten und Medien auf die amerikanische Politik und Gesetzgebung. Allerdings klagen amerikanische Wissenschaftler (z. B. Kubey 2004) über das mangelnde Engagement für solche Themen in den USA und verweisen ihrerseits darauf, daß Medienerziehung in europäischen Lehrplänen besser etabliert sei, daß mehr Schüler weiterführender Schulen Unterricht in Medienkunde erhielten und daß es mehr Studenten der Medienwissenschaften gebe.

Tatsächlich ist Medienkompetenz (unter dieser oder jener Bezeichnung) in Großbritannien bereits seit mindestens einer Generation Unterrichtsthema an Schulen und weiterführenden Bildungsinstitutionen. In diesem Unterricht wird allerdings nicht ausreichend deutlich, daß der Erwerb von Medienkompetenz eigentlich ein gesellschaftliches, sogar ein moralisch-ethisches Projekt ist. Meines Erachtens werden diese grundlegenden Aspekte praktisch überhaupt nicht berücksichtigt und treten hinter übertriebenen Besorgnissen um Mediennutzer aus sozial schwachen Schichten und einer generelle Überschätzung der Bedeutung der Medien zurück.

Soviel dazu.

Medienkompetenz besteht also aus einem Komplex von Interventionen, die in einer moralischen Erwartung gründen: daß alle, die an der Mediapolis mitwirken und auf die eine oder andere Weise an den medialen Vermittlungsprozessen beteiligt sind, entsprechend ihrem Status und ihrer Macht Verantwortung für ihr Handeln und ihre Urteile innerhalb ihrer Mitwirkung akzeptieren. Da sich der mediale Vermittlungsprozeß im Bewußtsein und im Alltag derer fortsetzt, die ansonsten nur Rezipienten wären, und da ihre Mitwirkung zunehmend auf den sozialen Bereich und den demokratischen Prozeß zurückwirkt – entweder unmittelbar durch die von den digitalen Medien eröffneten neuen Interaktionsmöglichkeiten oder indirekt in

Hinsicht auf die Wahlbeteiligung oder neue Formen, die Probleme der Welt anzugehen –, hat eine solche Medienkompetenz direkte Auswirkungen auf das Wesen der Zivilgesellschaft und auf die Humanität unserer Beziehungen zueinander.

Schluß

Alle Regulierungsmaßnahmen sollten diese Problematik berücksichtigen und sich von ihr leiten lassen. Jeder Bürger trägt Verantwortung, und um ihr umfassend gerecht zu werden, muß er wiederum in der Lage sein, sich ein Bild von der Welt zu machen und die oft unzulänglichen Versuche unserer Medien, sie zu repräsentieren, zu durchschauen. Die Mediapolis ist eine Realität und zugleich ein Ziel. Als Realität ist sie ein Raum globaler Kommunikation und Nicht-Kommunikation, in dem wohl für die meisten von uns die Welt erscheint und in dem jene, die den Lauf der Welt beeinflussen möchten, um ihr Erscheinen kämpfen. Dieser Kommunikationsraum ist alles andere als einheitlich, er zerfällt in zahllose Abteile und wird von Polarisierungen dominiert, so daß er sich eher zentrifugal als zentripetal auswirkt, und er ist vielleicht trotz allem nicht lebensfähig. Als normatives Ziel jedoch ist die Mediapolis eine Voraussetzung für die Zukunft der Menschheit – deren Mitglieder lernen müssen, sensibler und verantwortlicher miteinander umzugehen und einander besser zu verstehen. Ohne Kommunikation wird dies kaum möglich sein. Und ohne den entsprechenden Grad an Medienkompetenz wird jede Kommunikation sinnlos.

Meiner Ansicht nach sollte sich die Mediapolis grundsätzlich am Konzept des richtigen Abstands orientieren. Unsere Sorge um den Anderen muß die nationalstaatlichen Grenzen und die narzißtische Beschäftigung des Individuums mit sich selbst sprengen. Die Belange des Anderen müssen im Mittelpunkt von Regulierungsmaßnahmen stehen. Das Gefühl für den richtigen Abstand ist ein moralisches Gefühl, bei dem das Verhältnis von Nähe und Distanz durch ein gewisses Maß an

Verständnis, Mitgefühl und Verantwortung vermittelt wird. Wir müssen umeinander wissen, und das setzt eine konstante kritische Auseinandersetzung mit der Darstellung des Anderen in den Medien voraus. Diese Auseinandersetzung ist für unser Verhältnis zu fernen Fremden ebenso bedeutsam wie für das zu unseren unmittelbaren Nachbarn. Wir können und sollten unseren Alltag, den wir bislang mehr oder minder gedankenlos betrachten, kritischer und bewußter wahrnehmen – denn das ist schließlich das, was uns die Medien ermöglichen, solange wir über ein entsprechendes Bewußtsein verfügen. Doch es geht hier nicht nur um Kritik. Es geht um Fürsorge und Mitgefühl. Es geht um Aufgeschlossenheit und Gastfreundschaft. Und in deren Zentrum steht unumstößlich die Würde des Menschen, die Jonathan Sacks (2007) die Würde der Differenz genannt hat. Ich bin wie du und doch ganz anders.

Diese Differenz manifestiert sich im Kontrapunkt, im Spiel der medialen Stimmen, von denen keine zum Schweigen verurteilt werden darf, sondern jede in ihrer jeweiligen Eigenheit innerhalb des Kontextes der Anderen zu Gehör gebracht werden muß. Die Metapher des Kontrapunkts, der Polyphonie, ist in der Mediapolis ein treffendes Bild für das Verbindende und Trennende von Technologien und Anwendungen, doch sie beschreibt zugleich ein sowohl analytisches als auch moralisches Prinzip der Herausbildung von Kulturen und Ausdrucksformen. Wie die Mediapolis selbst ist Polyphonie zugleich eine empirische und eine normative Kategorie. Wir können das Hin und Her zwischen den Medien der Mehrheiten und der Minderheiten beobachten und belauschen, und wir können und sollten beide wertschätzen, ohne ihre wechselseitige Präsenz in einer gegebenen Gesellschaft oder ihre Beziehung zueinander zu idealisieren. Denn in Wirklichkeit ist sie von Konflikten, Unterdrückung, Disharmonie bestimmt. Es wäre gut, wenn wir das einschränken könnten. Es wäre gut, mit mehr Nachdruck auf mediale Gerechtigkeit zu dringen.

Entsprechende Regulierungsmaßnahmen beträfen dann nicht nur die Seite der Medienproduzenten. Hier wie in anderen Bereichen der Medien gehen Produktion und Konsumtion ineinander über, und die Grenzen zwischen ihnen werden im Zuge der Digitalisierung weiter verwischt. Auch sollte die Verantwortung für eine Moral der Medienpraxis nicht nur bei Publikum und Nutzern, bei Herstellern und Journalisten oder gar allein bei den für die Regulierung Zuständigen liegen. Sie sollte all jenen übertragen werden, die an der Mediapolis mitwirken. Denn es sind die Interessen und Begrifflichkeiten von Zuschauern und Nutzern, die dringenden Bedürfnisse der Bürger, die jene Regulierungsprozesse zunehmend nötig machen und bestimmen müssen. Natürlich ist jeder von uns für sich selbst verantwortlich. Doch wie Emmanuel Levinas sagt: Wenn wir Anspruch auf eine vollständige, ungebrochene Humanität erheben wollen, müssen wir Verantwortung für den Anderen übernehmen.

Kehren wir noch einmal zu dem afghanischen Hufschmied vom Anfang zurück. Was ist aus ihm geworden? Seine Stimme und seine Meinungen, die vorübergehend hörbar gemacht wurden, sind inzwischen (wenigstens jenseits dieses Textes) vergessen. Was sollen wir von ihm halten, da die Welt sich weiter polarisiert und der Terror inzwischen vor unserer Haustür steht? Anderssein ist nicht mehr nur eine Eigenschaft des Anderen. Eine unnachgiebige, unerbittlich bestimmte Unterschiede diffamierende Differenz ist bei uns ebenso präsent wie anderswo. Was ist mit unseren eigenen Schmieden, unseren eigenen Afghanen und unseren eigenen Terroristen? Sollten wir ihnen zuhören und ihren Aussagen Raum geben? Ich glaube, wir sollten das tun. Wie sonst sollten wir erfahren, was zu tun ist?

Bibliographie

Altick, Richard D. (1957): *The English Common Reader: A Social History of the Mass Reading Public, 1800-1900.* Chicago: The University of Chicago Press

Anderson, Benedict (2005): *Die Erfindung der Nation. Zur Karriere eines folgenreichen Konzepts,* Frankfurt am Main: Campus

Anthias, Floya (1998): »Evaluating ›Diaspora‹: Beyond Ethnicity«, in: *Sociology* 32 (3), S. 557-580

Arendt, Hannah (1973): *On Revolution.* London: Penguin Books. Deutsch: *Über die Revolution.* München, Zürich: Piper 2000

Arendt, Hannah (1977): *Between Past and Future: Eight Exercises in Political Thought.* New York and Harmondsworth: Penguin. Deutsch: *Zwischen Vergangenheit und Zukunft. Übungen im politischen Denken I.* München: Piper 2000a

Arendt, Hannah (1978): *The Jew as Pariah. Jewish Identity and Politics in the Modern Age.* New York: Grove Press

Arendt, Hannah (1984): »Thinking and Moral Considerations: A Lecture«, in: *Social Research* 51 (1), S. 7-37

Arendt, Hannah (1994): *Essays in Understanding 1930–1954,* Jerome Kern (Hg.), New York: Harcourt Brace & Co

Arendt, Hannah (1955): *Elemente und Ursprünge totaler Herrschaft.* Frankfurt am Main: Europäische Verlagsanstalt

Arendt, Hannah (2006): *Eichmann in Jerusalem. Ein Bericht von der Banalität des Bösen.* München, Zürich: Piper

Arendt, Hannah (1960): *Vita activa – oder Vom tätigen Leben.* Stuttgart: Kohlhammer

Bakhtin, Mikhail (1981): *The Dialogic Imagination: Four Essays.* Austin: University of Texas Press

Bakhtin, Mikhail (1984): *Rabelais and His World.* Bloomington: Indiana University Press. Deutsch: *Rabelais und seine Welt: Volkskultur als Gegenkultur.* Frankfurt am Main: Suhrkamp 1987

Baudrillard, Jean (1983): *Simulations*. New York: Semiotexte

Baudrillard, Jean (1993): *The Transparency of Evil: Essays on Extreme Phenomena*. London: Verso. Deutsch: *Transparenz des Bösen. Ein Essay über extreme Phänomene*. Berlin: Merve 1992

Bauman, Zygmunt (1995): *Postmoderne Ethik*, Hamburg: Hamburger Edition

Baym, Nancy K. (2000): *Tune In, Log On: Soaps, Fandom and Online Community*. London: Sage

Beck, Ulrich (2003): »Cosmopolitan Europe: A Confederation of States, a Federal State or Something Altogether New?«, in: *Desperately Seeking Europe*, S. Stern and E. Seligmann (Hg.). London: Archetype Publications

Beck, Ulrich (2004): *Der kosmopolitische Blick oder: Krieg ist Frieden*. Frankfurt am Main: Suhrkamp

Benhabib, Seyla (2003): *The Reluctant Modernism of Hannah Arendt*. Neuausgabe. Lanham, Maryland: Rowman and Littlefield. Deutsch: *Hannah Arendt. Die melancholische Denkerin der Moderne*. Frankfurt am Main: Suhrkamp 2006

Benjamin, Walter (1977): *Illuminationen*, Frankfurt am Main: Suhrkamp

Berlin, Isaiah (1992): *Das krumme Holz der Humanität*, Frankfurt am Main: S. Fischer

Berlin, Isaiah (1997): *The Proper Study of Mankind*. London: Chatto and Windus

Berlin, Isaiah (2000): *Three Critics of the Enlightenment*. London: Pimlico

Bernstein, Richard (2002): *Radical Evil: A Philosophical Investigation*. Cambridge: Polity

Bettig, R. V. (1997): »The Enclosure of Cyberspace«, in: *Critical Studies in Mass Communications* 14, S. 138-157

Blackburn, Simon (2001): *Ethics: A Very Short Introduction*. Oxford: Oxford University Press

Boltanski, Luc (1999): *Distant Suffering: Morality, Media and Politics*. Cambridge: Cambridge University Press

Borradori, Giovanna (2006): *Philosophie in Zeiten des Terrors*

(Gespräche mit Jürgen Habermas und Jacques Derrida). Hamburg: Europäische Verlagsanstalt

Bowman, Shayne und Chris Willis (2006): *We Media: How Audiences are Shaping the Future of News and Information.* The Media Center at the American Press Institute, 2003. Verfügbar unter www.hypergene.net/wemedia [Stand Januar 2006]

Calhoun, Craig (1998): »Community without Propinquity Revisited: Communications, Technology and the Transformation of the Urban Public Sphere«, in: *Sociological Review* 68 (3), S. 373-397

Canovan, Margaret (1992): *Hannah Arendt: A Reinterpretation of Her Political Thought.* Cambridge: Cambridge University Press

Castells, Manuel (2000): *The Rise of the Network Society: The Information Age: Economy, Society and Culture, Volume I.* Oxford: Blackwell. Deutsch: *Das Informationszeitalter, Teil I. Der Aufstieg der Netzwerkgesellschaft*, Opladen: Leske und Budrich 2001

Certeau, Michel de (1984): *The Practice of Everyday Life.* Berkeley: University of California Press

Chouliaraki, Lilie (2006): *The Spectatorship of Suffering.* London: Sage

Christians, Clifford (2000): »An Intellectual History of Media Ethics«, in: B. Pattyn (Hg.), *Media Ethics: Opening Social Dialogue.* Leeuven: Peters

Clark, Lynn Schofield (2003): *From Angels to Aliens: Teenagers, the Media and the Supernatural.* Oxford und New York: Oxford University Press

Cmiel, Kenneth (1996): »On Cynicism, Evil, and the Discovery of Communication in the 1940s«, in: *Journal of Communication* 46 (3), S. 88-107

Cohen, Stanley (2001): *States of Denial: Knowing About Atrocities and Suffering.* Cambridge: Polity

Copjec, Joan (Hg.) (1996): *Radical Evil.* London: Verso

Cook, Nicholas (1990): *Music, Imagination and Culture.* Oxford: Oxford University Press

Dahlgren, Peter (1995): *Television and the Public Sphere: Citizenship, Democracy and the Media*. London: Sage

Davis, Colin (1996): *Levinas. An Introduction*, Cambridge: Polity Press

Dayan, Daniel und Elihu Katz (1992): *Media Events: The Live Broadcasting of History*. Cambridge/Mass.: Harvard University Press

Debord, Guy (1977): *The Society of the Spectacle*. London: Practical Paradise Productions. Deutsch: *Die Gesellschaft des Spektakels*, Berlin: Edition Tiamat (1996)

Delbanco, Andrew (1995): *The Death of Satan: How Americans Have Lost the Sense of Evil*. New York: Farrar, Straus and Giroux

de Sola Pool, Ithiel (1977): *The Social Impact of the Telephone*. Cambridge: MIT Press

Derrida, Jacques (2003): *Weltbürger aller Länder, noch eine Anstrengung!* Berlin: Brinkmann und Bose

Eisenstein, Elizabeth (1979): *The Printing Press as an Agent of Social Change*. Cambridge: Cambridge University Press

Feenberg, Andrew (1999): *Questioning Technology*. London: Routledge

Fineman, Howard (2003): »Bush and God«, in: *Newsweek*, 10.3.

Frum, David and Richard Perle (2003): *An End to Evil: How to Win the War on Terror*. New York: Random House

Fuller, Robert (1995): *Naming the Antichrist*. The History of an American Obsession, New York: Oxford University Press

Funiok, Rüdiger (2000): »Fundamental Questions of Audience Ethics«, in: B. Pattyn (Hg.), *Media Ethics: Opening Social Dialogue*. Leuven: Peeters

Gaita, Raimond (2004): *Good and Evil: An Absolute Conception*. London: Routledge

Galician, Mary-Lou (2004): »Introduction: High Time for ›Disillusioning‹ Ourselves and Our Media«, in: *American Behavioural Scientist* 48 (2), S. 143-151

Ganguly, Keya (2001): *States of Exception: Everyday Life and Post-colonial Identity*. Minneapolis: University of Minnesota Press

Georgiou, Myria (2005): »Mapping Diasporic Media Cultures: A Transnational Cultural Approach to Exclusion«, in: R. Silverstone (Hg.), *Media, Technology and Everyday Life in Europe*. Basingstoke: Ashgate

Gunn, Joshua (2004): »The Rhetoric of Exorcism: George W. Bush and the Return of Political Demonology«, in: *Western Journal of Communication* 68 (1), S. 1-23

Hamelink, Cees (2000): »Ethics for Media Users«, in: B. Pattyn (Hg.), *Media Ethics: Opening Social Dialogue*. Leuven: Peeters

Harootunian, Harry (2000): *History's Disquiet: Modernity, Cultural Practice and the Question of Everyday Life*. New York: Columbia University Press

Held, David (2004): *Global Covenant: The Social Democratic Alternative to the Washington Consensus*. Cambridge: Polity. Deutsch: *Soziale Demokratie im globalen Zeitalter*. Frankfurt am Main: Suhrkamp 2007

Horkheimer, Max and Theodor Adorno (1988): *Dialektik der Aufklärung*. Frankfurt am Main: Fischer

Husband, Charles (2000): »Media and the Public Sphere in Multiethnic Societies«, in: S. Cottle (Hg.), *Ethnic Minorities and the Media*. Buckingham: Open University Press

Jewett, Robert und Shelton Lawrence (2003): *Captain America and the Crusade Against Evil: The Dilemma of Zealous Nationalism*. Grand Rapids/ Michigan: William B. Erdmans Publishing Company

Jonas, Hans (2003): *Das Prinzip Verantwortung. Versuch einer Ethik für die technologische Zivilisation*. Frankfurt am Main: Suhrkamp

Kant, Immanuel (1977): *Schriften zur Anthropologie, Geschichtsphilosophie, Politik und Pädagogik (Werkausgabe, Band XI)*, Frankfurt am Main: Suhrkamp

Katz, James E. und Mark Aakhus (Hg.) (2002): *Perpetual Contact: Mobile Communication, Private Talk, Public Performance.* Cambridge: Cambridge University Press

Klemperer, Victor (1995): *Ich will Zeugnis ablegen bis zum letzten. Tagebücher 1933-1941.* Berlin: Aufbau

Klusmeyer, Douglas und Astri Suhrke (2002): »Comprehending ›Evil‹: Challenges for Law and Policy«, in: *Ethics and International Affairs* 16 (1), S. 27-45

Kristeva, Julia (2001): Das weibliche Genie, Teil 1: Hannah Arendt. Berlin: Philo

Kubey, Robert (2004): »Media Literacy and the Teaching of Civics and Social Studies at the Dawn of the 21st Century«, in: *American Behavioural Scientist* 48 (1), S. 1-9

Lambert, Richard (2005): »The Path Back to Trust, Truth and Integrity«, in: *The Guardian*, 17.1.

Latour, Bruno (1998): *Wir sind nie modern gewesen. Versuch einer symmetrischen Anthropologie.* Frankfurt am Main: Fischer

Lessig, Lawrence (1999): *Code and Other Laws of Cyberspace.* New York: Basic Books

Levinas, Emmanuel (1969): *Totality and Infinity: An Essay on Exteriority.* Pittsburgh: Duquesne University Press. Deutsch: *Totalität und Unendlichkeit. Versuch über die Exteriorität.* Freiburg/Br., München: Alber 2002

Lewis, Justin und Sut Jhally (1998): »The Struggle Over Media Literacy«, in: *Journal of Communication* 48 (1), S. 109-120

Li, Xiguang (2005): *Journalism in Transition: Critical Studies of the Chinese Press* (Auszüge). Tsinghua University Peking

Livingstone, Sonia, Elizabeth Van Couvering und Nancy Thumim (2005): *Adult Media Literacy: A Review of the Literature.* London: Ofcom, The Office of Communications

Lloyd, John (2004): *What the Media Are Doing to Our Politics.* London: Constable

Lukes, Steven (2003): *Liberals and Cannibals: The Implications of Diversity.* London: Verso

MacIntyre, Alasdair (2006): *Der Verlust der Tugend. Zur moralischen Krise der Gegenwart.* Frankfurt/Main, New York: Campus

Madianou, Mirca (2004): »Contested Communicative Spaces: Rethinking Identities, Boundaries and the Role of the Media Among Turkish Speakers in Greece«, in: *Journal of Ethnic and Migration Studies* 31 (3), S. 521-542

Mander, Jerry (1978): *Four Arguments for the Elimination of Television.* Brighton: Harvester Press

Marcus, George E. (1998): *Ethnography Through Thick and Thin.* Princeton: Princeton University Press

Marvin, Carolyn (1988): *When Old Technologies Were New: Thinking About Communications in the Late Nineteenth Century.* New York und Oxford: Oxford University Press

Marvin, Carolyn und David W. Ingle (1999): *Blood Sacrifice and the Nation: Totem Rituals and the American Flag.* Cambridge: Cambridge University Press

Matar, Dina (2005): »News, Memory, Identity: The Palestinians in Britain and Social Uses of News«, (Diss.), University of London

McLuhan, Marshall (1994): *Die magischen Kanäle.* Dresden, Basel: Verlag der Kunst

Melchior-Bonnet, Sabine (2001): *The Mirror: A History.* New York: Routledge

Mills, C. Wright (1959): *The Sociological Imagination.* New York: Oxford University Press. Deutsch: *Kritik der soziologischen Denkweise.* Darmstadt, Neuwied: Luchterhand 1973

Moeller, Susan D. (1999): *Compassion Fatigue: How the Media Sell Disease, Famine, War and Death.* New York und London: Routledge

Morrow, Lance (2003): *Evil: An Investigation.* New York: Basic Books

Neiman, Susan (2006): *Das Böse denken. Eine andere Geschichte der Philosophie.* Frankfurt am Main: Suhrkamp

Nicholls, David (1990): *American Experimental Music 1890-1940.* Cambridge: Cambridge University Press

Nora, Pierre (1989): »Between Memory and History: Les Lieux de Memoire«, in: *Representations* 26 (Frühjahr), S. 7-25

Ofcom (2004): *Strategy and Priorities for the Promotion of Media Literacy: A Statement*. London: Ofcom

O'Leary, Stephen D. (1994): *Arguing the Apocalypse: A Theory of Millennial Rhetoric*. New York und Oxford: Oxford University Press

O'Neill, Onora (1990): »Practices of Toleration«, in: J. Lichtenberg (Hg.), *Democracy and the Mass Media*. Cambridge: Cambridge University Press

O'Neill, Onora (2000): *Bounds of Justice*. Cambridge: Cambridge University Press

O'Neill, Onora (2002): *A Question of Trust*. Cambridge: Cambridge University Press

Ong, Walter (1982): *Orality and Literacy: The Technologizing of the Word*. London: Methuen

Peters, John Durham (1999): *Speaking into the Air: A History of the Idea of Communication*. Chicago: Chicago University Press

Postman, Neil (1994): *Wir amüsieren uns zu Tode. Urteilsbildung im Zeitalter der Unterhaltungsindustrie*. Frankfurt am Main: S. Fischer

Price, Monroe E. (2004): *Media and Sovereignty: The Global Information Revolution and its Challenge to State Power*. Cambridge: MIT Press

Rawls, John (1999): *A Theory of Justice* (revidierte Ausgabe). Oxford: Oxford University Press. Deutsche Übersetzung der unrevidierten Ausgabe: *Eine Theorie der Gerechtigkeit*. Frankfurt am Main: Suhrkamp 2003

Robins, Kevin (1994): »The Politics of Silence: The Meaning of Community and the Uses of Media in the New Europe«, in: *New Formations* 21, S. 80–101

Rogin, Michael Paul (1987): *Ronald Reagan, The Movie*. Berkeley: University of California Press

Rose, Nikolas (1990): *Governing the Soul: The Shaping of the Private Self.* London: Routledge

Rose, Nikolas (1999): *Powers of Freedom: Reframing Political Thought.* Cambridge: Cambridge University Press

Rosenberg, Bernard und David Manning White (Hg.) (1957): *Mass Culture: The Popular Arts in America.* New York: The Free Press

Rosenberg, Emily S. (2003): *A Date Which Will Live: Pearl Harbor in American History.* Durham: Duke University Press

Rushing, Janice Hocker und Thomas S. Frentz (1995): *Projecting the Shadow: The Cyborg Hero in American Film.* Chicago: Chicago University Press

Sacks, Jonathan (2002): *The Dignity of Difference: How to Avoid the Clash of Civilisations.* London: Continuum. Deutsch: *Wie wir den Krieg der Kulturen noch vermeiden können.* Gütersloh: Gütersloher Verlagshaus 2007

Said, Edward (1994): *Kultur und Imperialismus. Einbildungskraft und Politik im Zeitalter der Macht.* Frankfurt am Main: S. Fischer

Said, Edward (2001): *Reflections on Exile and Other Literary and Cultural Essays.* London: Granta

Said, Edward (2004): *Freud und das Nichteuropäische.* Zürich: Dörlemann

Scannell, Paddy (1989): »Public Service Broadcasting and Modern Public Life«, in: *Media, Culture and Society* 11 (2), S. 135-166

Scannell, Paddy und David Cardiff (1991): *A Social History of British Broadcasting, Volume 1, 1922–1939: Serving the Nation.* Oxford: Blackwell

Schlesinger, Philip (1993): »Wishful Thinking: Cultural Politics, Media and Collective Identities in Europe«, in: *Journal of Communication* 43 (2), S. 25-42

Silverstone, Roger (1988): »Television, Myth and Culture«, in: J. W. Carey (Hg.), *Media, Myths and Narratives: Television and the Press.* Newbury Park: Sage

Silverstone, Roger (2001): »Finding a Voice: Minorities, Media and the Global Commons«, in: *Emergences: Journal for the Study of Media and Composite Cultures* 11 (1), S. 13-28

Silverstone, Roger (2003): »Proper Distance: Towards an Ethics for Cyberspace«, in: G. Liestol, A. Morrison und T. Rasmussen (Hg.), *Digital Media Revisited*. Cambridge/ Mass.: The MIT Press

Silverstone, Roger (2005): »Mediation and Communication«, in: C. Calhoun, C. Rojek und B. Turner (Hg.), *The Sage Handbook of Sociology*. London: Sage

Silverstone, Roger (2007): *Anatomie der Massenmedien. Ein Manifest*. Frankfurt am Main: Suhrkamp

Singer, Peter (2004): *Der Präsident des Guten und Bösen. Die Ethik George W. Bushs*. Erlangen: Fischer

Siochru, Sean O' and Bruce Girard (2002): *Global Media Governance: A Beginner's Guide*. Lanham: Rowman and Littlefield

Sontag, Susan (2004): »What Have We Done?«, in: *The Guardian*, 24.5.

Stevenson, Nick (1999): *The Transformation of the Media: Globalisation, Morality and Ethics*. London: Longman.

Thompson, John B. (1995): *The Media and Modernity: A Social Theory of the Media*. Cambridge: Polity

Toulmin, Stephen (1991): *Kosmopolis. Die unerkannten Aufgaben der Moderne*. Frankfurt am Main: Suhrkamp

Turner, Bryan S. (2002): »Cosmopolitan Virtue, Globalization and Patriotism«, in: *Theory, Culture & Society* 19 (1–2), S. 45-63

Villa, Dana R. (1999): *Politics, Philosophy, Terror: Essays on the Thought of Hannah Arendt*. Princeton: Princeton University Press

Walzer, Michael (1994): *Thick and Thin: Moral Argument at Home and Abroad*. Notre Dame: University of Notre Dame Press. Deutsch: *Lokale Kritik – globale Standards. Zwei Formen moralischer Auseinandersetzung*. Hamburg: Rotbuch 1996

Walzer, Michael (1998): *Über Toleranz. Von der Zivilisation der Differenz.* Hamburg: Rotbuch

Werbner, Pnina und Tariq Modood (Hg.) (1997): *Debating Cultural Hybridity: Multi-cultural Identities and the Politics of Anti-racism.* London: Zed Books

Williams, Bernard (2003): *Wahrheit und Wahrhaftigkeit.* Frankfurt am Main: Suhrkamp

Williams, Raymond (2003): *Television: Technology and Cultural Form.* London: Routledge

Woodward, Bob (2004): *Der Angriff.* München: DVA

Zelizer, Barbie und Stuart Allan (Hg.) (2002): *Journalism After September 11.* London: Routledge